AF553993

मध्यकालीन धर्म-साधना

मध्यकालीन धर्म-साधना

हजारीप्रसाद द्विवेदी

साहित्य भवन प्रा. लिमिटेड
की ओर से

लोकभारती प्रकाशन

साहित्य भवन प्रा. लिमिटेड
की ओर से

लोकभारती प्रकाशन
पहली मंजिल, दरबारी बिल्डिंग, महात्मा गांधी मार्ग
प्रयागराज-211 001
वेबसाइट : *www.lokbhartiprakashan.com*
ईमेल : *info@lokbhartiprakashan.com*

शाखाएँ : 1-बी, नेताजी सुभाष मार्ग, दरियागंज
नई दिल्ली-110 002
अशोक राजपथ, साइंस कॉलेज के सामने
पटना-800 006
1, अनमोल सोराबजी सन्तुक लेन, मरीन लाइंस
मुम्बई-400002

प्रथम संस्करण : 1952
प्रथम लोकभारती संस्करण : 2019
द्वितीय संस्करण : 2024

सुपर माधव ग्राफिक्स
प्रयागराज द्वारा मुद्रित

MADHYAKALIN DHARM-SADHNA
by Hazari Prasad Dwivedi

ISBN : 978-93-89243-31-4

मूल्य : ₹ 600

अनुक्रमणिका

निवेदन

'मध्यकालीन धर्म-साधना' यद्यपि भिन्न-भिन्न अवसर पर लिखे गए निबन्धों का संग्रह ही है, तथापि प्रयत्न किया गया है कि ये लेख परस्पर-विच्छिन्न और असम्बद्ध न रहें और पाठकों को मध्यकालीन धर्म-साधनाओं का संक्षिप्त और धारावाहिक परिचय प्राप्त हो जाय। इसलिए कई लेखों में परिवर्त्तन कर दिया गया है और कई को एकदम नए सिरे से लिखा गया है। दो प्रकार के साहित्य से इन धर्म-साधनाओं का परिचय संग्रह किया गया है—(1) विभिन्न सम्प्रदाय के साधना-विषयक और सिद्धान्त-विषयक ग्रन्थ, और (2) साधारण काव्य-साहित्य। इन दो मूलों के उपयोग के कारण इस पुस्तक में आलोचित अधिकांश धर्म-साधनाएँ शास्त्रीय रूप में ही आई हैं। जिन सम्प्रदायों के कोई धर्म-ग्रन्थ प्राप्त नहीं हैं या जो साधारण काव्य-साहित्य में नहीं आ सकी हैं, वे छूट गई हैं। लोकधर्म की चर्चा इस पुस्तक में यत्र-तत्र आ अवश्य गई है, परन्तु वह इस पुस्तक का प्रधान प्रतिपाद्य नहीं है।

मेरा विश्वास है कि जनपदों में प्रचलित लोकधर्म की अनेक पूजा-पद्धतियाँ, देवता-मण्डलियाँ और धार्मिक विश्वासों की परम्परा दीर्घकाल से चलती आ रही है। शास्त्रीय धर्म-साधना के साहित्य से इनका घनिष्ठ सम्बन्ध होना चाहिए। कहीं-कहीं पुस्तक में इस प्रकार के संकेत दिये गए हैं, परन्तु यह विषय बहुत महत्त्वपूर्ण है और इसके लिए अधिक गम्भीरतापूर्वक विचार करके स्वतन्त्र पुस्तक लिखने की आवश्यकता है।

हमारे देश की धर्म-साधना का इतिहास बहुत विपुल है। विभिन्न युग की सामाजिक स्थितियों से भी इसका सम्बन्ध है। भिन्न-भिन्न समयों में बाहर से आनेवाली मानव-मण्डलियों के सम्पर्क से इसमें नए-नए उपादान भी मिलते रहे हैं। धर्म-साधना की चर्चा करते समय इन सब बातों की चर्चा आवश्यक हो जाती है। इस पुस्तक में बहुत थोड़ी बातों की चर्चा हो सकी है। फिर भी प्रयत्न किया गया है कि उत्तर भारत की प्रधान-प्रधान धर्म-साधनाएँ यथासम्भव विवेचित हो जायँ और उनकी सामाजिक पृष्ठभूमि का भी सामान्य परिचय मिल जाय।

विषय की विशालता और गहनता के विषय में दो राय नहीं हो सकती और इस छोटी-सी पुस्तक में उनका बहुत सामान्य परिचय दिया जा सकता है, यह भी असन्दिग्ध ही है। मुझे कुछ और अवकाश मिलता तो इसका किंचित् मार्जन कर सकता, परन्तु अभी तो जितना बन पड़ा उतना ही पाठकों की सेवा में उपस्थित कर रहा हूँ। सहृदय पाठक इसके दोषों और त्रुटियों के लिए क्षमा करेंगे, यह भरोसा मेरे मन में है। इसी आशा से इसे प्रकाशित करने का साहस कर रहा हूँ।

काशी **—हजारीप्रसाद द्विवेदी**

17-5-52

मध्ययुग या मध्यकाल

'मध्ययुग' या 'मध्यकाल' शब्द भारतीय भाषाओं में नया ही है। इस देश के प्राचीन साहित्य में इस प्रकार के किसी शब्द का प्रयोग नहीं मिलता। बहुत प्राचीनकाल से भारतवर्ष में कृत, त्रेता, द्वापर और कलि नाम के चार युगों की चर्चा मिलती है। ब्राह्मण और उपनिषद् ग्रन्थों में भी इन शब्दों का प्रयोग मिल जाता है। धार्मिक मनोवृत्ति की प्रबलता या क्षीणता ही इस प्रकार के युग-विभाजन के विश्वास का आधार है। ऐसा विश्वास किया जाता है कि कृत या सत्ययुग में धर्म की पूर्ण स्थिति थी। त्रेता में तीन-चौथाई रह गई और द्वापर में आधी। कलिकाल में धर्म का प्रभाव और भी क्षीण हुआ और वह एक ही चरण पर खड़ा रह गया। अनेक विद्वानों ने महाभारत और पुराणों के अध्ययन से यह निर्णय करने का प्रयत्न किया है कि कलिकाल का आरम्भ किस समय से हुआ था। हिन्दू-परम्परा के अनुसार कलिकाल राजा परीक्षित के राज्यकाल में आरम्भ हुआ था। यद्यपि हिन्दू-परम्परा इस काल को पाँच हजार वर्षों से भी अधिक पूर्व से आरम्भ होना बताती आ रही है, तथापि नई दृष्टि के पण्डितों ने आर्य राजाओं की वंशावली के आधार पर सन् ईसवी के एक सहस्राब्दक पूर्व से इस काल का आरम्भ माना है। साधारणत: इस काल के बाद राजाओं का उल्लेख पुराणों में भविष्यकालिक क्रिया के प्रयोग द्वारा किया गया है। यह माना जाता है कि कलियुग में मनुष्यों की प्रवृत्ति पापकर्मों की ओर ही जाती है और उनका आयुबल क्षीण हो जाता है और ज्यों-ज्यों कलियुग आगे बढ़ता जाता है, त्यों-त्यों मनुष्यों की पापाभिमुख प्रवृत्ति भी बढ़ती जाती है। यद्यपि कलिकाल के दोष अनेक हैं, फिर भी उसमें एक बड़ा भारी गुण भी है। अन्यान्य युगों में मानस-पाप का भी फल मिलता है, किन्तु कलियुग में मानस-पाप का फल तो मिलता ही नहीं, ऊपर से मानस-पुण्य का फल प्रचुर मात्रा में मिलता है। अनजान में भी यदि भगवान् का नाम ले लिया जाय तो मुक्ति हो जाती है। अजामिल, गणिका आदि इस प्रकार तर गए थे। भाव से हो, कुभाव से हो, क्रोध से हो, घृणा से हो, उत्साह से हो, आलस्य से हो, जैसे-तैसे भी भगवान् का नाम ले लेने से इस युग में मंगल ही होता है।

लेकिन इस विश्वास के अनुसार कलियुग अन्तिम युग है। आजकल के शिक्षित लोग जब मध्ययुग या मध्यकाल शब्द का प्रयोग करते हैं, तो उनके कहने का अभिप्राय भारतीय परम्परा के युग-विभाग के अनुसार बीच में पड़नेवाले द्वापर या त्रेता युग से नहीं होता। वस्तुत: यह शब्द अंग्रेजी के 'मिडल एजेज' के अनुकरण पर बना लिया गया है। यूरोपीय इतिहास में रोमन साम्राज्य के पतन के बाद से लेकर आधुनिक वैज्ञानिक अभ्युदय के पूर्व तक के काल को मध्ययुग या मध्यकाल कहा जाता है। उन्नीसवीं शताब्दी के पश्चिमी विचारकों ने साधारणत: सन् 476 ई. से लेकर 1553 ई. तक के काल को मध्ययुग कहा है। हाल की जानकारियों से यह मालूम हुआ है कि इस प्रकार के नामकरण का कोई विशेष उल्लेख योग्य कारण नहीं था। असल बात यह है कि मध्ययुग शब्द का प्रयोग काल के अर्थ में उतना नहीं होता जितना एक खास प्रकार की पतनोन्मुख और जबदी हुई मनोवृत्ति के अर्थ में होता है। मध्ययुग का मनुष्य धीरे-धीरे विशाल और असीम ज्ञान के प्रति जिज्ञासा का भाव छोड़ता जाता है तथा धार्मिक आचारों और स्वत:प्रमाण माने जानेवाले आप्त वाक्यों का अनुयायी होता जाता है। साधारणत: इन्हीं की बाल की खाल निकालनेवाली व्याख्याओं पर अपनी समस्त बुद्धि-सम्पत्ति खर्च कर देता है। यूरोपीय इतिहास के इसी युग में यह शास्त्रार्थ प्रबल रूप धारण करता है कि सुई की नोक पर कितने फरिश्ते खड़े हो सकते हैं।

इस काल की साधना का वैशिष्ट्य

प्रत्येक युग के साधक भगवान् के दो रूपों का अनुभव करते रहे हैं। एक तो उनका निर्गुण और निर्विशेष रूप है जो ज्ञान का विषय है। मनुष्य उसको ठीक-ठीक अनुभव नहीं कर सकता, क्योंकि इस क्रिया के जितने भी साधन हैं उनके पहुँच की सीमा निश्चित है। जो समस्त सीमाओं से परे है वह केवल अनुमान और तर्क का विषय हो सकता है। यद्यपि इसमें सन्देह ही है कि बौद्धिक विवेचना के द्वारा उसका कितना अंश सचमुच ही स्पष्ट होता है। प्रत्येक युग का और प्रत्येक देश का साधक भगवान् के इस निस्सीम और अचिन्त्य गुण-प्रकाश रूप की बात जानता है। कैसे जानता है, यह बताना बड़ा कठिन है, क्योंकि जो असीम और अचिन्त्य है, उसको अनुभव करने के लिए कुछ इसी प्रकार के साधन की आवश्यकता है। मनुष्य-जीवात्मा में कुछ इसी प्रकार के धर्म विद्यमान हैं। वस्तुत: जब भक्त भगवान् के असीम अचिन्त्य गुण-प्रकाश रूप की बात करता है, तो वह ज्ञानेन्द्रियों के अनुभव

की बात नहीं करता, मन द्वारा चिन्तित वस्तु की बात नहीं करता और बुद्धि द्वारा विवेचित पदार्थ की बात नहीं करता। वह इन सबसे भिन्न और सबसे अलग किसी ऐसे तत्त्व की बात कहता है जिसे उसकी अन्तरात्मा अनुभव करती है। वह सत्य है क्योंकि उसे भक्त सचमुच ही अनुभव करता है, लेकिन वह फिर भी ग्राह्य नहीं है, न तो वह मन-बुद्धि द्वारा ग्रहणीय है और न वाणी द्वारा प्रकाश्य। जब कभी वह भक्त के हृदय में प्रकट होता है, तभी भक्त के हृदय की समस्त सीमाओं में बँधकर सगुण निर्विशेष रूप में ही व्यक्त होता है। यही भक्त का भावगृहीत रूप है।

इस प्रकार भगवान् के दो रूप हुए। एक तो वह जिसकी हम कल्पना नहीं कर सकते, व्याख्या नहीं कर सकते, विवेचना नहीं कर सकते। दूसरा वह जो भक्त के चित्त में भाव से प्रकट होता है और उसके समस्त मनोविकारों के बन्धन में बँधा रहता है। आधुनिक लेखक इस मनोवृत्ति के आधार पर ही इस युग-सीमा का निर्धारण करना चाहते हैं। जब वह कहते हैं कि पाँचवीं से सोलहवीं शताब्दी तक के काल को मध्ययुग कहने का कोई विशेष कारण नहीं है तो असल में वे यह बताना चाहते हैं कि इस काल में सर्वत्र यह पतनोन्मुख और जबदी हुई प्रवृत्ति नहीं पाई जाती। फिर भी मध्ययुग का सीधा अर्थ काल ही हो सकता है, और इसीलिए पाँचवीं से सोलहवीं तक के समय को मध्ययुग कहना बहुत-कुछ रूढ़ हो गया है। भारतीय इतिहास के लेखकों में से किसी-किसी ने इस शब्द का प्रयोग इसी अर्थ में किया है और किसी-किसी ने मनोवृत्तिपरक अर्थ लेकर इस काल को अठारहवीं शताब्दी के अन्त तक घसीटा है, क्योंकि भारतवर्ष में आधुनिक मनोवृत्ति का जन्म अठारहवीं शताब्दी के बाद ही होता है। इस अर्थ में प्रयोग करनेवाले विद्वानों की कठिनाई यह है कि जिस प्रकार आधुनिक मनोवृत्ति के जन्म का निश्चित समय मालूम है, उसी प्रकार मध्ययुगीन मनोवृत्ति के जन्म का भारतीय काल निश्चित रूप से नहीं बताया जा सकता।

इसमें सन्देह नहीं कि यूरोप के देशों की तरह इस देश में भी मध्यकाल में एक जबदी हुई मनोवृत्ति का राज्य रहा है। काव्य, नाटक, ज्योतिष, आयुर्वेद, संगीत, मूर्त्ति आदि जिस क्षेत्र में भी दृष्टि जाती है, सर्वत्र एक प्रकार की अधोगति का ही आभास मिलता है। इस सार्वत्रिक अधोगति का कारण इस देश की राजनीतिक स्थिति थी। कारण जो भी हो, मध्ययुग ह्रास का ही युग है। इसमें केवल एक बात में भारतवर्ष पीछे नहीं हटा। वह है भगवद्भक्ति का क्षेत्र। उत्तर-मध्यकाल में बहुत बड़े-बड़े भक्त इस देश के हर हिस्से में

पैदा हुए हैं। इनमें कितने ही बहुत उच्चकोटि के विचारक तत्त्वज्ञानी थे। परन्तु अधिकांश निरक्षर साधकों की ही प्रधानता रही। भारतवर्ष के इन भक्तों ने निश्चित रूप से दिखा दिया है कि साक्षर होने से ही कोई भगवद्भक्ति का अधिकारी नहीं हो जाता और निरक्षर होने मात्र से कोई उस महारस से वंचित भी नहीं हो जाता। भक्त की मनोवृत्ति के अनुसार कभी वह सखा रूप में, कभी प्रिय रूप में, कभी स्वामी रूप में और कभी अन्यान्य रूपों में प्रकट होता है।

मध्ययुग के भक्तों ने इस भावगृहीत रूप का बड़ा विशद विर्णन किया है। जो भगवान् अचिन्त्य है उसका कोई नाम-रूप नहीं होता। ज्ञानी लोग उसको आत्मा या ब्रह्म जैसे एक ही शब्द से समझा सकते हैं, क्योंकि उनके मत से मनुष्य की जीवात्मा परब्रह्म से अभिन्न है। परन्तु ऐसे परमात्मा का नाम भी क्या और रूप भी क्या ? कुछ ऐसे ही भाव को बताने के लिए मौजी कबीर ने कहा था, ''उनका नाम कहन को नाहीं दूजा धोखा होय।" नाम रूप की अपेक्षा रखता है। जिस वस्तु का रूप नहीं होता उसका नाम भी नहीं होता। परन्तु मध्ययुग के भक्तों में भगवान् के नाम का माहात्म्य बहुत अधिक है। मध्ययुग की समस्त धर्म-साधना को नाम की साधना कहा जा सकता है। चाहे सगुण मार्ग के भक्त हों चाहे निर्गुण मार्ग के, नाम जप के बारे में किसी को कोई सन्देह नहीं। इस अपार भवसागर में एकमात्र नाम ही नौका रूप है। यद्यपि ऐसा कोई स्थान नहीं है जहाँ भगवान् का वास न हो और मनुष्य का हृदय भी निस्सन्देह उसका आवास है। फिर भी जब तक वह नाम और रूप के साँचे में नहीं ढल जाता अर्थात् सगुण और सविशेष रूप में नहीं प्रकट हो जाता तब तक वह ग्राह्य भी नहीं। इसीलिए भक्तों के नाम-स्मरण का स्पष्ट अर्थ है, भगवान् के भावगृहीत रूप का स्मरण । ब्रह्मसंहिता में कहा है कि यद्यपि भगवान् का गुण और प्रकाश अचिन्तनीय है और सबके हृदय में रहता हुआ भी वह सबके अगोचर रहता है—कम लोग ही उसके हृदय-स्थित रूप को जान जाते हैं—तथापि सन्त लोग प्रेमांजन से विच्छुरित भक्ति-रूप नयनों से सदैव उसका दर्शन करते रहते हैं, अर्थात् जो अरूप होने के कारण दृष्टि का अविषय है उसे प्रेम के अंजन से अनुरंजित करके विशिष्ट बनाकर देखा करते हैं।

प्रेमाञ्जनच्छुरित भक्तिविलोचनेन
सन्तः सदैव हृदयेऽप्यवलोकयन्ति ।
यं श्याम सुन्दरमचिन्त्यगुणप्रकाशं
गोविन्दमादिपुरुषं तमहं भजामि ।।

भगवान् का यह प्रेमांजनच्छुरित रूप भक्त की अपनी विशेषता है। यह उसे सिद्धिवादियों से अलग कर देता है, योग के चमत्कारों को ही सब कुछ माननेवालों से पृथक् कर देता है और शुष्क ज्ञान के कथनी-कथनेवालों से भी अलग कर देता है। यह नाम और रूप की उपासना मध्यकालीन भक्तों की अपनी विशेषता है। यह बात बौद्ध और जैन-साधकों में नहीं थी, नाथ और निरंजन मत के साधकों में भी नहीं थी और अन्य किसी शुष्क ज्ञानवादी सम्प्रदाय में भी नहीं थी। जप की महिमा का बखान इस देश में नया नहीं है। गीता में भगवान् श्रीकृष्ण ने 'यज्ञानां जपयज्ञोऽस्मि' कहकर जप की महिमा बताई है, पर साधारणतः जप मन्त्र-विशेष का हुआ करता था। भगवान् के नाम को ही सबसे बड़ा मन्त्र मानना और उसी के जप को समस्त सिद्धियों का मूल मानना इस युग की विशेषता है, और इस विशेषता ने ही भगवान् के भावगृहीत रूप को इतना महत्त्व दिया है। भगवान् के सगुण रूप की उपासना के मूल में यह भावगृहीत रूप ही है, अन्तर केवल इतना ही है कि भावगृहीत रूप भगवान् के पूर्वनिर्धारित किसी रूप को आश्रय करके होता है। इस प्रकार यद्यपि सूरदास के कृष्ण और हित हरिवंश के भावगृहीत रूप में थोड़ा अन्तर हो सकता है, परन्तु है वह एक ही शास्त्र-समर्थित श्रीकृष्ण के मधुर रूप पर आधारित। वस्तुतः निर्गुण कहे जानेवाले रूप में भगवान् की उपासना करनेवाला भक्त भी भगवान् के इस भावगृहीत गुण-विशिष्ट रूप को ही अपनाता है। फिर भी उसकी विशेषता यह है कि उसका भावगृहीत रूप किसी पूर्वनिर्धारित और शास्त्र-समर्थित आकार को आश्रय करके नहीं होता।

मध्ययुग में इस भाव ने अनेक विचित्र रूपों में अपने को प्रकाशित किया है। इसीलिए इस युग का साहित्य भक्ति के रस से अत्यन्त सरस हो गया है और भगवान् के भावगृहीत रूपों के वैचित्र्य के कारण अनेक रूपों में प्रकट हुआ है। इस सरसता और वैचित्र्य के कारण ही इस युग का साहित्य इतना आकर्षक बना है।

धर्म-साधना का साहित्य

यूरोप के इतिहास के जिस काल को मध्ययुग कहा जाता है, उसके प्रारम्भिक शताब्दकों को भारतीय इतिहास का 'स्वर्णयुग' कहा जाता है। यद्यपि यह बात सम्पूर्ण रूप से तथ्य के अनुकूल नहीं कही जा सकती, तथापि इतना तो सत्य है ही कि भारतीय इतिहास में गुप्त नरपतियों का उत्कर्षकाल बहुत महत्त्वपूर्ण रहा है। सन् ईसवी की पहली शताब्दी से मथुरा के कुषाण सम्राटों के शासन-सम्बन्धी चिह्नों का मिलना एकदम बन्द हो जाता है। इसके बाद के दो-तीन सौ वर्षों का काल अब तक भारतीय इतिहास का अन्धयुग ही कहा जाता रहा है। हाल ही में इस काल के अनेक तथ्यों का पता चला है, किन्तु धारावाहिक इतिहास लिखने की सामग्री अब भी पर्याप्त नहीं कही जा सकती। धीरे-धीरे विद्वान् अन्वेषक कुछ-न-कुछ नए तथ्यों का संग्रह करते जा रहे हैं। यह 'अन्धकार युग' शब्द भी यूरोपियन पण्डितों के दिमाग की ही उपज है। यदि राजाओं और राजपुरुषों का नाम ही इतिहास न समझा जाय तो इस काल को 'अन्धकार युग' नहीं कहा जा सकता। धर्म और दर्शन आदि के जो ग्रन्थ परवर्त्ती डेढ़ हजार वर्षों के इतिहास को प्रभावित करते रहे हैं, उनका बीजारोपण इसी काल में कहीं हुआ था। 'मनुस्मृति' का नवीन रूप सम्भवत: इसी काल की देन है। सूर्य-सिद्धान्त का पुराना रूप इसी काल में बना होगा। अश्वघोष ने सम्भवत: इसी काल में अपनी नई काव्यशैली का आरम्भ किया और परवर्त्ती नाटकों, प्रकरणों और अन्यान्य रूपकों को प्रभावित करनेवाला भारतीय नाट्यशास्त्र भी इसी काल में लिखा गया था, तथा परवर्त्ती काव्यों को दूर तक प्रभावित करनेवाला वात्स्यायन का 'कामसूत्र' इसी काल में सम्पादित हुआ था। हम आगे चलकर देखेंगे कि दर्शन और धर्म-साधना के क्षेत्र में अनेक महत्त्वपूर्ण ग्रन्थों और सम्प्रदायों की स्थापना इसी काल में हुई। इस प्रकार परवर्त्ती भारतवर्ष को जो रूप प्राप्त हुआ, वह अधिकांश में इसी काल की देन है।

सन् 220 ई. में मगध का प्रसिद्ध पाटलिपुत्र चार सौ वर्षों की गाढ़ निद्रा के बाद एकाएक जाग उठा। इसी वर्ष चन्द्रगुप्त नामधारी एक साधारण राजकुमार, जिसकी शक्ति लिच्छवियों की राजकन्या से विवाह करने के कारण बहुत बढ़ गई थी, अचानक प्रबल पराक्रम के साथ उठ खड़ा हुआ और उत्तर भारत के विदेशियों को उखाड़ फेंकने में समर्थ हो गया। उसके पुत्र समुद्रगुप्त ने और भी प्रचण्ड विक्रम का परिचय दिया। अनेक मदगर्वित सामन्तों और बलदर्पित शासकों का मान-मर्दन करके उसने उत्तर भारत को निष्कण्टक-सा बना दिया। उसका पुत्र द्वितीय चन्द्रगुप्त विक्रमादित्य पिता के समान ही प्रतापशाली सिद्ध हुआ। इसका सुव्यवस्थित साम्राज्य पूर्व समुद्र से पश्चिम समुद्र तक फैला हुआ था। इस समय ब्राह्मण धर्म नया तेज और नया यौवन पाकर बड़ा शक्तिशाली हो गया।

वस्तुत: यूरोप के इतिहास में जहाँ से मध्ययुग का प्रारम्भ हुआ था वहाँ भारतीय इतिहास में नवीन उत्साह और नवीन जोश का उदय हुआ। संस्कृत भाषा ने नई शक्ति प्राप्त की और समूचे देश में एक नए ढंग की जातीयता की लहर दौड़ गई। इस काल में राज्यकार्य से लेकर साहित्य, धर्म और सामाजिक विधि-व्यवस्था तक में एक विचित्र प्रकार की क्रान्ति का पता लगता है। पुराने शासक लोग राजकार्य के लिए जिन शब्दों का व्यवहार करते थे, उन्हें छोड़ दिया गया। कुषाण नरपतियों ने जिस गान्धारशैली की मूर्त्तिकला को बहुत सम्मान दिया था, वह एकदम उपेक्षित हो गई। वस्तुत: आज के भारतीय धर्म, समाज, आचार-विचार, क्रियाकाण्ड सभी विषयों पर इस युग की अमिट छाप है। इस काल को और चाहे जो कहा जाय, पतनोन्मुखी और जबदी हुई मनोवृत्ति का काल नहीं कहा जा सकता। जो पुराण और स्मृतियाँ आजकल निस्सन्दिग्ध रूप में प्रामाणिक मानी जाती हैं उनका सम्पादन अन्तिम रूप में इस काल में हुआ था। जो काव्य, नाटक, कथा, आख्यायिकाएँ गुप्त काल में रची गईं, वे आज भी भारतवर्ष का चित्त मुग्ध कर रही हैं। जो शास्त्र उन दिनों प्रतिष्ठित हुए, वे सैकड़ों वर्ष बाद आज भी भारतीय मनीषा को प्रेरणा दे रहे हैं। इस काल को भारतीय उन्नति के स्तब्ध हो जाने का काल नहीं कहा जा सकता।

लेकिन विक्रम की छठी शताब्दी के बाद भारतीय धर्म-साधना में एक नई प्रवृत्ति का उदय अवश्य होता है। इस समय से भारतीय धर्म-साधना के क्षेत्र में उस नए प्रभाव का प्रमाण मिलने लगता है जिसे संक्षेप में 'तान्त्रिक प्रभाव' कह सकते हैं। केवल ब्राह्मण ही नहीं, जैन और बौद्ध सम्प्रदायों में

भी यह प्रभाव स्पष्ट रूप से लक्षित होता है। बौद्ध धर्म का अन्तिम रूप तो इस देश में तान्त्रिक ही रहा। दसवीं शताब्दी के आसपास आते-आते इस देश की धर्म-साधना बिलकुल नए रूप में प्रकट होती है। निस्सन्देह यहाँ से भारतीय मनीषा के उत्तरोत्तर संकोचन का काल आरम्भ होता है। यह अवस्था अठारहवीं शताब्दी के अन्त तक चलती रही, उसके बाद भारतवर्ष फिर नए ढंग से सोचना आरम्भ करता है। सच पूछा जाय तो विक्रम की दसवीं शताब्दी के बाद ही भारतीय इतिहास का वह काल आरम्भ होता है जिसे संकोचनशील और स्तब्ध मनोवृत्ति का काल कहा जा सकता है। यह सत्य है कि मध्यकाल में कोई भी ऐसी प्रवृत्ति कठिनाई से मिलेगी जिसका बीजारोपण किसी-न-किसी रूप में पूर्ववर्त्ती काल में न हो गया हो। परन्तु धर्म-साधना का इतिहास जीवन्त वस्तु है और जब हम किसी प्रवृत्ति को नई कहते हैं, तो हमारा मतलब केवल इतना ही होता है कि यह प्रवृत्ति कुछ विशेष ऐतिहासिक और सामाजिक कारणों से अत्यन्त प्रबल होकर प्रकट हुई थी।

एक विशिष्ट प्रवृत्ति

दसवीं शताब्दी के आसपास एक विशिष्ट मनोवृत्ति का प्राधान्य भारतीय धर्म-साधना के क्षेत्र में स्थापित होता है, यद्यपि वह नई नहीं है। कम-से-कम विक्रम की छठी शताब्दी से निश्चित रूप से इस प्रवृत्ति के रहने का प्रमाण मिलता है। विरोधी मतों को 'अवैदिक' कहकर हेय सिद्ध करना इस प्रवृत्ति का प्रधान स्वरूप है, छठी से लेकर दसवीं शताब्दी तक का भारतीय साहित्य बहुत विशाल है, तो भी धर्म-साधना के इतिहास की दृष्टि से वह पर्याप्त नहीं कहा जा सकता। अधिकांश में हमें साम्प्रदायिक ग्रन्थों पर निर्भर करना पड़ता है। यह उल्लेख योग्य है कि सभी धार्मिक सम्प्रदाय अपने ग्रन्थ नहीं छोड़ गए हैं कुछ ने तो शायद ग्रन्थ लिखा ही नहीं और कुछ ने अगर लिखा भी तो वह प्राप्त नहीं हो सका। पुरानी पुस्तकों में इन सम्प्रदायों का कुछ-कुछ उल्लेख मिल जाता है। पर इन उल्लेखों से इनका कुछ विशेष परिचय नहीं मिलता। बौद्ध सम्प्रदायों के विषय में ब्राह्मण ग्रन्थों से जो कुछ पता चलता है, वह केवल अपूर्ण ही नहीं, भ्रामक भी है। सौभाग्यवश बौद्धों के एक बहुत बड़े सम्प्रदाय स्थविरवाद का पूरा साहित्य—जो लगभग तीन महाभारत के बराबर है—प्राप्त हो गया। अन्यान्य सम्प्रदायों के ग्रन्थ भी थोड़े-बहुत मिल गए हैं और चीनी तथा तिब्बती भाषा में अनेक ग्रन्थ अनूदित अवस्था में सुरक्षित हैं। विद्वान् लोग नए सिरे से इन ग्रन्थों को धीरे-धीरे प्रकाश में लाने

का प्रयत्न करते हैं, ब्राह्मण ग्रन्थों में उच्छेद-विनाश या अभाववाद को ही मुख्य बौद्ध सिद्धान्त मानकर खण्डन किया गया है। यदि बौद्ध ग्रन्थों का अन्य देशों से उद्धार न हो सकता तो हमें बौद्ध दर्शन की महिमा का कुछ भी पता न चल पाता। 'सर्वदर्शनसंग्रह' में वैभाषिक सम्प्रदाय के बौद्धों के नामकरण का रहस्य यह बताया गया है कि ये लोग विभाषा यानी गड़बड़ भाषा के बोलनेवाले या बे-सिर-पैर की हाँकनेवाले बकवादी हैं, लेकिन असली रहस्य यह नहीं है। भला कोई सम्प्रदाय अपने को बकवादी क्यों कहेगा ? असल में विभाषा शब्द का अर्थ है विशिष्ट भाष्य। यह विशिष्ट भाष्य चीनी भाषा में आज भी सुरक्षित है। संस्कृत में इस मत का प्रतिपादक ग्रन्थ 'अभिधर्मकोश' उपलब्ध हुआ है। इस ग्रन्थ का पहले-पहल चीनी भाषा के टीका के आधार पर फ्रान्सीसी में उल्था किया गया था। इस सामग्री के आधार पर महापण्डित राहुल सांकृत्यायन ने इसके मूल के उद्धार का प्रयत्न किया है और एक संस्कृत टीका भी अपनी ओर से जोड़कर इसे बोधगम्य बना दिया है। यह महत्त्वपूर्ण ग्रन्थ 'अनाप-शनाप बोलनेवालों' की कृति तो है ही नहीं, बहुत अधिक युक्तिसंगत और माननीय है।

शंकराचार्य ने शून्यवाद को 'सर्वप्रमाण विप्र निषिद्ध' कहकर उपेक्षा योग्य ही समझा था। कुमारिल भट्ट जैसे मेधावी आचार्य ने भी बुद्ध की अहिंसा आदि भली बातों को उसी प्रकार अग्राह्य बतलाया था जिस प्रकार कुत्ते के खाल में रखा हुआ दूध अमेध्य होकर अनुपयोगी हो जाता है। 'श्वदति निक्षिप्तक्षीरवदनुपयोगि' इसी प्रकार के अनेक उदाहरण दिये जा सकते हैं। वस्तुत: बड़े-से-बड़े आचार्यों के खण्डनात्मक तर्कों और आक्रमणात्मक लेखों को देखकर भी विरोधी सम्प्रदाय के सिद्धान्तों के विषय में कोई निश्चित धारणा नहीं बनाई जा सकती। बौद्ध धर्म तो फिर भी जीवित मत है और उसके साहित्य के उपलब्ध हो जाने से इसके विषय में ठीक-ठीक धारणा बना ली जा सकती है। परन्तु ऐसे बहुत-से सम्प्रदाय हैं जिनकी न तो किसी जीवित परम्परा का पता चलता है और न कोई साहित्य ही उपलब्ध हो सकता है। विरोधी मतवालों ने उनका थोड़ा-बहुत विकृत परिचय दिया है, परन्तु ऊपर के उदाहरणों को देखकर जान पड़ता है कि हम इन विकृत परिचयों के आधार पर विशेष अग्रसर नहीं हो सकते।

एक ऐसा सम्प्रदाय नीलपटों या नीलाम्बरों का था। 'पुरातन प्रबन्ध संग्रह' नामक जैन प्रबन्ध में इन दर्शनियों की चर्चा है। इनकी साधना-पद्धति के विषय में जितना कुछ कहा गया है, उससे लगता है कि ये लोग अत्यन्त

निचली श्रेणी के भोगपरक अर्थ का प्रचार करते थे। खाओ-पियो और मौज करो, यही उनका आदर्श था। पुरुष और स्त्री के जोड़े नग्न होकर एक ही नीले वस्त्र में लिपटे रहते थे। ऐसे ही एक जोड़े से राजा भोज की एक कन्या ने धर्म-विषयक प्रश्न किया जिस पर 'दर्शनी' ने उस वामलोचना को उपदेश दिया कि 'खाओ-पियो और मौज करो।' जो बीत गया सो कभी नहीं लौट सकता। अगर तुमने तप किया और कष्ट उठाया तो वह तुम्हारे लिए बिलकुल बेकार है क्योंकि वह जो गया सो गया। असल बात यह है कि यह शरीर जडतत्त्वों का संघात-मात्र है, इसके आगे कुछ भी नहीं है :

'पिव खाद च वामलोचने यदतीतं वरगात्रि तन्न ते ।
नहि भीरु गतं निवर्तते समुदयमात्रामिदं कलेवरम् ।।'

'पुरातन प्रबन्ध' पृ. 19

राजा भोज को जब यह बात मालूम हुई तो उन्होंने इस सम्प्रदाय का उच्छेद कर दिया। खोज-खोज करके नीलपटों के सभी जोड़े हमेशा के लिए समाप्त कर दिये गए। भारतीय साहित्य में इन नीलपटों की कोई चर्चा नहीं आती। इस विवरण से तो इनके विषय में घृणा ही उत्पन्न होती है। यह श्लोक पुराना है। 'सर्वदर्शनसमुच्चय' की टीका में इसे लोकायत मत के माननेवालों की उक्ति कहा गया है। सौभाग्यवश इस सम्प्रदाय का एक और भी विवरण का सिंहल (सीलोन) के 'निकायसंग्रह' से श्री राहुल सांकृत्यायन ने उद्धार किया है। यह कहानी भी राजा भोज के काल के कुछ ही पहले की है। कहा गया है कि राजा मतबलसेन, जिनका राज्यकाल 846-66 ईसवी है, के समय वज्र-पर्वत-निकाय का एक भिक्षु सिंहल में आया और वीरांकुर विहार में रहने लगा। उसके प्रभाव में आकर राजा ने वजिरिय (वज्रयान) मत को स्वीकार किया। इसी से लंका में रत्नकूट आदि ग्रन्थों का प्रचार आरम्भ हुआ। इसे बाद के राजा ने यद्यपि वजिरिय के बारे में कुछ कड़ाई दिखाई, पर इन सिद्धान्तों के गोप्य रहने के कारण वे बचे ही रहे। राहुल जी का कहना है कि तिब्बत के रंगीन चित्रों में आतिश (दीपंकर श्रीज्ञान) आदि भारतीय भिक्षुओं के चीवर के नीचे जो नीले रंग की एक जाकेट-जैसी चीज दिखती है, उसका कारण 'निकायसंग्रह' में इस प्रकार दिया हुआ है—जिस समय कुमारदास सिंहल में राज कर रहे थे, उन्हीं दिनों दक्षिण मथुरा में श्रीहर्ष नामक राजा का राज्य था। उस समय सम्मितीय निकाय का एक दुःशील भिक्षु नीला वस्त्र धारण करके रात को वेश्या के घर गया। उसके प्रातःकाल लौटने में देर हो गई। जब विहार के शिष्यों ने उसके वस्त्र का कारण पूछा तो उसने उस नीलवस्त्र की

बड़ी महिमा बताई। तभी से उसके शिष्य नीलवस्त्र का व्यवहार करने लगे। 'नीलपटदर्शन' में कहा गया है कि वेश्या, सुरा और काम, ये तीन ही वास्तव रत्न हैं, बाकी सब काँच के टुकड़े हैं। स्पष्ट ही नीलपट दर्शनियों का जो मत 'पुरातन प्रबन्ध' में उद्धृत किया गया है, वह इसी से मिलता-जुलता है। परन्तु यदि राहुल जी के वक्तव्य को ध्यान से देखा जाय तो मालूम होगा कि इन लोगों का सम्बन्ध वज्रयानियों से था। यह ध्यान देने की बात है कि सम्मितीय निकाय के जिन भिक्षुओं की ऊपर चर्चा आई है, उनका महायान मत की स्थापना में बड़ा हाथ रहा है ('गंगा', पुरातत्त्वांक)। यह नीलपट सम्प्रदाय यदि वज्रयान से सम्बद्ध था तो निश्चय ही बड़ा शक्तिशाली था और उसका साहित्य एकदम खोया हुआ नहीं कहा जा सकता। स्पष्ट ही यदि जैन प्रबन्ध का विवरण ही हमारे सामने होता तो इस मत के विषय में बहुत भ्रान्त धारणा बनी रहती। ऐसे अनेक सम्प्रदाय हैं जो गलत ढंग से उपस्थित हैं। कितनों ही का तो नाम भी नहीं बचा होगा।

कितने ही सम्प्रदाय ऐसे हैं जिनका साहित्य तो उपलब्ध नहीं है, पर परम्परा अभी बची हुई है। नाथमार्ग के बारह पन्थों में से प्राय: सभी जीवित हैं, पर जहाँ तक मालूम है एक-दो को छोड़कर बाकी का कोई साहित्य नहीं बचा है। इन सम्प्रदायों के साधुओं और गृहस्थों में अपने प्रतिष्ठाता के सम्बन्ध में कुछ कथाएँ बची हुई हैं। किसी-किसी के स्थापित मठ और मन्दिर वर्त्तमान हैं, उनमें कुछ विशेष ढंग के अनुष्ठान होते हैं। इन लोक-कथाओं और अनुष्ठानों के भीतर से इन सम्प्रदायों की विशेषता का कुछ पता चलता है। इतना ही नहीं, कभी-कभी तो अनुष्ठानों और लोक-कथाओं पर से उन पूर्ववर्त्ती मतों का भी पता चल जाता है जो या तो इन परवर्त्ती मतों के विरोधी थे या इन्हीं में घुल-मिल गए हैं। आगे हम इस प्रकार के कई धर्ममतों का उल्लेख करेंगे। इसीलिए भारतीय धर्म-साधना का अध्ययन बहुत जटिल और उलझा हुआ कार्य है। इसे सुचारु रूप से करने के लिए केवल लिखित साहित्य से काम नहीं चल सकता । लोक-कथा, मूर्त्ति और मन्दिर, साधुओं के विशेष-विशेष सम्प्रदाय, उनकी रीति-नीति, आचार-विचार और पूजा-अनुष्ठान आदि की जानकारी परम आवश्यक है। परन्तु इस दृष्टि से बहुत कम काम हुआ है। जो कुछ हुआ है वह अधिकतर विदेशी विद्वानों के परिश्रम का फल है। इसके लिए हमें उनका कृतज्ञ होना चाहिए। यह ठीक है कि उनका दृष्टिकोण दूसरा है। परन्तु जो कुछ भी उन्होंने किया है वह हमारे काम तो आता ही है।

आस्तिक और नास्तिक

इस काल के धर्म को दो मोटे विभागों में बाँट लिया जा सकता है: आस्तिक और नास्तिक । आस्तिक भी दो श्रेणियों के हैं। एक वे जो वेद को प्रमाण मानते हैं, दूसरे वे जो वेद से अपने मत के समर्थित या असमर्थित होने की परवा नहीं करते। ये नास्तिक तो नहीं हैं, पर वेद-विरोधी अवश्य हैं। मनु ने वेद-निन्दक को ही नास्तिक कहा है, परन्तु जैसा कि कुल्लुक भट्ट ने मनु की टीका में (4-163) इस शब्द की व्याख्या की है, नास्तिक शब्द का प्रचलित अर्थ था परलोक में विश्वास न करनेवाला। उन दिनों अपने विरोधी मतों को अवैदिक और नास्तिक कहकर लोकचक्षु में हीन सिद्ध करने की चेष्टा की जाती थी। सातवीं शताब्दी के बाद यह प्रवृत्ति उत्तरोत्तर प्रबल होती गई। श्रीकृष्ण धूर्जटि मिश्र ने 'सिद्धान्त चन्द्रोदय' में छह नास्तिक सम्प्रदायों के नाम गिनाए हैं : (1) चार्वाक, (2-5) चार बौद्धमत अर्थात् माध्यमिक, योगाचार, सौत्रान्तिक और वैभाषिक, तथा (6) दिगम्बर (जैन)। परन्तु भिन्न-भिन्न मत के ग्रन्थों की जाँच की जाय तो नास्तिकों की संख्या और अधिक होगी। जैमिनी विरचित मीमांसा और कपिल सांख्य भी इस अपवाद के शिकार हैं। इस प्रकार वेद माननेवाले निरीश्वर सम्प्रदाय भी हैं।

वेद को अन्तिम प्रमाण माननेवाले धर्ममतों और दार्शनिक सम्प्रदायों की संख्या एक-दो नहीं है। उत्तर-मध्यकाल में वेदान्त के अनेक परस्पर-विरोधी सम्प्रदाय हुए हैं। सब अपने को श्रुतिसम्मत मानते हैं। अद्वैतवाद, द्वैतवाद, विशिष्टाद्वैतवाद, शुद्धाद्वैत, अचिन्त्य भेदाभेद आदि अनेक परस्पर-विरोधी मत ऐसे हैं जो एक ही श्रुति को अपना आधार मानते हैं। कभी-कभी तो एक ही वाक्य पर ये लोग परस्पर-विरुद्ध अर्थों का समर्थन करते हैं। आगे चलकर इन विरोधों के परिहार की चेष्टाएँ हुई हैं। इसी प्रकार शैव, शाक्त, पाशुपत, गाणपत्य, सौर आदि अनेक धार्मिक सम्प्रदाय अपने-अपने मतों को वेद-प्रतिपादित बताते हैं। प्राय: ही विरोधी मतों को वेद-विरोधी कहकर हीन सिद्ध करने की प्रवृत्ति है। कूर्मपुराण में कापाल, लाकुल, वाम, भैरव, पूर्व, पश्चिम, पाञ्चरात्र, पाशुपत आदि को अवैदिक बताया गया है। एक मजेदार बात यह है कि प्राय: ही शिव जी या स्वयं विष्णु भगवान् के मुख से कहलवाया गया है कि उन्होंने असुरों को पथभ्रान्त बनाने के लिए मोहशास्त्रों की रचना की थी। कूर्मपुराण के सोलहवें अध्याय में कहा गया है कि शिव जी की प्रेरणा से विष्णु ने ही कापाल, लाकुल, वाम, भैरव आदि हजारों मोहशास्त्रों की रचना की थी।

चकार मोहशास्त्राणि केशवोऽपि शिवेरित: ।
कापालं लाकुलं वामं भैरवं पूर्वपश्चिमम् ।
पाञ्चरात्रं पाशुपतं तथान्यानि सहस्रश: ।

शंकराचार्य ने शारीरक भाष्य में पाशुपतों और माहेश्वरों को बाह्य ही माना था (2-2-37)। स्वयं शंकराचार्य भी इसी आक्षेप के अधिकारी बने हैं। सांख्यप्रवचन भाष्य में 'पद्मपुराण' के कुछ श्लोक उद्धृत किए गए हैं जिनमें शिव जी ने पार्वती को सम्बोधन करके कहा है कि हे देवि, मायावाद बड़ा असत् शास्त्र है। मैंने ही कलियुग में ब्राह्मण का रूप धारण करके इस शास्त्र की रचना की है। इसमें मैंने श्रुतिवाक्यों का गलत अर्थ किया है और कर्म स्वरूप की त्याज्यता का प्रतिपादन किया है। सर्व कर्मों के परिभ्रंश को बताकर नैष्कर्म्य भावना का मैंने समर्थन किया है। यह प्रच्छन्न बौद्ध मत है :

मायावादमसच्छास्त्रं प्रच्छन्नं बौद्धमेव च।
मयैव कथितं देवि कलौ ब्राह्मणरूपिणा ।।
अपार्थं श्रुतिवाक्यानां दशयन् लोकगर्हितम् ।
कर्मस्वरूपत्याज्यत्वमत्र च प्रतिपाद्यते ।
सर्वकर्मपरिभ्रंशाभैष्यकर्म्य तत्र चोच्यते ।
परमात्माजीवयोरैक्यं मयात्र प्रतिपाद्यते ।।

उस काल के साहित्य से अनेक ऐसे उदाहरण खोजे जा सकते हैं। उत्तरकालीन मध्ययुग में तो यह प्रवृत्ति इतनी प्रबल हुई कि प्रत्येक सम्प्रदाय के लिए एक भाष्य का होना अत्यन्त आवश्यक माना जाने लगा था। भाष्य या तो उपनिषदों पर या ब्रह्मसूत्र (वादरायण के वेदान्त सूत्र) पर या गीता पर होना चाहिए था। इनको 'प्रस्थानत्रयी' कहा जाता था। किसी सम्प्रदाय के पास तीनों के भाष्य हैं, किसी के पास दो के, और किसी-किसी के पास केवल एक का ही। उत्तर-मध्ययुग में भाष्यहीन सम्प्रदाय अवैदिक समझ लिया जाता था। कहते हैं कि अपना भाष्य न होने के कारण अचिन्त्य भेदाभेदवादी गौड़ीय वैष्णवों को एक बार जयपुर में कठिनाई में पड़ना पड़ा था। बलदेव विद्याभूषण ने पण्डित सभा में मोहलत माँगी थी और उपास्य मूर्त्ति की कृपा से अल्प काल ही में वेदान्तसूत्र पर भाष्य लिख डाला था।

वेद-विरोधी स्वर

एक ओर वेदों को एकमात्र अविसंवादी प्रमाण मानने की प्रवृत्ति जिस प्रकार तीव्र रूप धारण करती जाती थी, दूसरी ओर उसकी उतनी ही तीव्र प्रतिक्रिया भी चल रही थी। कितने ही तान्त्रिक मतों ने अपने को खुल्लमखुल्ला वेद-विरोधी सम्प्रदाय घोषित किया और दृढ़ कण्ठ से समस्त वैदिक मतों का प्रत्याख्यान किया। प्रतिक्रिया इतनी उग्र थी कि अत्यन्त सहज बात को भी वे लोग भड़कानेवाली भाषा में करते थे। और हर प्रकार से वैदिक मार्ग का उलटा सुनाई देनेवाला वक्तव्य देते थे। सब समय उसका अर्थ उलटा होता नहीं था। वह बहुत-कुछ भड़कानेवाली भाषा में जान-बूझकर कहा जाता था, परन्तु उसका वास्तविक अर्थ उतना भड़कानेवाला नहीं हुआ करता था।

विक्रम की छठी शताब्दी के बाद जो तान्त्रिक प्रभाव भारतीय साधना के ऊपर पड़ा, वह परवर्त्ती काल के सन्तों या निर्गुणिया भक्तों की साधना के रूप में प्रकट हुआ। इस साहित्य का बीजारोपण विक्रम की छठी शताब्दी में ही हुआ और विक्रम की नवीं और दसवीं शताब्दी तक वह अंकुरित होता रहा। इसीलिए संक्षेप में इस काल की धार्मिक प्रवृत्तियों का परिचय दे देना आवश्यक है।

वस्तुत: विक्रम की छठी से लेकर दसवीं शताब्दी तक के धार्मिक इतिहास को परिपूर्ण रूप देने के लिए जो सामग्री उपलब्ध है, वह विशाल होने पर भी पर्याप्त नहीं है। इस कार्य को सम्पन्न करने में अधिकांश साम्प्रदायिक ग्रन्थों का आश्रय लेना पड़ता है। परन्तु, जैसा कि ऊपर बतलाया गया है, सभी धार्मिक साधक और सम्प्रदाय अपने सिद्धान्तों के उपस्थापक ग्रन्थ लिख ही गए हों ऐसी बात नहीं। ऐसे अनेक सम्प्रदाय थे और रहे होंगे, जिनका कोई ग्रन्थ बचा नहीं है। किसी सम्प्रदाय का जनता पर प्रभाव तो कम रहा है, पर ग्रन्थ उनके अनुयायियों के द्वारा अधिक लिखे गए हैं। इसलिए ग्रन्थों की संख्या का अधिक होना किसी सम्प्रदाय-विशेष के प्रबल प्रभावशाली होने का लक्षण नहीं है।

समसामयिक साधना-पद्धतियाँ एक-दूसरे को प्रभावित और रूपान्तरित करती रहती हैं। इसलिए धार्मिक साधना के इतिहास में छोटी-बड़ी सभी प्रवृत्तियों का महत्त्व रहता है। कभी-कभी शुरू में अत्यन्त मामूली दिखलाई पड़नेवाली भावधारा लोकधर्म का अत्यन्त प्रबल रूप धारण करती हुई देखी गई है। हमारे आलोच्यकाल में तान्त्रिक साधना ने और योगाभ्यास ने बहुत प्रबल रूप धारण किया था। इस काल की धार्मिक साधना के अध्ययन के लिए हमें अधिकांश संस्कृत पुस्तकों का आश्रय लेना पड़ता है। दक्षिण भारत की लोकभाषा में लिखे हुए भक्तिमूलक ग्रन्थ आगे चलकर जबर्दस्त दार्शनिक और धार्मिक सम्प्रदायों की स्थापना के कारण हुए हैं। इस तथ्य से यह अनुमान करना असंगत नहीं है कि अन्यान्य धर्म-सम्प्रदायों और साधना मार्गों के विकास में भी लोकभाषा का हाथ रहा होगा। इस दृष्टि से जितनी पुस्तकें हमें मिलनी चाहिए, उतनी मिली नहीं हैं। फिर जो हैं भी, उन सबका उद्धार भी कहाँ हुआ है?

पाञ्चरात्र साहित्य बहुत प्राचीन और विशाल है। यद्यपि इसके ग्रन्थों की आनुश्रुतिक संख्या 108 ही बताई जाती है, तथापि दो सौ से भी अधिक संहिताओं का पता चला है। पर अभी तक कुल 13 संहिताएँ ही छपी हैं। उनमें भी नागरी अक्षरों में छह ही उपलब्ध हैं, बाकी तेलुगु या ग्रन्थ लिपि में छपी हैं।[1] शैव आगमों और उपागमों की संख्या 198 बताई जाती है, पर उनमें से बहुत कम मुद्रित हैं। यही बात धारणियों, स्तोत्रों तथा इसी श्रेणी के अन्य साहित्यों के लिए भी सत्य है।

यहाँ एक बात विशेष रूप से स्मरण रखने योग्य है। इस देश में आज जितनी जातियाँ बसती हैं, वे सभी सदा से आर्यभाषाभाषी नहीं रही हैं। उत्तर भारत में सर्वत्र जनसाधारण की भाषा आर्यभाषा बन गई है। आर्यों के आने के पहले इस देश में ऐसी अनेक जातियाँ थीं जो आर्येतर भाषा बोला करती थीं। आर्यों के साथ इन जातियों का, किसी भूले हुए युग में, बड़ा कठोर संघर्ष हुआ था। असुरों, दैत्यों, नागों, यक्षों, राक्षसों आदि के साथ आर्यजाति के साथ कठोर संघर्ष की कहानियाँ हैं। उन्होंने धीरे-धीरे आर्यभाषा और आर्य-

---

1. जयाख्य संहिता (गायकवाड़ सिरीज 54) के सम्पादक ने निम्नलिखित संहिताओं के नाम दिये हैं—अहिर्बुध्न्य संहिता (नागरी), ईश्वर संहिता (तेलुगु), कपिंजल संहिता (ते.) जयाख्य संहिता (नागरी) पाराशर संहिता (ते.), पद्मतन्त्र संहिता (ते.), वृहद् ब्रह्म संहिता (ते.+ ना.), भरद्वाज संहिता (ते.) लक्ष्मीतन्त्र संहिता (ते.), विष्णुतिलक (ते.), प्रश्न संहिता (ग्रन्थ लिपि) और सारस्वत संहिता (ना.)।

विश्वास को स्वीकार कर लिया। परन्तु उनके विश्वास और उनकी भाषा ने नीचे से आक्रमण किया तथा आर्यभाषा ऊपर से आर्य बने रहने पर भी उनकी भाषाओं और उनके विश्वासों से प्रभावित होती रही। उनके विश्वासों ने हमारी धर्म-साधना और सामाजिक रीति-नीति को ही नहीं, हमारी नैतिक परम्परा को भी प्रभावित किया। जैसे-जैसे वे जातियाँ आर्यभाषा सीखती गईं, वैसे-वैसे उन्होंने आर्यों की परम्परागत धर्म-साधना और तत्त्व-चिन्तन को भी प्रभावित किया। धीरे-धीरे समूचा उत्तरी भारत आर्यभाषी तो हो गया पर आर्यभाषी बनी हुई जातियों के सम्पूर्ण संस्कार भी उनमें ज्यों-के-त्यों रह गए। यह ठीक है कि कुछ जातियों ने जल्दी आर्यभाषा सीखी, कुछ ने थोड़ी देर से और कुछ तो जंगलों और पहाड़ों की ऐसी दुर्गम जगहों में जा बसीं कि आज भी वे अपनी भाषा और संस्कृति को पुराने रूप में सुरक्षित रखती आ रही हैं। परिवर्त्तन उनमें भी हुआ है, पर परिवर्त्तन तो जगत् का धर्म है। मोटे तौर पर हम कह सकते हैं कि विक्रमादित्य द्वारा प्रवर्त्तित संवत् के प्रथम सहस्र वर्षों तक यह उथल-पुथल चलती रही और आज से लगभग एक सहस्राब्दी से कुछ पूर्व ही उत्तर भारत प्राय: पूर्ण रूप से आर्यभाषाभाषी हो गया। संस्कृत के पुराण ग्रन्थों से हम इन आर्येतर जातियों की सभ्यता और संस्कृति का एक आभास पा सकते हैं। 'आभास' इसलिए कि वस्तुत: ये पुराण आर्यदृष्टि से-तत्रापि ब्राह्मणदृष्टि से-लिखे गए हैं और फिर बहुत पुरानी बातें होने के कारण इन बातों में कल्पना का अंश भी मिल गया है। बौद्ध और जैन अनुश्रुतियों के साथ इन पौराणिक कथाओं के मिलाने से कुछ बातें समझ में आ जाती हैं। पर यह तो हम भूल ही नहीं सकते कि ये अनुश्रुतियाँ भी विशेष दृष्टि से देखी हुई हैं। अस्तु फिर भी जो सामग्री उपलब्ध है वह विपुल है, पर इतनी छितरायी हुई है कि सबके आधार पर कार्य करना कठिन है इस विषय की मीमांसा बहुत कम हुई है। बड़ौदा, मैसूर, काशी, कलकत्ता, अड्यार आदि स्थानों से इधर बहुत अमूल्य ग्रन्थ प्रकाशित हुए हैं। चीनी और तिब्बती भाषाओं में अनेक ऐसे ग्रन्थों के अनुवादों का सन्धान मिला है जो मूल रूप में खो गए हैं। सुदूर सुमात्रा, जावा, बाली, थाई-देश आदि देशों के मन्दिरों में उत्कीर्ण लेखों से इनके विषय में अनेकानेक तथ्य उद्घाटित हुए हैं, पर अभी तक इन सबको मिलाकर मनन करने का प्रयास नहीं हुआ है।

श्री भाण्डारकर की प्रसिद्ध पुस्तक 'वैष्णविज़्म शैविज़्म ऐण्ड माइनर सेक्ट्स ऑफ़ दि हिन्दूज' इस विषय की पुरानी पुस्तक हो गई है—यद्यपि अभी बहुत ज्ञातव्य बातों के जानने का आधार वही है। नेपाल में श्री हरप्रसाद

शास्त्री के देखे हुए ग्रन्थ तथा बौद्ध गान और दोहे, श्रेडर की वैष्णव संहिताओं की महत्त्वपूर्ण मीमांसा, आर्थर एवेलेन की तन्त्रशास्त्रीय पुस्तकें, श्री गोपीनाथ कविराज द्वारा लिखित और सम्पादित शाक्त और नाथमत के लेख और ग्रन्थ तथा अन्य अनेक पण्डितों के प्रयत्न अभी छितरायी हुई अवस्था में हैं। इस क्षेत्र में उल्लेख्य प्रयत्न फर्कुहर का 'ऐन आउटलाइन ऑफ़ दि रिलीजस लिटरेचर ऑफ़ इण्डिया' ही है। परन्तु यह पुस्तक अधिकांश में साहित्यिक पैमाइश है। इधर हिन्दी में श्री बलदेव उपाध्याय, एम.ए., साहित्याचार्य ने 'भारतीय दर्शन' नामक महत्त्वपूर्ण पुस्तक लिखी है जिसमें अब तक उपेक्षित वैष्णव, शैव और शाक्त आगमों के तत्त्वज्ञान का बड़ा विशद विवेचन है। सब मिलाकर भारत के धर्म-सम्प्रदायों के अध्ययन का प्रयत्न अभी बाल्यावस्था में ही है।

पूर्व-मध्ययुग की विविध साधनाएँ

षष्ठ-दशम शतक के काल में यज्ञयाग के स्थान पर देव-मन्दिरों की प्रधानता लक्षित होती है। पूर्ववर्त्ती के आर्य-ग्रन्थों को आकर रूप में स्वीकार करने की प्रवृत्ति बढ़ती पर दिखाई पड़ती है। वेद प्रामाण्य का स्थान अत्यधिक महत्त्वपूर्ण हो जाता है। और विरोधी सम्प्रदायों को अवैदिक कहकर उड़ा देने की चेष्टा चरम सीमा तक पहुँच जाती है। दर्शन के क्षेत्र में भाष्यों और टीकाओं के सहारे और धर्म के क्षेत्र में पुराण, उपपुराण और स्तोत्रों के सहारे आकर ग्रन्थों के सिद्धान्त के प्रचार की प्रवृत्ति अपनी पराकाष्ठा पर पहुँच जाती है। वैष्णव, शैव, शाक्त, गाणपत्य और सौर से लेकर बौद्ध और जैन सम्प्रदायों तक में मन्त्र, यन्त्र, मुद्रा आदि का प्रचार बढ़ता दिखाई देता है। प्राय: सभी सम्प्रदायों में उपास्य देवों की शक्तियों की कल्पना की गई है और यह प्रवृत्ति उत्तरोत्तर बढ़ती पर दिखाई देती है। यह काल भारतीय मनीषा की जागरूकता, कर्मण्यता और प्रतिभागत उत्कर्ष का काल है। विशेष रूप से लक्ष्य करने की बात यह है कि इस काल में भारतीय धर्मप्रचारकों का दूर-दूर देशों में घनिष्ठ सम्बन्ध बढ़ता ही गया। बौद्धधर्म के प्रचारकों का चीन से जो सम्बन्ध इस काल से पूर्व ही स्थापित हो चुका था, वह और भी दृढ़ होता गया और इस काल के चीन के दो अत्यन्त उत्साहपरायण, विद्याव्यसनी महापुरुष हुएन्त्सांग और इत्सिंग यात्रीरूप में इस देश में आए। ये लोग-विशेषत: हुएन्त्सांग-इस देश से बहुत बड़ी ग्रन्थराशि अपने साथ चीन ले गए, जिनमें से अधिकांश के चीनी भाषा में अनुवाद सुरक्षित हैं, यद्यपि वे मूल रूप में खो गए हैं। हुएन्त्सांग के जीवनवृत्त से पता लगता है कि अपने साथ महायान सूत्र के 224 ग्रन्थ, अभिधर्म के 192 ग्रन्थ, स्थविर सम्प्रदाय के सूत्र, विनय और अभिधर्म जातीय 14 ग्रन्थ, महासान्घिक सम्प्रदाय के इसी श्रेणी के 15 ग्रन्थ, महीशास्त्रक सम्प्रदाय के तीनों श्रेणियों के 22 ग्रन्थ, काश्यपीय, धर्मगुप्त और सर्वास्तिवादी सम्प्रदायों के भी इसी प्रकार के क्रमश: 17, 42 और 67 ग्रन्थ साथ ले गए थे। इस ग्रन्थराशि का उद्धार अभी नहीं हुआ है। विक्रम की छठी

शती के मध्य या उत्तर भाग में बौद्धधर्म जापान पहुँचा और सातवीं-आठवीं शती में अन्यान्य देशों (तिब्बत, कम्बोडिया, सुमात्रा, जावा, श्याम और बाली आदि) में बौद्ध, शैवऔर वैष्णव धर्मों का प्रवेश हुआ। इस प्रकार हमारे आलोच्यकाल के पूर्वार्द्ध में समूचे पूर्वी देशों में भारतीय धर्म पहुँच चुका था। स्वयं भारत ने भी इसी काल में एक आर्य-धर्म को प्रश्रय दिया। मुसलमान नेताओं के भय से भागे हुए जरथुस्त्र धर्मवालों ने आलोच्यकाल के पूर्वार्द्ध के अन्तिम वर्षों में इस देश में आश्रय पाया था। यह कहना अत्युक्ति नहीं है कि वह काल जागरण, चिन्तन, कर्मण्यता और मानसिक औदार्य का है। परन्तु उसके बाद के काल में शिथिलता अधिक लक्षित होती है। इस काल में भारत का विदेशों से सम्बन्ध उत्तरोत्तर शिथिल होता जाता है, इसलाम-जैसे नए शक्तिशाली और संघटित धर्म सम्प्रदाय से सम्पर्क होता है, टीकाओं और निबन्धों पर आश्रित होने की प्रवृत्ति बढ़ती जाती हैं, शास्त्रीय मतवादों को लोकधर्म के सामने झुकना पड़ता है और अन्त में लोकधर्म प्रबल भाव से शास्त्रमत को अभिभूत कर लेते हैं।

आलोच्यकाल में कुमारिल और प्रभाकर-जैसे विख्यात मीमांसकों का प्रादुर्भाव हुआ, जिन्होंने कर्ममीमांसा को नवीन शक्ति के रूप में ऊर्जस्वित किया, भुवन-विश्रुत आचार्य शंकर का प्रादुर्भाव हुआ, जिनके अद्वैतवाद ने प्राय: सभी वैदिक सम्प्रदायों को प्रभावित किया; सर्वतन्त्रस्वतन्त्र वाचस्पति मिश्र का उद्‌भव भी लगभग इसी काल में हुआ। सम्भवत: न्यायदर्शन पर लिखा हुआ 'वात्स्यायन भाष्य' इसी काल के आरम्भ में लिखा गया और 'न्यायवार्त्तिक' के प्रसिद्ध आचार्य उद्योतकर का जन्म तो निश्चित रूप से इसी काल में हुआ। प्रसिद्ध बौद्ध माध्यमिक आचार्य चन्द्रकीर्त्ति ने इसी काल में 'माध्यमकावतार' और 'प्रसन्नपदा' (नागार्जुन की कारिका पर टीका) लिखी। इनका समय विक्रम की सातवीं शती का उत्तरार्द्ध है। शान्तिदेव जिनका 'बोधिचर्यावतार' त्याग और आत्मबलिदान का अपूर्व ग्रन्थ है, इसी काल में हुए थे। विज्ञानवादियों के आचार्य चन्द्रगोमिन भी इसी समय में हुए और सामन्तभद्र और अकलंक-जैसे जैन मनीषी भी इसी काल में प्रादुर्भूत हुए। काव्य, नाटक, कथा, आख्यायिका, अलंकार आदि के क्षेत्रों में इस काल में जो प्रतिभाशाली व्यक्ति पैदा हुए, वे पर्याप्त प्रसिद्ध हैं।

इस युग के धर्म विश्वास के मनन के लिए सबसे उपयोगी ग्रन्थ पुराण, आगम, तन्त्र और संहिताएँ हैं। परन्तु पुराणों के बारे में यह कहना कठिन है कि कौन-सा पुराण या उसका अर्थ-विशेष कब रचा गया। भारतीय साहित्य में

पुराण कोई नयी चीज नहीं है। धर्मसूत्रों में और महाभारत में पुराणों की चर्चा आती है। 'आपस्तम्बीय धर्मसूत्र' में तो पुराणों के वचन भी उद्धृत हैं। मनोरंजक बात यह है कि प्राय: सभी मुख्य पुराणों में अष्टादश पुराणों की सूची दी हुई है अर्थात् प्रत्येक पुराण यह स्वीकार करता है कि उसकी रचना के पहले अन्यान्य पुराण बन चुके थे। इतना तो निश्चित है कि हमारे आलोच्यकाल के पूर्वार्द्ध के समाप्त होते-होते प्राय: सभी पुराण लगभग उसी स्वरूप को प्राप्त कर चुके थे जिसमें वे उपलब्ध हैं। उनमें प्रक्षेप परिवर्द्धन बाद में भी होता रहा है। परन्तु परवर्त्तीकाल में साम्प्रदायिक प्रवृत्ति की स्थिति इतनी स्पष्ट है कि इन प्रक्षिप्त परिवर्द्धित अंशों को खोज निकालना बहुत कठिन नहीं है। उदाहरणार्थ, 'भागवत पुराण' को सर्वश्रेष्ठ प्रमाण के रूप में स्वीकार करने की प्रवृत्ति बाद में आई है और पद्मपुराणान्तर्गत पातालखण्ड का जो 'नरसिंह उप-पुराण' है उसमें यह प्रवृत्ति है। इसलिए हम उसे परवर्त्ती समझ सकते हैं। 'पद्मपुराण' के उत्तराखण्ड में और 'स्कन्दपुराण' के वैष्णवखण्ड में भी ऐसी ही प्रवृत्ति है इसलिए इन्हें भी हम परवर्त्ती कह सकते हैं। 'शिवपुराण' के वायवीय संहिता और 'देवी भागवत' में उत्तरकालिक सम्प्रदायों की बातें होने से उनका काल भी बाद का ही होगा। जो हो, हम इतना मान ले सकते हैं कि मुख्य पुराणों की रचना इस काल में बहुत-कुछ समाप्त हो चुकी थी। इन अठारह पुराणों के नाना भाँति से विभाग किए गए हैं। बताया गया है कि इनमें छह तामस प्रकृतिवालों के लिए, छह राजस प्रकृतिवालों के लिए और छह सात्त्विक प्रकृतिवालों के लिए हैं। वैष्णव पुराणों को सात्त्विक कहा गया है। इसलिए यह अनुमान संगत ही है कि विभेद परवर्त्ती वैष्णव कल्पना है। हमारे आलोच्यकाल के प्रारम्भ में ही पंचदेवों विष्णु, शिव, दुर्गा, सूर्य और गणपति की उपासना चल पड़ी थी। अनुश्रुति शंकराचार्य को इस उपासना का आदिप्रचारक मानती है। पंचदेवों में ब्रह्मा का नाम न आने से कुछ पण्डित अनुमान करते हैं कि यह निश्चय ही उस समय की कल्पना होगी जिस समय ब्रह्मा की पूजा उठ चुकी रही होगी। विक्रम की सातवीं शती के आसपास इस प्रकार की कल्पना की गुंजाइश है। इस अनुमान के साथ अनुश्रुति का कोई विरोध नहीं देख पड़ता। इसलिए यह कहना असंगत नहीं है कि शंकराचार्य के समय में ही यह उपासना प्रचलित हुई। स्मार्त्त लोग पंचदेवोपासक हैं, वे शंकर को मानते भी हैं। यद्यपि उनका विरोध किसी से नहीं है, तथापि व्यवहार में स्मार्त्त और वैष्णव विरोधी जैसे ही लगते हैं। अनेक पुराण पंचदेवों की उपासना पर जोर देते हैं। पण्डितों का अनुमान है कि

'गरुड़ पुराण' स्मार्तों स्मात्तों का पुराण है और 'अग्निपुराण' भी स्मार्त्त-ग्रन्थ ही है—यद्यपि उसमें वैष्णव उपादान अधिक है।[1] इन दोनों पुराणों में आगमों और तजों (?) का प्रभाव है। कहा गया है कि नारद, वाराह, वामन और ब्रह्मवैवर्त्त पुराणों में वैष्णव भाव है और शिव, लिंग, कूर्म इनमें शैव भाव। पण्डितों का यह अनुमान पुराणों के अन्तस्साक्ष्य के अनुसार संगत नहीं जान पड़ता। स्कन्दपुराण के केदारखण्ड के अनुसार अठारह पुराणों में दस शैव, चार ब्राह्म, दो शाक्त और दो वैष्णव हैं।[2] इसी पुराण में शिवरहस्यखण्ड के अन्तर्गत सम्भव काण्ड में उनके और ही तरह से नाम बताए गए हैं। शिव, भविष्य, मार्कण्डेय, लिंग, वाराह, स्कन्द, मत्स्य, कूर्म, वामन और ब्रह्माण्ड, ये दस शैव पुराण हैं। विष्णु, भागवत, नारदीय और गरुड़, ये चार वैष्णव पुराण हैं। ब्रह्म और पद्म ये दो ब्राह्म पुराण हैं; अग्निपुराण अग्नि की और ब्रह्मवैवर्त्तपुराण सूर्य की महिमा गाते हैं।[3]

---

1. देखिए फर्कुहरकृत 'ऐन आउटलाइन ऑफ दि रिलिजिस लिटरेचर इन इण्डिया' पृ. 178-79.
2. अष्टादश पुराणेषु दशभिर्गीयते शिवः,
   चतुर्भिर्भगवान् ब्रह्मा द्वाभ्यां देवी तथा हरिः । अ. 1
3. तत्र शैवानि शैवं च भविष्यं च द्विजोत्तमाः ।
   मार्कण्डेयं तथा लैंगं वाराहं स्कन्दमेव च।। 30।।
   मात्स्यमन्यत्तथा कौर्मं वामनं च मुनीश्वराः ।।
   ब्रह्माण्डं च दशेस्त्रानि त्रीणि लक्षाणि संख्या ॥31॥
   विष्णोहि वैष्णवं पञ्च तथां भागवतं तथा ।
   नारदीयं पुराणं च गारुड़ं वैष्णवं विदुः ।। 32 ॥
   ब्राह्मं पाद्मं ब्राह्मणो द्वे अग्नेराग्नेयमेककम् ।
   भवितुर्बह्मवैवर्त्तमेवष्टादश स्मृताः ॥ 33।।

तन्त्र प्रमाण और पञ्चदेवोपासना

हमने अपने आलोच्यकाल के पूर्वार्द्ध को तन्त्र प्रभाव का काल कहा है। 'तन्त्र' क्या है ? तन्त्र शब्द का शास्त्र सिद्धान्त, ग्रन्थ आदि भिन्न-भिन्न अर्थों में प्रयोग हुआ है। शैव सिद्धान्त के कायिक आगम में बताया गया है कि तन्त्र को तन्त्र इसलिए कहते हैं कि वह तन्त्र-मन्त्र समन्वित विपुल अर्थों का विस्तार करता है और साधकों का त्राण भी करता है।[1] साधारण तौर पर समझा जाता है कि तन्त्र शाक्त का नाम है। परन्तु सभी प्रकार के आगमों को तन्त्र कहा गया है। ये आगम तीन श्रेणी के हैं—वैष्णव, शैव और शाक्त। व्यवहार में इन तीनों के अधिक प्रचलित नाम क्रमश: संहिता, आगम और तन्त्र हैं, परन्तु वस्तुत: इन तीनों का ही सामान्य नाम आगम और तन्त्र है। श्रीमद्भागवत में पाञ्चरात्र या सात्वत संहिताओं को सात्वत तन्त्र कहा गया है।[2] आगमों में कुछ को वैदिक कहा जाता है और कुछ को अवैदिक। हमने पहले ही कहा है कि हमारे आलोच्यकाल में किसी सम्प्रदाय को अवैदिक कहकर लोकचक्षु में उसे हीन प्रमाणित कर देने की प्रवृत्ति प्रबल थी। सम्भवत: जिस समय बौद्धधर्म क्षीण-प्रभाव हो चुका था, नया ब्राह्मण धर्म पूर्ण पराक्रम से जाग उठा था और गुप्त नर-पतियों की छत्रच्छाया में जब नई राष्ट्रीय उमंग देश के कोने-कोने में व्याप्त हो चली थी उस समय अपने को वैदिक प्रमाणित करना लोकदृष्टि में ऊँचे उठने का साधन था। हमने पहले ही देखा है कि जिन सम्प्रदायों का लोक में प्रभाव था वे अपने को श्रुतिसम्मत सिद्ध कर रहे थे। और अन्य सम्प्रदायों को उसी उत्साह के साथ श्रुति विगर्हित बता रहे थे। 'कूर्मपुराण' में कापाल, लाकुल, वाम, भैरव, पूर्व, पश्चिम,

---

1. तनोति विपुलानर्थान् तत्त्वमंत्रसमन्वतान् ।
त्राणं च कुरुते यस्मात्तंत्रमत्यभिधीयते ॥
—सर जान उडरफ की 'शक्ति ऐण्ड शाक्त', पृष्ठ 18 पर उद्धृत।

2. तेनोक्तं सात्वतं तंत्रं यज्ज्ञात्वा मुक्तिभाग्भवेत् ।
यत्रस्त्रीशूद्रदासानां संस्कारो वैष्णव:—भागवत.

पाञ्चरात्र, पाशुपत आदि को अवैदिक आगम बताया गया है। अवश्य ही पाशुपतों के दो भेद बताए गए हैं जिनमें से कापाल, लकुल, सोम और भैरव अवैदिक हैं, शेष वैदिक।[1]

शंकराचार्य ने पाशुपत को अवैदिक ही समझा था।[2] स्वयं शांकरमत पर भी विरोधिया ने असत् और अवैदिक होने का आरोप किया था— 'मायावादमसच्छास्त्र प्रच्छन्नं बौद्धमेव च।' किसी आधुनिक पण्डित ने आगम (=आया हुआ) शब्द का व्युत्पत्ति-लभ्य अर्थ देखकर अनुमान भिड़ाया है कि इस नाम के शास्त्र वैदिक धर्म में बाहर से आकर जुड़ गए हैं। आगम का शास्त्रीय अर्थ यह नहीं है। आगम उस शास्त्र को कहते हैं जिससे मोक्ष और भोग के उपाय समझ में आए।[3] यहाँ यह बात स्पष्ट रूप से समझ लेनी चाहिए कि अन्य सम्प्रदायों को अवैदिक कहना उस युग की प्रवृत्ति ही है। कहने मात्र से कोई धर्म वैदिक या अवैदिक नहीं हो जाता। आगमों में से भी सभी एक स्वर से अपने को वैदिक मानते हैं। शंकराचार्य ने 'शारीरक भाष्य' में पाञ्चरात्र मत को वेदबाह्य माना है। पाञ्चरात्र मत की चतुर्व्यूह कल्पना को, जिसकी चर्चा आगे की जायगी, उद्धृत करके उसे आयुक्त संगति बताया है।[4] उन्होंने पाञ्चरात्रों के किसी शास्त्र से यह अनुश्रुति की है कि चारों वेदों में परम श्रेय न पाकर शाण्डिल्य ने इस शास्त्र को प्राप्त किया था। ऐसा कहना

1. एवं संबौधितो रुद्रो माधवेन मुरारिणा।
चकार मोहशास्त्राणि केशवोऽपि शिवेरित: ।।
कापालं लाकुलं वाम भैरवं पूर्व-पश्चिमम्।
पाञ्चरात्रं पाशुपतं तथान्यानि, सहस्रश: ।। —कूर्मपुराण, 16 अध्याय, पृष्ठ 184.
अन्यानि चैत्र शास्त्राणि लोकेस्मिन्मोहनानि तु ।
वेदवादविरुद्धानि मयैव कथितानि तु ।।
वामं पाशुपतं सोमं लाकुलं चैव भैरवम्॥
असेव्यमेतत्कथितं वेदबाह्यं तथेतरम् ॥
वेदमूर्तिरहं त्रिप्रा नान्यशास्त्रार्थवेदिभि:।
ज्ञायते मत्स्वरूपन्तु मुक्ता देवं सनातनम् ॥
स्थापयध्वमिदं मार्ग पूज्यध्व महेश्वरम् ।
ततोऽचिराद्वारं ज्ञानमृत्पस्यात न संशय: ॥ वही, उत्तर भाग. अ, 38, पृष्ठ 741.
2. सा चेयं वेदाबाह्येश्वर कल्पना नेक प्रकाश—महेश्वरास्तु मन्यन्ते कार्यवारण योग विधि दु:खान्ता: पंचरदार्था: पशुपतिपतिनेश्वरेण पशुयाज विमोक्षणायोपदिष्टा: पशुपतिरीश्वरो निमित्त कारणमितिवर्णयन्ति।—शारीरक भाष्य, 2.2.37.
3. तत्त्ववैशारदी, 1-7.
4 शारीरक भाष्य, 2-2-45

उनके मत से स्पष्ट ही वेद की निन्दा करना है। रामानुजाचार्य ने 'श्री-भाष्य' में इसका उत्तर दिया है। उन आगमों के अनुयायियों ने, जिन्हें वेदबाह्य कहा गया है, अपने मत को वेदसम्मत सिद्ध किया है। वास्तविक तथ्य यह है कि इस काल की कोई भी कृति सर्वांशत: वेद की प्रतिध्वनि नहीं है, यद्यपि वेदों में सबका मूल खोज लिया गया है। धार्मिक साधना जीवन्त वस्तु है। वह आसपास से अपने विकास के लिए पोषक द्रव्य संग्रह करती है। आगमों में भी ऐसा ही हुआ है। उनमें भी ऐसी बातें अवश्य हैं जो वेदों में या तो कम हैं या हैं ही नहीं। समस्त आगमों में कुछ बातें सामान्य पायी जाती हैं जो इस युग की विशेषता है।

ऊपर आगमों में जो तीन भेद बताए गए हैं, उनके और भी उपभेद हैं। वैष्णव आगम दो प्रकार के हैं—पाञ्चरात्र संहिताएँ और वैखानस सहिताएँ शैवों के कई सम्प्रदाय हैं—माहेश्वर, लकुल, भैरव, कश्मीर शैव आदि, जिनकी चर्चा हम आगे करेंगे। शाक्तों के भी नौ आम्नाय और चार सम्प्रदाय हैं—केरल, कश्मीर, गौड़ और विलास। भारतवर्ष में बंगाल और असम शाक्तों के प्रधान स्थान हैं, यद्यपि ये सारे भारत में पाए जाते हैं। इनका सम्बन्ध उत्तर के शैवों से है, किसी समय कश्मीर में जिनका प्राधान्य था। इन सभी सम्प्रदायों के आगमों में थोड़ा-बहुत अन्तर होते हुए भी समानता बहुत अधिक है। सभी आगम अपने-अपने उपास्य देव को परमतत्त्व के रूप में स्वीकार करते हैं। देवता की शक्ति या शक्तियों में और ईश्वर की इच्छाशक्ति तथा क्रियाशक्ति में विश्वास करते हैं; जगत् को परमतत्त्व का परिणाम मानते हैं; भगवान् की क्रमिक उद्भूति (व्यूह आभास) आदि का समर्थन करते हैं; शुद्ध और शुद्धेतर पर आस्था रखते हैं; माया के कोशकंचुक (पाञ्चरात्रों के 'संकोच' से तुलनीय) की कल्पना करते हैं; प्रकृति से परे परमतत्त्व को समझते हैं; आगे चलकर सृष्टिक्रम में प्रकृति को स्वीकार करते हैं; सांख्य के सत्त्व, रज और तम गुणों को मानते हैं; भक्ति पर जोर देते हैं; उपासना में सभी वर्णों और पुरुष तथा स्त्री, दोनों का अधिकार मानते हैं; मन्त्र, बीज, यन्त्र, मुद्रा, न्यास, भूतसिद्धि और कुण्डलिनीयोग की साधना करते हैं; चर्या (धर्मचर्या), क्रिया (मन्दिरनिर्माण आदि) का विधान करते हैं।[1] वस्तुत: जैसा कि उडरफ ने कहा है, मन्त्र, यन्त्र, न्यास, दीक्षा, गुरु आदि तत्त्व जिसमें हैं वही तन्त्रशास्त्र है; और दृष्टि से सभी आगम-शास्त्र निश्चय ही तान्त्रिक

1. देखिए, सर जान उडरफ कृत 'शक्ति ऐण्ड शाक्त', पृष्ठ 23.

प्रभावापन्न हैं। आगमों में विभेद अनेक हैं। पारिभाषिक शब्द भी एक नहीं हैं, पर मूलस्वर सबका एक ही है। उडरफ ने ठीक ही कहा है कि मूल सुर इतना ऐक्यमय है कि पारिभाषिक शब्दों के भेद से कुछ बनता-बिगड़ता नहीं। पाञ्चरात्रों की भाषा में लक्ष्मी, शक्ति, व्यूह और संकोच कहें या शाक्तों की भाषा में त्रिपुरसुन्दरी, महाकाली, तत्त्व और कंचुक कहें, इनमें कुछ विशेष भेद नहीं रह जाता।[1]

1. वही, पृ. 24.

पाञ्चरात्र और वैष्णव मत

पाञ्चरात्र मत के उपासकों को भागवत कहते हैं। हमारे आलोच्यकाल के पूर्वार्द्ध की मुख्य घटना पाञ्चरात्र संहिताओं का अभ्युत्थान है। यह निर्णय करना कठिन है कि संहिताएँ कब और कहाँ लिखी गईं। श्रेडर ने अपनी महत्त्वपूर्ण कृति (इण्ट्रोडक्शन टु दि पाञ्चरात्र ऐण्ड अहिर्बुध्न्य संहिता) में कहा है कि ईसवी सन् के पूर्व भी कई संहिताओं का अस्तित्व था। ईसा की आठवीं शती के पूर्व लगभग दस-बारह संहिताएँ निश्चित रूप से लिखी जा चुकी थीं। फर्कुहर का अनुमान है कि अधिक संहिताएँ छह सौ से आठ सौ ईसवी तक में लिखी गई हैं। श्रेडर का कहना है कि अधिकांश संहिताएँ उत्तर भारत में बनीं और बाद में कुछ दक्षिण भारत में भी बनीं। इन संहिताओं की आनुश्रुतिक संख्या 108 बताई जाती है, पर संहिताओं के जो भिन्न-भिन्न नाम गिनाए गए हैं, उनमें सामान्य नाम ग्यारह से अधिक नहीं हैं। श्रेडर ने 210 संहिताओं के नाम गिनाए हैं। उनके मत से जिनमें से सबसे प्राचीन ये हैं—पौष्कर, वाराह, ब्राह्म, सात्वत, जयाख्य, अहिर्बुध्न्य, पारमेश्वर, सनत्कुमार, परम, पद्मोद्भव, माहेन्द्र, काण्व, पाद्म और ईश्वर। हमारे आलोच्यकाल में ये संहिताएँ या तो बन चुकी थीं—या बन रही थीं।

पाञ्चरात्र संहिताओं में क्या है ? शैव आगमों की भाँति इन संहिताओं में भी चार विषयों का प्रतिपादन है—(1) ज्ञान अर्थात् ब्रह्म, जीव तथा जगत् के पारस्परिक सम्बन्धों का निरूपण; (2) योग, अर्थात् मोक्ष के साधनभूत योग-प्रक्रियाओं का वर्णन, (3) क्रिया अर्थात् देवालय का निर्माण, मूर्त्तिस्थापन, पूजा आदि, और (4) चर्या अर्थात् नित्य नैमित्तिक कृत्य, मूर्त्तियों तथा यन्त्रों की पूजा-पद्धति पर्व-विशेष के उत्सव आदि[1] परन्तु बहुत कम संहिताओं में चारों विषयों पर ध्यान दिया गया है। कुछ में ज्ञान और योग का निरूपण तो नाम-मात्र को है; परन्तु क्रिया और चर्या का विस्तारपूर्वक निरूपण सभी में हुआ है। 'पद्मतन्त्र' नामक संहिता में सभी बातें हैं, पर योग के लिए ग्यारह, ज्ञान के लिए पैंतालीस, क्रिया के लिए दो सौ पन्द्रह और चर्या के लिए तीन सौ

1. देखिए, 'भारतीय दर्शन', पृष्ठ 460.

छिहत्तर पृष्ठ खर्च किए गए है।[1] इसी से संहिताओं का प्रधान वक्तव्य समझा जा सकता है। वस्तुत: क्रिया और चर्या ही संहिताओं के प्रिय और प्रधान विषय हैं और यही बात अन्यान्य आगमों के बारे में भी सत्य है। इसीलिए संहिताओं को वैष्णवों का कल्पसूत्र कहा जाना ठीक है। शास्त्रीय विभाग को छोड़ दिया जाय तो संहिताओं में तत्त्वज्ञान मन्त्रशास्त्र, यन्त्रशास्त्र, मायायोग, योग, मन्दिर-निर्माण, प्रतिष्ठा-विधि, संस्कार (आह्निक), वर्णाश्रम और उत्सव इन दस विषयों का ही विस्तार है।[2]

पाञ्चरात्र मत का प्रसिद्ध और विशिष्ट मत चतुर्व्यूह सिद्धान्त है। इस सिद्धान्त के अनुसार वासुदेव से संकर्षण (जीव), संकर्षण से प्रद्युम्न (=मन) और प्रद्युम्न से अनिरुद्ध (=अहंकार) की उत्पत्ति होती है। शंकराचार्य ने इस सिद्धान्त का खण्डन किया है। इस तथ्य से यह अनुमान किया जा सकता है कि उस युग में यही मत पाञ्चरात्रों में अधिक प्रचलित रहा होगा। सभी संहिताओं में यह सिद्धान्त नहीं पाया जाता। जिस काल की हम चर्चा कर रहे हैं, उस काल में पाञ्चरात्र संहिताएँ निश्चय ही पूजा और अन्यान्य व्रतादि अनुष्ठानों में प्रयुक्त रही होंगी। दक्षिण में इस समय भी बहुत-से मन्दिरों में भागवत अर्चक हैं, और प्राचीनकाल में और भी अधिक रहे होंगे। तमिल देश के अधिकांश मन्दिरों में पाञ्चरात्र संहिताओं के अनुसार पूजा होती है, परन्तु अब भी ऐसे देवालय हैं जिनमें वैखानस संहिताएँ व्यवहृत होती हैं। कहते हैं कि रामानुजाचार्य द्वारा विरोध के कारण बहुत-से मन्दिरों से वैखानस संहिताओं का व्यवहार उठ गया और उनके स्थान पर पाञ्चरात्र संहिताओं का प्रचलन हुआ। तिरुपति के वेंकटेश्वर तथा कांजीवरम् के मन्दिरों में अब भी वैखानस संहिताएँ व्यवहृत होती हैं। दोनों संहिताओं की अनुष्ठानविधि में पर्याप्त अन्तर है। अप्पय दीक्षित का कहना है कि पाञ्चरात्र मत अवैदिक है, और वैखानस मत वैदिक। यह लक्ष्य करने की बात है कि वेंकटेश्वर के मन्दिर में, जहाँ आज तक वैखानस संहिताएँ व्यवहृत होती हैं, शिव और विष्णु दोनों की पूजा होती थी और दोनों देवताओं का समान आदर होता था। कहते हैं कि रामानुजाचार्य ने वहाँ विष्णु की पूजा की प्रधानता स्थापित की।[3] इससे यह अनुमान किया गया है कि रामानुजाचार्य के पूर्व भागवत अर्चक लोग दीर्घकाल से वैखानस संहिताओं का प्रयोग करते आ रहे थे। तमिल देश में इन भागवत अर्चकों की बारह वैखानस संहिताएँ पाई गई हैं। भागवत मत की इन दो प्रकार की संहिताओं में यद्यपि चर्या और क्रिया

1. देखिए, श्रेडरकृत 'इण्ट्रोडक्शन टु दि पाञ्चरात्र ऐण्ड अहिर्बुध्न्य संहिता', पृष्ठ 22.
2. देखिए वही, पृष्ठ 26.
3. देखिए फर्कुहरकृत 'ऐन आउटलाइन ऑफ दि रिलिजस लिटरेचर इन इण्डिया', पृष्ठ 181.

का विस्तार ही अधिक है तथापि भक्ति पर निरन्तर जोर दिया गया है। वस्तुत: इन संहिताओं के मत से भगवान् के अनुग्रह से ही जीव के मल का नाश होता है[1] और वह उनकी कृपा से ही मुक्ति पाता है। इस भवजाल से मुक्त होने का उपाय निरीह होकर भगवान् की शरण में जाना (न्यास) ही है। जो भगवान् के प्रति अनुकूलता के संकल्प, प्रतिकूलता के त्याग, रक्षकत्व में विश्वास, गोप्ता या रक्षक रूप में वरण तथा आत्मसमर्पण और कार्पण्य (निरीहता) से प्राप्य है। सहिताओं के अनुयायी द्विज के लिए यह आवश्यक था कि वह किसी योग्य गुरु से दीक्षा ले। इस दीक्षा में पाँच बातें आवश्यक थीं—(1) ताप (अर्थात् शंख, चक्र आदि की मुद्राओं को तप्त करके शरीर को चिह्नित करना) (2) पुण्ड्र (=तिलक), (3) नाम (नया नाम स्वीकार), (4) मन्त्र और (5) योग्य (पूजा)। भागवतों के दो मन्त्र अत्यन्त प्रसिद्ध है—द्वादशाक्षर (ओम् नमो भगवते वासुदेवाय) और अष्टाक्षर (ओम् नमो नारायणाय)।

विक्रम की सातवीं शती से लेकर दसवीं शती तक तमिल देश में ऐसे भक्त गायकों का प्रादुर्भाव हुआ था जो भक्ति के उल्लास में एक मन्दिर से दूसरे मन्दिर तक भजन गाते फिरते थे। अपने इष्टदेव की मूर्त्ति का वियोग इनके लिए असह्य था। इन भक्तों में शैव और वैष्णव दोनों थे। वैष्णवों में दस आळवार संज्ञक अति प्रसिद्ध हैं। इनके भजनों में रामायण, महाभारत और पुराण का प्रभाव अधिक बताया जाता है और संहिताओं का बहुत कम। शैव भक्ति में से भी तीन बहुत प्रसिद्ध हैं और लक्ष्य करने की बात यह है कि इनके भजनों पर भी आगमों का प्रभाव कम है। इससे यह अनुमान किया गया है कि तमिल देश में संहिताएँ और आगम दोनों ही बाद में पहुँचे। आळवार लोग अस्पृश्यों को भी उपदेश देते थे और कई तो अस्पृश्य कही जानेवाली जातियों में उत्पन्न भी हुए थे। ये लोग श्रीवैष्णव सम्प्रदाय के आदिगुरु माने जाते हैं। इनके भजनों की प्रामाणिकता स्वीकार की जाती है और मन्दिरों में इनकी मूर्त्तियाँ पूजी जाती हैं। विक्रम की आठवीं शती के पूर्व कई आळवार भक्त हो चुके थे। परन्तु इनके समय के विषय में अभी तक सर्वसम्मत मत स्थिर नहीं हुआ है। विक्रम की आठवीं-नवीं शती के आसपास अष्टाक्षर मन्त्र की प्रतिष्ठा हो चुकी थी और

---

1. एवं संसृतिचक्रस्थे भ्राम्यमाणे स्वकर्मभि: ।। 28 ।।
जीवे दु:खाकुले विष्णो: कृपा काप्युपजायते।
साह्यक्ता पंचमी शक्तिर्विष्णु संकल्परूपिणी॥
अनुग्रहालिका शक्ति: सा कृपा वैष्णवी परा।
शक्तिपाक: स: वै विष्णोरागमाद्यैनिगद्यते ।।30।।
समीक्षितस्तंदा सोऽयं करुणावर्षरूपया ।
कर्म साम्यं भवत्येन जीव विष्णु समीक्षित: ॥ 31।। अहिर्बुध्न्य, संहिता, 14.

लगभग इसी समय की दो ऐसी उपनिषदें उपलब्ध हुई हैं, जिनमें अष्टाक्षर मन्त्र की महिमा बताई गई है। ये हैं 'नारायण' और 'आत्मबोध' उपनिषद् । आगे चलकर श्रीवैष्णवों में अष्टाक्षर मन्त्र मान्य हुआ था।

दस अवतारों की कल्पना बहुत पुरानी है, शायद बुद्ध से भी पुरानी। यद्यपि दस अवतारों में बाद में, बुद्ध का नाम भी आता है, तथापि 'नारायणीयोपाख्यान' में जिन दस अवतारों के नाम हैं उनमें से प्रथम अवतार हंस है तथा नवाँ और दसवाँ साहवत और कल्कि।[1] इनमें बुद्ध का नाम नहीं है। इससे यह अनुमान किया जा सकता है कि अवतार की कल्पना बुद्ध से पहले की है। हमारे आलोच्यकाल में 'नृसिंह पूर्व तापनीय' और 'नृसिंह उत्तर तापनीय' नामक दो उपनिषदों का प्रचार पाया जाता है। इनमें नृसिंह मन्त्र की महिमा है। इससे यह अनुमान किया गया है कि नरसिंहमत उन दिनों प्रतिष्ठित हो चुका होगा। पञ्चदेवोपासकों में नृसिंह और वराह की पूजा प्रचलित थी। बाणभट्ट की 'कादम्बरी' में नृसिंह की वन्दना है और उस युग की अनेक वराह मूर्त्तियाँ पाई गई हैं। राम के अवतार को विशिष्ट उपास्य समझकर भी कोई सम्प्रदाय उन दिनों प्रतिष्ठित होना चाहिए। आलोच्यकाल के पूर्वार्द्ध में 'राम पूर्व तापनीय' और 'राम उत्तर तापनीय' उपनिषदों का पता लगता है। 'अगस्त्य सुतीक्ष्ण संवाद' नामक इस काल की संहिता भी है जिसमें रामतत्त्व का बखान है। इस समय सूर्य और गणेश को प्रधान मानकर भी सम्प्रदाय अवश्य प्रतिष्ठित हुए होंगे। नेपाल में 'सौर संहिता' नामक पुस्तक की एक प्रति मिली है जो सं. ९९८ विक्रमी की लिखी हुई है। बाण के समकालीन कवि मयूर के 'सूर्यशतक' से भी पता चलता है कि सौर उपासना उन दिनों प्रचलित रही होगी। प्रसिद्ध जैन आचार्य मानतुंग के 'भक्तामर स्तोत्र' से भी सौर उपासना का पता चलता है। उड़ीसा के 'साम्ब पुराण' से साम्ब के द्वारा सूर्यपूजा के लिए मग या शाकद्वीपीय ब्राह्मणों को ले आने की बात है। अग्नि और गरुड़ पुराणों में भी सूर्य की उपासना का उल्लेख है। इसी प्रकार 'गणपति तापनीय-उपनिषद्' से गाणपत्य सम्प्रदाय का भी अनुमान होता है। वैसे गणपति की पूजा इस देश में बहुत पहले से ही प्रतिष्ठित हो चुकी थी।

---

1. हंसः कूर्मश्च मत्स्यश्च प्रादुर्भावो द्विजोत्तम।
वाराहो नरसिंहश्च वामनो राम एव च ।
रामो दाशरथिश्चैव सास्वतः कल्किरेव च ॥ शान्तिपर्व 339, 101.

पाशुपत मत और शैवागम

हमारे आलोच्यकाल में शैवों का पाशुपत मत अधिक प्रबल था। हुएन्त्सांग ने अपने यात्रा-विवरण में इस मत का बार-बार उल्लेख किया है। बाणभट्ट के ग्रन्थों में पाशुपतों की चर्चा है और शंकराचार्य ने अपने 'शारीरक भाष्य' (2-2-37) में इस मत का खण्डन किया है। 'लिंगपुराण' से पता चलता है कि उस समय पाशुपत मत की शाखाएँ थीं—वैदिक, तान्त्रिक और मिश्र। तान्त्रिक पाशुपत लिंगतप्त चिह्न और शूल धारण करते थे, वैदिक पाशुपत लिंग, रुद्राक्ष और भस्म धारण करते थे तथा मिश्र पाशुपत समान भाव में पंचदेवों की उपासना करते थे।[1] वामन पुराण (अध्याय 5) से 'शैव पाशुपत' कालामुख और कापाली जाति के पाशुपतों का पता चलता है।

हमारे आलोच्यकाल के पूर्वार्द्ध में लकुलीश के पाशुपत मत और कापालिक सम्प्रदायों का पता चलता है। गुजरात में लकुलीश पाशुपत का प्रादुर्भाव बहुत पहले हो चुका था, पर पण्डितों का मत है कि उसके तत्त्वज्ञान का विकास विक्रम की सातवीं-आठवीं शती में हुआ होगा। यह मत इस समय तक मध्य और दक्षिण भारत में फैल चुका था। वे लोग जीवमात्र को पशु कहते हैं, शिव पशुपति हैं। पशुपति ने बिना किसी कारण साधन या सहायता के इस जगत् का निर्माण किया है। पशुपति ही समस्त कार्यों के कारण हैं। दु:खों से आत्यन्तिक निवृत्ति और परमैश्वर्यप्राप्ति—इन दो बातों पर इनका विश्वास था। कापालिक लोग वाममार्गी थे। सम्भवत: गृहस्थों में इनके

---

1. तांत्रिकं वैदिकं मित्रं त्रिधा पाशुपतं शुभम् ।
   तप्तलिंगांकशूलादिधारणं तांत्रिकं मतम्।।
   लिंगरुद्राक्षभस्मादि धारणं वैदिकं भवेत् ।
   रविं शंभुं तथा शक्तिं विघ्नेशं च जनार्दनम् ।
   यजन्ति समभावेन मिश्रं पाशुपतं हि तत् ॥—श्रीकर भाष्य में उद्धृत,

सिद्धान्तों का प्रचार नहीं था। भवभूति के 'मालती-माधव' में चामुण्डापूजक और अघोरघण्ट नामक कापालिक का वर्णन है। ये लोग मानव-बलि भी दिया करते थे।

अनुश्रुति के अनुसार शैवागमों की संख्या अट्ठाईस है और उपागमों की एक सौ सत्तर। कुछ पण्डित आगमों के बनने का स्थान उत्तर भारत (विशेषकर कश्मीर) बताते हैं। दक्षिण के शैव भक्तों की चर्चा हम ऊपर कर चुके हैं। जो तीन प्रसिद्ध शैव भक्त हो गए हैं; उनके नाम हैं—ज्ञान सम्बन्धर, अप्पर और सुन्दरमूर्त्ति। प्रथम दो भक्त विक्रम की सातवीं शती के उत्तरार्द्ध में हुए और अन्तिम आठवीं-नवीं शती में। यद्यपि इनके भजनों में आगमों की बात आ जाती है, तथापि मूलरूप से महाभारत और पुराणों से ही प्रभावित बताए जाते हैं। एक अत्यन्त प्रभावशाली कवि मणिवाचकर हुए हैं (विक्रम की दसवीं शती) जो भाषा, भाव, तत्त्वज्ञान और काव्यमर्म के उत्तम जानकार थे। इनके विषय में जो कुछ बातें हम नाना सूत्रों से जान सके हैं, उनसे विदित होता है कि ये तमिल शैवों के तुलसीदास कहे जा सकते हैं। इनकी रचनाओं में आगम का प्रचुर प्रभाव है।

इस काल में शैवों की एक अत्यन्त महत्त्वपूर्ण शाखा कश्मीर में थी। इस शाखा की तत्त्वविद्या पर आगमों का प्रभाव है। शाखा के दार्शनिक मत को प्रत्यभिज्ञा, त्रिक या स्पन्द कहते हैं, शिव, भक्ति और अणु या पशु, पाश और पति—इन तीनों का प्रतिपादन होने से इस मत को त्रिक कहते हैं। अनुश्रुति है कि शिव जी ने अपने शैवागमों की द्वैतपरक व्याख्या देखकर अद्वैत सिद्धान्त के प्रचारार्थ इस मत को प्रकट किया और दुर्वासा ऋषि को इसे प्रचार करने का आदेश दिया। इस मत के मूल प्रवर्त्तक आचार्य वसुगुप्त विक्रम की आठवीं शती में हुए होंगे। कहते हैं कि शिवसूत्र के सतहत्तर सूत्र महादेवगिरि की किसी शिला पर उत्कीर्ण थे। स्वप्न में शिव जी द्वारा आदेश पाकर वसुगुप्त ने उनका उद्धार किया था। इन्हीं सूत्रों के आधार पर उन्होंने अपनी 'स्पन्द कारिका' की बावन कारिकाएँ लिखीं। इनके दो शिष्य हुए : कल्लट और सोमानन्द । कल्लट ने त्रिकदर्शन का और सोमानन्द में प्रत्यभिज्ञादर्शन का प्रतिपादन किया। सोमानन्द के शिष्य उत्पल थे और उनके प्रशिष्य थे प्रसिद्ध अभिनवगुप्त पादाचार्य। कई पण्डित इस परिणाम पर पहुँचे हैं कि शैवागमों में जितना अद्वैत मत है, उससे भी अधिक इस प्रत्यभिज्ञा मत में है।

हम पहले हो लक्ष्य कर चुके हैं कि पूर्वी भारत में फैले हुए शाक्तमत के साथ इस कश्मीरी शैवमत का सम्बन्ध था। पर इसका मतलब यह नहीं है

कि शक्ति-पूजा शैवमत की इसी समय की निकली हुई एक शाखा है। कुछ विद्वानों ने इसी प्रकार समझाने की चेष्टा की है। यह सम्भव है कि शक्तिमार्ग शैवमार्ग की ही एक शाखा हो, परन्तु यह अनुमान का ही विषय है। जो तथ्य हमें उपलब्ध हैं, उनके आधार पर हम निश्चित रूप से कह सकते हैं कि हमारे आलोच्यकाल में शाक्तमत शैवमत से अलग वैशिष्ट्य रखता है। 'कुब्जिकामततन्त्र' की एक प्राचीन प्रति गुप्तकालीन लिपि में लिखी हुई मिली है। इसका अर्थ यह हुआ कि 'कुब्जिकामततन्त्र' हमारे आलोच्यकाल के पूर्व विद्यमान था। संवत् 901 का लिखित 'परमेश्वरमततन्त्र' और उसी समय का 'महकुलांगना विनिर्णयतन्त्र' प्राप्त हुआ है। बाणभट्ट की पुस्तकों से शाक्तमत के पृथक् अस्तित्व का समर्थन होता है। शैव आगमों की ही भाँति इन शाक्ततन्त्रों में अद्वैत स्वर ही प्रबल है। सम्मोहनतन्त्र (अध्याय 8) में स्पष्ट रूप से कहा गया है कि शक्ति और नारायण एक ही हैं। जो आदिनारायण हैं वे ही परम शिव हैं, वे ही निर्गुण ब्रह्म हैं। आद्या ललिता महाशक्ति ने ही श्रीकृष्ण और श्रीराम का पुरुष-विग्रह धारण किया था (अध्याय 9) और मूर्ख लोग ही राम और शिव में भेद देखते हैं। शैव और शाक्त दोनों ही छत्तीस तत्त्वों में विश्वास करते हैं। आगे चलकर शैवों में नाथ, कापालिक, रसेश्वर आदि कई सम्प्रदाय हुए, जिनका तत्त्वज्ञान थोड़ा-बहुत भिन्न है, परन्तु सर्वत्र मूलस्वर अद्वैत-प्रधान है। 'कौलावलि निर्णय' (21वें अध्याय) में शैव पद, विष्णुपद, हंसपद, निरंजनपद और निरालम्बन पद को एक ही परम पद का नामान्तर बताया गया है।[1]

'सम्मोहनतन्त्र' में बाईस भिन्न-भिन्न आगमों का उल्लेख है, जिनमें चीनागम, पाशुपत, पाञ्चरात्र, कापालिक, भैरव, अघोर, जैन और बौद्ध आगमों की भी चर्चा है। उस समय ये सभी मत प्रचलित रहे होंगे। बौद्ध तन्त्र की तो अनेक बातें प्रकाशित हुई हैं, पर जैनमत के तन्त्र अभी तक प्रकाशित नहीं हुए हैं। हेमचन्द्र के 'योगशास्त्र' आदि ग्रन्थों से अनुमान किया जा सकता है कि हमारे आलोच्यकाल में जैनमत में भी निश्चय ही तन्त्रों का प्रचार रहा होगा।

इस काल की समाप्ति के आसपास ही परम शक्तिशाली 'भागवत पुराण' का अभ्युदय होता है। उत्तरकालीन धर्ममत और साहित्य को इस पुराण ने

---

1. एतस्या परताः परात्परतरं निर्वाणशक्तेः पदम्।
शैवं शाश्वतमप्रमेसममलं नित्योति निष्क्रियम्।
तद्विष्णोः पदमित्युशन्ति सुधियः केचित्पदं ब्रह्मणः।
केचिद्धंसपदं निरंजनपदं केचिन्निरालम्बनम्।।—कौलावलि निर्णय, पृष्ठ 140

अधिक प्रभावित किया है। इस काल का दूसरा महत्त्वपूर्ण ग्रन्थ 'श्रीभाष्य' है। इन दोनों ग्रन्थों का प्रभाव उत्तरकालीन वैष्णव सम्प्रदायों पर बहुत अधिक पड़ा है। आगे चलकर पाञ्चरात्र संहिताओं, विष्णुपुराण और 'श्रीभाष्य' का आश्रय लेकर एक वैधमार्गी वैष्णव साधना विकसित हुई और दूसरी रागानुगामार्गी या आवेश और उल्लासमय भक्तिमार्गी साधना 'भगवान्' का आश्रय लेकर विकसित हुई । उत्तर-काल के वल्लभ और चैतन्य सम्प्रदाय 'भागवत' को परम प्रमाण के रूप में स्वीकार करते हैं। 'भागवत पुराण' श्रीकृष्ण के प्रेममूलक भक्तिधर्म का प्रतिपादक है। इस पुराण के अनुसार श्रीकृष्ण साक्षात् भगवान् हैं और अन्य अवतार अंशकला मात्र हैं। भगवान् के दो रूप हैं—निरवच्छिन्न चैतन्य निराकार रूप और सत्तावच्छिन्न चैतन्य साकार रूप। आगे चलकर 'भागवत' और संहिताओं के इन दो उत्सों से चार वैष्णव सम्प्रदायों का प्रादुर्भाव हुआ। ये चार हैं—श्रीवैष्णव, ब्रह्म, रुद्र और सनक। श्रीवैष्णव मत के आचार्य रामानुज विशिष्टाद्वैत मत के, ब्रह्म सम्प्रदाय के आचार्य मध्व (आनन्दतीर्थ) द्वैत के, रुद्र सम्प्रदाय के आचार्य विष्णुस्वामी और उनके अनुयायी वल्लभाचार्य शुद्धाद्वैत के और सनक सम्प्रदाय के आचार्य निम्बार्क द्वैताद्वैत मत के प्रवर्त्तक हैं। चैतन्य सम्प्रदाय यद्यपि मध्वमत की ही शाखा है, पर उसका अपना विशाल साहित्य है और उसके सत्ववाद का नाम अचिन्त्य भेदाभेदवाद है। इस उत्तरार्द्धकाल की विशेषता है सम्प्रदायों का प्रौढ़ संघटन। भारतवर्ष में शायद ही इतने संघबद्ध रूप में सम्प्रदायों का कभी आविर्भाव इससे पहले हुआ हो।

दक्षिण में जब इस भक्तिमूलक वैष्णव धर्म का अभ्युदय हो रहा था, तब उत्तर में एक शक्तिशाली योगमत का प्रादुर्भाव हुआ। उसकी कहनी कहे बिना हमारे आलोच्यकाल का इतिहास अधूरा ही रह जायगा। आगे चलकर इस योग-मार्ग का सम्बन्ध भक्तिमार्ग के साथ हुआ और कबीरदास के द्वारा दोनों के समन्वय से एक नवीन साधना-मार्ग का प्रादुर्भाव हुआ। यह घटना हमारे आलोच्यकाल के बाद की है। इसलिए उसकी चर्चा यहाँ नहीं की गई।

कापालिक मत

ऐसा जान पड़ता है कि अन्यान्य तान्त्रिकों की भाँति कापालिक लोग भी विश्वास करते थे कि परम शिव ज्ञेय हैं, उपास्य हैं—उनकी शक्ति और तद्युक्त अपर या सगुण शिव। इसी बात को लक्ष्य करके देवी भागवत में कहा गया है कि कुण्डलिनी अर्थात् शक्ति से रहित शिव भी शव के समान (अर्थात् निष्क्रिय) हैं—'शिवोऽपि शवतां याति कुण्डलिन्या विवर्जित:।' और इसी भाव को ध्यान में रखकर शंकराचार्य ने 'सौन्दर्य लहरी' में कहा है कि शिव यदि शक्ति से युक्त हों तभी कुछ करने में समर्थ हैं, नहीं तो वे हिल भी नहीं सकते।

शिव: शक्तपायुक्तो यदि भवतिशक्त: प्रभवितुं।
न चेदेवं देवो न खलु कुशल: स्पन्दितुमपि ।।

तान्त्रिक लोगों का मत है कि परम शिव के न रूप है न गुण और इसीलिए उनका स्वरूप लक्षण नहीं बताया जा सकता। जगत् के जितने भी पदार्थ हैं वे उनसे भिन्न हैं और केवल 'नेतिनेति' अर्थात् यह भी नहीं, वह भी नहीं, ऐसा ही कहा जा सकता है। निर्गुण शिव (पर शिव) केवल जाने जा सकते हैं, उपासना के विषय नहीं हैं। शिव केवल ज्ञेय हैं। उपास्य तो शक्ति है। इस शक्ति की उपासना के बहाने भवभूति ने कापालिकों के मुख से शक्ति के क्रीड़न और ताण्डव का बड़ा शक्तिशाली वर्णन किया है। शक्तियों से वेष्टित शक्तिनाथ की महिमा का वर्णन करने के कारण यह अनुमान असंगत नहीं जान पड़ता कि कापालिक लोग भी परम शिव को निष्क्रिय-निरंजन होने के कारण केवल ज्ञानमात्र का विषय (ज्ञेय) समझते हों।

वस्तुत: दसवीं शती के आसपास लिखी हुई एक-दो और पुस्तकों में भी शैव कापालिकों का जो वर्णन मिलता है, वह ऊपर की बातों को पुष्ट ही करता है। 'प्रबोध चन्द्रोदय' नामक नाटक में सोमसिद्धान्त नामक कापालिक का वर्णन है। कहा गया है कि वे मद्यपान करते हैं, स्त्रियों के साथ विहार

करते हैं और सहज ही मोक्ष प्राप्त कर लेते हैं।[1] इसमें कोई सन्देह नहीं कि नाटककार ने इनके मत को जैसा समझा था वैसा ही चित्रित किया है। इन चित्रणों को हमें उचित सतर्कता के साथ ही ग्रहण करना चाहिए। कापालिकों के सम्बन्ध में जनसाधारण की जैसी धारणा थी, उसी का चित्र इन नाटकों में मिलता है। सर्वत्र ये कापालिक शैव समझे गए हैं। इसी प्रकार पुष्पदन्त-विरचित महापुराण में अनेक स्थलों पर कापालिकों और कौलाचार्यों का उल्लेख है। सर्वत्र उन्हें शैव योगी माना गया और सर्वत्र उनके मद्यपान का उल्लेख है। परन्तु बौद्ध कापालिक मत का कोई उल्लेख योग्य वर्णन नहीं मिलता। भवभूति के 'मालती-माधव' नामक प्रकरण से पता चलता है कि सौदामिनी नामक बौद्ध-भिक्षुणी श्रीपर्वत पर कापालिक साधना सीखने गई थी। 'मालती-माधव' से जान पड़ता है कि वह कापालिक साधना शैव मत की थी। श्रीपर्वत उन दिनों का प्रसिद्ध तान्त्रिक पीठ था। वज्रयान का उत्पत्ति-स्थान भी उसे ही समझा जाता है। ऐसा जान पड़ता है कि उन दिनों श्रीपर्वत पर शैव, बौद्ध और शाक्त साधनाएँ पास-ही-पास फल-फूल रही थीं।

बाणभट्ट ने 'कादम्बरी' और 'हर्षचरित' में श्रीपर्वत को शाक्ततन्त्र का साधना-पीठ बताया है। हमारे पास इस समय जालन्धर-पाद और कृष्णपाद का जो भी साहित्य उपलब्ध है, वह सभी वज्रयानियों की मध्यस्थता में प्राप्त हुआ है। यह तो निश्चित ही है कि परवर्त्ती शैव सिद्धों ने जालन्धर और कानपा दोनों को अपनाया है। इसलिए यह कह सकना कठिन है कि जिस रूप में यह साहित्य हमें मिलता है वही उसका मूल रूप है या नहीं। किन्तु इस उपलब्ध साहित्य से जिस मत का आभास मिलता है, वह निस्सन्देह नाथमार्ग का

---

1. मन्तो ण तन्तो ण अ किं पि जाणं,
   झाणं च णो किं पि गुरुप्पसादा।
   मज्जं पिबामो महिलं रमामो,
   मोक्खं च जामो कलमग्गलग्गा॥
   रण्डा चण्डा दिक्खिदा धम्मादारा,
   मज्जं मंसं पिज्जए खज्जए अ।
   भिक्खा मोज्जं चम्मखंडं च सेज्जा,
   कोलो धम्मो वस्स णो भोदि रस्मो ॥
   मुक्तिं भणन्ति हरि ब्रह्ममुखादि देवा
   झाणेण वे अपठणेण कदुक्किआए।
   एक्केण केवलमुमादइएण दिट्ठो,
   मोक्खो समं सुरअकेलि सुरारसेहि।।—कर्पूरमंजरी, 1-22-24.

पुरावर्त्ती होने योग्य है। यहाँ यह बात उल्लेख योग्य है कि कानिपा सम्प्रदाय को अब भी पूर्ण रूप से गोरखनाथी सम्प्रदाय में नहीं माना जाता। उनका प्रवर्त्तित कहा जानेवाला एक उपसम्प्रदाय वामारग (= वाम मार्ग) आज भी जीवित है।

जैन मरमी

आठवीं-नवीं शताब्दी में एक प्रसिद्ध जैन मरमी सन्त हो गए हैं। उनकी अपभ्रंश की रचनाओं में वे सभी विशेषताएँ पाई जाती हैं जो उस युग के बौद्ध, शैव, शाक्त आदि योगियों और तान्त्रिकों के ग्रन्थ में प्राप्त होती हैं। बाह्याचार का विरोध, चित्तशुद्धि पर जोर देना, शरीर को ही समस्त साधनाओं का आधार समझना और समरसी भाव से स्वसंवेदन आनन्द का उपभोग—जिससे जीव निष्कंचुक होकर शिव हो जाता है—उस युग की साधना की विशेषताएँ हैं। अत्यन्त कट्टर जैन साधक भी भिन्न मार्ग से चलते हुए इसी परम सत्य तक पहुँचे थे। अगर उनकी रचनाओं के ऊपर से 'जैन' विशेषण हटा दिया जाय तो वे योगियों और तान्त्रिकों की रचनाओं से बहुत भिन्न नहीं लगेंगी। वे ही शब्द, वे ही भाव और वे ही प्रयोग घूम-फिरकर उस युग के सभी साधकों के अनुभवों में आया करते हैं। जब जैन समाज के जोइन्दु कहते हैं कि देवता न तो देवालय में हैं, न शिला में, न चन्दन प्रभृति लेप्य पदार्थों में और न चित्र में—यह अक्षय निरंजन ज्ञानशिवा तो समचित्त में निवास करता है:

देउण देउले णवि सिलए,
णवि लिप्पइ ण वि चित्ति।
अखय णिरज्जणु ण णाघणु
सिउ संठिउ समचित्ति।।

—परमात्मप्रकाश 123

तो यह भाषा वस्तुत: उस युग के अन्यान्य मतानुयायी साधकों की भाषा से भिन्न नहीं है। यह परम्परा बाद में कबीर आदि निर्गुण मत के साधकों में ज्यों-की-त्यों चली आई है।

'सामरस्य भाव' उस युग की एक महत्त्वपूर्ण साधना है। सभी साधक मार्ग इस शब्द का व्यवहार करते हैं। इनके अलग-अलग तत्त्ववाद हैं। उन्हीं से इन व्याख्याओं का पोषण होता है। पर परिमाण में व्यवहारत: सब एक हैं। शिव और शक्ति के विषमीभाव से ही शाक्त, शैव साधना के अनुसार यह

सृष्टि-प्रपंच है। शिव की आदिसिसृक्षा ही शक्ति है। सिसृक्षा अर्थात् सृष्टि की इच्छा। इच्छा अभाव का प्रतीक है। इसीलिए सृष्टि 'निषेध व्यापार-रूपा' है। तभी तक ये द्वन्द्व हैं जब तक शिव और शक्ति का मिलन नहीं हो जाता। 'सौभाग्य भास्कर' (पृष्ठ 161) में इसीलिए शिव और शक्ति के मिलन को, उनके न्यूनाधिकत्व के अभाव को सामरस्य कहा है। पिण्ड में मन का जीवात्मा में तिरोभूत हो जाना या एकमेक होकर मिल जाना ही यह सामरस्य है। जैन साधक जोइन्दु ने भी कहा है कि मन जब परमेश्वर से मिल जाता है और परमेश्वर जब मन से तो दोनों का समरसीभाव अर्थात् सामरस्य हो जाता है। इस अवस्था में साधक को पूजा और उपासना की आवश्यकता नहीं रहती। वह परम प्राप्तव्य को पा जाता है और फिर पूज्य-पूजक सम्बन्ध समाप्त हो जाता है; क्योंकि जब जीव और परमात्मा में कोई भेद ही नहीं रहा तो कौन किसकी पूजा करे;

मणु मिलियउँ परमेसरहँ,
परमेसरउ वि मणस्सु।
बेहि बि समरस हूवाहँ
पुज्ज चढ़ावउँ कस्म।

-परमात्मप्रकाश 1,123, 2

शाक्त और शैव साधक मानते हैं कि चूँकि यह ज्ञान-ज्ञातृज्ञेयरूपा-सृष्टि एकमात्र आदिशक्ति के कारण ही उत्पन्न हुई है, इसलिए इस समस्त परिदृश्यमान जगत् में मेरुदण्ड के समान सबकुछ में आधाररूप से वह शक्ति ही स्थिर है, जो कुछ ब्रह्माण्ड में है वह सबकुछ पिण्ड में भी है। सत्त्व, रज, तम, काल और जीव के न्यूनत्व और अधिकत्ववश यह जगत् भिन्न-भिन्न पदार्थों के रूप में दिखाई देता है। मनुष्य के शरीर में जीवनी-शक्ति का चरम विकास हुआ है। शैवपन्थी भी यही विश्वास करते थे। 'सिद्ध-सिद्धान्त संग्रह' में इसीलिए कहा गया है कि ब्रह्माण्ड में जो कुछ है वह सब पिण्ड में वर्त्तमान रहता है।

ब्रह्माण्डवति यत् किश्चित्त् पिण्डेप्यस्ति सर्वथा ।

-सि. सि. सा. 3-2

समरसी भाव ही सार साधना है।

-मुनि रामसिंह : पाहुड़ दोहा 176

इसी भाव को कबीरदास ने कहा है कि "जो पिण्डे सोइ ब्रह्मण्डे।" यह मानवदेह ही साधना का सर्वोत्तम उपादान है। देवता कहीं बाहर नहीं हैं। नाना

प्रकार की साधनाओं से जीव इसी पिण्ड में विद्यमान शिव के साथ अपना सम्बन्ध जोड़ सकता है। उस समय उसके मन से भेदबुद्धि एकदम तिरोहित हो जाती है। इसीलिए नाना भाँति की यौगिक क्रियाओं से चित्तशुद्धि अपेक्षित है। जोइन्दु ने भी इसी चित्तशुद्धि पर जोर दिया है :

जोइय णिञ मणि णिम्मलए,
पर दीसइ सिव सन्तु ।
अम्बरि णिम्मले घण रहिए
भाणु वी जेम फुणन्तु ।। –प. प्र. 1-129

[हे योगी, अपने निर्मल मन में ही शान्त शिव का दर्शन होता है। निर्मल घनरहित आकाश में ही सूर्य चमकता है। सो, यह शिव कहीं बाहर नहीं है।]

शाक्त साधक के मत से ब्रह्माण्ड में जो शक्ति है वही व्यष्टि शरीर में स्थित होकर कुण्डलिनी है। शिव सहस्त्रार में रहते हैं। कुण्डलिनी शक्ति को उद्‌बुद्ध करने से मन स्थिर होता है। और कुण्डलिनी शक्ति उद्‌बुद्ध होकर परम शिव से जब मिलती है, तो वह समरस भाव उत्पन्न होता है जो साधक का अन्तिम लक्ष्य है। नाथमत के साधकों का विश्वास है कि इस अवस्था में पिण्ड और ब्रह्माण्ड का भेद जाता रहता है और साधक उस स्वसंवेदनरस का अनुभव करता है, जिसके आगे और किसी रस की स्पृहा नहीं रह जाती:

समरसकरणां वदभ्यथाहं परमपदाखिल पिण्डयोरिदानीम् ।
यदनुभववलेन योगनिष्ठा-इतरपदेषु गतस्पृहा भवन्ति ।।

-सिद्ध-सिद्धान्तसार 7,5,1

'जठराधर संहिता' में इसी अवस्था के लिए कहा गया है कि इसमें मन, बुद्धि संवित्, ऊहापोह, तर्क-वितर्क सबकुछ शान्त हो जाते हैं :

यत्र बुद्धिर्मनोनास्ति सत्ता संवित् पराकला।
ऊहापोहौ न तर्कश्च वाचा तत्र करोति किम् ।।

और बौद्ध साधक सरहपाद ने इसी अवस्था के लिए कहा है—इस अवस्था में मन और प्राण उपरतिवृत्ति हो जाते हैं। इड़ा और पिंगला की गति रुक जाती है। इसमें न आदि-अन्त का ख्याल रहता है, न जन्म-मरण का भय और न अपने-पराये का ज्ञान यही परम महासुख है :

जहि मन पवन न संचरइ रवि शशि णाहि पवेश,
तहि वट चित्त विशाम करु सरहे कहिय उवेश।
आइ न अन्त न मज्झणहु, णहु भव णहु णिब्बाण,
एहु सो परम महासुह, णहु पर णहु अप्पाण।

जैन साधकों के शास्त्रों में परमात्मा का वही अर्थ नहीं है, जो शैव या अन्य वैदिक मतानुयायी साधकों के ग्रन्थों में प्रकट है। जैन साधक अगणित आत्माओं में विश्वास करते हैं। ये आत्मा मुक्त होने के बाद परमात्मा हो जाते हैं। परमात्मा अगणित हैं, परन्तु उनके गुण एक-से हैं, इसलिए वे 'एक' कहे जा सकते हैं। यह पद ज्ञान से प्राप्त होता है और ज्ञान का साधन चित्त-शुद्धि है। वस्तुत: चित्त-शुद्धि के बिना मोक्ष नहीं हो सकता। चाहे जीव जितने तीर्थों में सहाता फिरे और जितनी तपस्या करता फिरे, मोक्ष तभी होगा जब चित्त शुद्ध हो। जोइन्दु कहते हैं:

जहि भावइ ताहें जाइ जीय, जं नावइ करि तजि ।
केम्बइ मोक्ख ण अत्थि पर, चित्तइ शुद्धि णं जं जि।।

-परमात्मप्रकाश 2, 70

(हे जीव, जहाँ खुशी हो जाओ और जो मर्जी हो करो, किन्तु जब तक चित्त शुद्ध नहीं होता तब तक मोक्ष नहीं मिलेगा।)

दान करने से भोग मिल सकता है, तप करने से इन्द्रासन भी मिल सकता है, पर जन्म और मरण से विवर्जित पद पाना चाहते हो तो ज्ञान ही से वह मिल सकता है :

दाणि लम्भइ भोउ पर इन्दत्तणु वि तवेण।
जम्मण मरण विवज्जउ, पण्लब्भइ णणेण ।

-परमात्मप्रकाश 2,72

जब यह मोक्ष प्राप्त हो जायगा तो जीव ही परमात्मा हो जायगा। इस मत से शैव-शाक्त आदि साधकों के तत्त्ववाद में मौलिक अन्तर है। परन्तु व्यवहार में विशेष अन्तर नहीं पड़ता। शाक्त साधक भी यही कहता है कि यह जीव ही शिव है; क्योंकि जब तक शिव नाना मलों से आच्छन्न है, तभी तक वह शरीर के कंचुक में आबद्ध है। इस कंचुक से मुक्त होते ही जीव शिव हो जाता है। इसीलिए 'परशुराम कल्पसूत्र' में कहा है :

शरीरकंचुकित: शिवो जीव: निष्कंचुक: परम शिव:

- परशुराम कल्प 1,3

ज्ञान से यह कंचुक दूर होता है और वह सामरस्य भाव प्राप्त होता है, जिसमें समस्त इन्द्रिय और इन्द्रियार्थ तिरोहित हो जाते हैं और आत्मा प्रकाश की भाँति-शून्य की भाँति अपने-आप ही में रम जाता है। यही स्वसंवेदन रस है। इसमें पाप और पुण्य का विलय हो जाता है। उस अवस्था में साधक शिवरूप हो जाता है। उस समय जैसा कि 'अवधूत गीता' में बताया गया

है, साधक 'ज्ञानामृतं समरसं गगनोपमोऽहम्', हो जाता है। यह शून्य-रूप-साधना या निर्विकल्पक समाधि, जिसमें आत्मा के अतिरिक्त और किसी का अस्तित्व नहीं रह जाता और समस्त प्रकार के भोक्तृ-योग्य अनुभवों से स्वतन्त्र एक स्वसंवेदन- अपने ही आप को जानने का रस अनुभूत होता है, उस युग के साधकों में समान रूप से पाया जाता है। जोइन्दु ने उल्लासपूर्वक कहा है कि बलिहारी है उस योगी की जो 'शून्य पद' का ध्यान करता है, जो पर—परमपुरुष परमात्मा के साथ समरसीभाव का अनुभव करता है, जो पाप और पुण्य के अतीत हो जाता है :

सुरुणउँ पँउँ झायंताहँ बलि-बलि जोइबडाहँ।
समरसि भाउ परेण सहु पुण्णु वि पाउण जाहँ।

- प. प्र. 2, 159

ब्रह्मदेव ने अपनी वृत्ति में 'पर' शब्द का अर्थ 'स्वसंवेद्य-परमात्मा' किया है। जोइन्दु पाप और पुण्य के अतीत उस महायोगी पर बार-बार बलि गए हैं, जो उजाड़ को बसाता है, और बस्ती को शून्य करता है :

उब्बस बसिया जी करइ, बसिया करइ जु सुण्ण।
बलि किज्जहँ तसु जोइयहि, जासु ण पाउ ण पुण्ण।।

गुरु गोरखनाथ ने भी कुछ इसी स्वर में उस महायोगी की वन्दना की थी, जिसने बस्ती को उजाड़ किया, और उजाड़ को बस्ती बनाया है— जो धर्म और अधर्म से परे है, पाप और पुण्य से अतीत है। काम, क्रोध आदि विकारों की रंगस्थली यह काया ही सांसारिक दृष्टि से बस्ती है। इसे छोड़कर जब योगी का चित्त उस शून्य निरंजन स्थान पर पहुँचता है जहाँ समस्त इन्द्रियार्थ तिरोहित हो जाते हैं, तो योगी वस्तुत: उजाड़ को बसाता है:

कामक्रोध विकारभारभरितं पिण्डं जहात्यात्मना,
शून्ये व्योग्नि निरंजने च नियतं चित्रं दधात्यादरात्।
इत्थं शून्यमशून्यतां नयति यो पूर्णं च सच्छून्यताम्,
धर्माधर्मविवर्जितं तमनिशं वंदे परं योगनिम् ।।

वस्तुत: जैन साधक जब कहता है कि यह जीव ही परमात्मा है, शरीर में ही उसका वास है, वह केवल जड़ है जो शास्त्रों को पढ़ता हुआ भी इस बात को नहीं समझ सकता, जो शैव या वैष्णव साधकों की ही भाषा में बोलता है:

सत्थु पढंतु वि होइ जड्डु, जो ण हणेइ वियप्पु
देहि वसन्तु वि णिग्मलउ, णवि मण्णइ परमप्पु ।।

परिणाम में यह मुक्त आत्मा बहुत-से परमात्माओं में से एक होकर रहेगा या किसी एक ही परमात्मा में मिल जायगा, यह साधारण जनता के लिए विशेष महत्त्व नहीं रखता। साधारण जनता मुक्ति तक की बात सोचती है। सो उस युग के सभी साधक नाना मार्गों से चलकर एक ही परम सत्य तक पहुँचे थे। वह परम सत्य यह है कि यह शरीर ही परमात्मा का आवास है, देवता कहीं बाहर नहीं है, विविध भाव से विषयीभूत तत्त्वों का सामरस्य ही वह स्वसंवेदनरस है जिसके अनुभव से बढ़कर आनन्द दूसरा नहीं है। आत्मा इसी रस का अनुभव करके अपने परम प्राप्तव्य को पा जाता है। यह जो चेला-चेलियों का ठाठ-बाट है, पोथियों का ढूह है, इनके चक्कर में पड़ा हुआ जीव निस्सन्देह प्रसन्न होता है; परन्तु यह मोह है, परमपद का अन्तराय है। जो ज्ञानी है वह इनसे लज्जित होता है।

चेल्ला चेल्ली पुत्थियहिं,
तूसइ मूड्ड णिभन्तु ।
एवह लज्जइ णाणियउ,
बंधह हेउ मुणन्तु। ।

-प.प्र.2-88

श्री रामचन्द्र जैन शास्त्रमाला में 'परमात्म प्रकाश' और 'योगसार' सुप्रसिद्ध विद्वान् आदिनाथ नेमिनाथ उपाध्ये द्वारा सम्पादित होकर निकले हैं। दोनों ही ग्रन्थ जोइन्दु के लिखे हुए हैं। प्रो. हीरालाल जी जैन ने इसके पूर्व ही रामसिंह के पाहुड़ दोहों का प्रकाशन किया है।

धर्मशास्त्र और धर्म-साधना

मध्ययुग के धार्मिक साहित्य को दो प्रकार से विभक्त करके विचार किया जा सकता है। स्मृतियों, उनकी टीकाओं, पुराणों और निबन्धों का साहित्य पुराने जमाने से ही 'धर्मशास्त्र' कहा जाता रहा है। फिर एक दूसरे प्रकार का साहित्य है जो साधकों को परम पुरुषार्थप्राप्ति की प्रक्रियाओं को बताते हैं। इनमें तन्त्र हैं, योग के ग्रन्थ हैं, भक्ति की पुस्तकें हैं और पुराणों के वे अंश हैं जो इन्हीं बातों की चर्चा करते हैं। मैंने सुविधा के लिए इस प्रकार के साहित्य का नाम 'धर्म-साधना' का साहित्य रख लिया है। यद्यपि यह नाम सुभीते के लिए ही रखा गया है, पर यह बहुत दूर तक सार्थक भी है; क्योंकि इस श्रेणी का साहित्य व्यक्ति की साधना का ही सहायक है। धर्मशास्त्र सामाजिक आचार-विचारों और विधि-निषेधों की व्यवस्था करते हैं, वर्णों और आश्रमों के सामान्य और विशेष कर्त्तव्यों का निर्देश देते हैं, अन्तर्वैयक्तिक सम्बन्धों के कर्त्तव्य-द्वन्द्व की मीमांसा करते हैं; जबकि धर्म-साधनावाले ग्रन्थ साधक के प्रतिपाल्य नियमों और अनुष्ठानों का विधान करते हैं, साधना के विविध स्तरों में कैसे अनुभव होते हैं और उनसे साधना-मार्ग में अग्रसर होने के या पिछड़ जाने के कौन-से लक्षण प्रकट होते हैं, इसकी विवेचना करते हैं। कभी-कभी धर्मशास्त्र और धर्म-साधना-साहित्य एक दूसरे से इस प्रकार उलझे हुए मिलते हैं कि उनको अलग करना कठिन होता है। पर साधारणत: मध्ययुग का गृहस्थ हिन्दू धर्मशास्त्रीय मार्ग का अनुसरण करता था और विशेष-विशेष मार्ग के साधक तत्तत् सम्प्रदाय या मार्ग के साधना-ग्रन्थों के निर्देश पर चलते थे। साधारण गृहस्थ विविध तीर्थों में स्नान करने से पुण्यार्जन होने में विश्वास करते थे, वर्णाश्रम व्यवस्था में आस्था रखते थे, व्रतों और उपवासों में विश्वास पोषण करते थे। स्वर्ग-नरक, पुनर्जन्म, कर्मफल, पितृश्राद्ध आदि में पूर्ण श्रद्धा रखते थे और मंगलकामना से सभी देवताओं और उपदेवताओं की पूजा किया करते थे। इस तीर्थ-व्रत-उपवासप्रधान, जाति-वर्णविश्वासी, सर्वदेवोपासक मत को एक शब्द में 'स्मार्त्त मत' कहते हैं। स्मार्त्त मत अर्थात् स्मृति निर्दिष्ट

धर्म-व्यवस्था का पालन करने में कल्याण माननेवाला मत। इस प्रकार का मत कोई नई बात नहीं है। महाभारतकाल में भी गृहस्थों का जो वर्णन है उससे कुछ इसी प्रकार के गृहस्थों का पता चलता है। महाभारत में भागवतों के परम उपास्य श्रीकृष्ण भी शंकर की स्तुति करते बताए गए हैं। फिर भी इन दिनों का प्रचलित विश्वास यह है कि इस स्मार्त्त मत की पुनर्प्रतिष्ठा शंकराचार्य ने की थी । उन्होंने ही पञ्चदेवोपासना को पद्धति चलाई। जो हो, स्मार्त्त मत का सीधा अर्थ स्मृतियों की व्यवस्था को माननेवाला मत है। पुराण और महाभारत को भी स्मृतियों में गिना गया है। इसलिए यह कहा जा सकता है कि स्मृति और पुराण मुख्यत: गृहस्थों के सामाजिक और अन्तर्वैयक्तिक सम्बन्धों और कर्त्तव्यों के प्रतिपादक शास्त्र हैं, इन्हीं को 'धर्मशास्त्र' कहते हैं।

धर्म-साधनाओं को भी दो मोटे विभागों में बाँट लिया जा सकता है—योगमूलक साधनाएँ और भक्तिमूलक साधनाएँ। प्रथम श्रेणी की साधना में साधक का विश्वास अपने ऊपर होता है। इस शरीर को ही नाना भाव में आसन-प्राणायाम आदि के द्वारा संयत करके मन और इन्द्रियों पर विजय प्राप्त किया जाता है। यह विश्वास किया जाता है कि परम प्राप्तव्य वस्तुत: इस शरीर से बाहर नहीं है। वह इसी में व्याप्त है। भक्तिमूलक साधना इससे भिन्न वस्तु है। ऐसा तो उसके अनुयायी भी मानते हैं कि परम प्राप्तव्य शरीर के भीतर ही है, पर इस बात पर वे बहुत अधिक जोर नहीं देते। भक्तिमूलक साधना का साधक वस्तुत: अपने-आप पर कम और अपने परमाराध्य प्रेममय परमात्मा पर अधिक विश्वास करता है। अपने-आपको अत्यन्त तुच्छ समझकर परम प्रेममय भगवान् को सम्पूर्ण रूप से आत्म-समर्पण भक्ति की पहली शर्त है। अपने को नि:शेष भाव से भगवान् के चरणों में उत्सर्ग कर देने का नाम ही भक्ति है। राजनीति की परिभाषा में समझना चाहें तो योगमार्ग गणतान्त्रिक धारणा की उपज है और भक्ति-मार्ग साम्राज्यवादी मनोवृत्ति की देन है। भारतवर्ष में इन दोनों साधनाओं के बीज बहुत पुराने हैं, पर मध्ययुग में वे कुछ विशेष हो गए हैं। क्या और कितना विशेष हुए हैं, यही विचार्य है।

पहले योगमूलक साधना की बात ली जाय, भक्तिमूलक साधनाओं की चर्चा हम थोड़ा रुककर करेंगे। ऐसा विश्वास किया जाता है कि इस मनुष्य-शरीर में जो परम रहस्य का आगार है—कुछ अद्‌भुत शक्तिशाली बातें हैं। बहुत पुराने जमाने में चार वस्तुएँ बहुत शक्तिशाली मानी जाती रही हैं—मन, प्राण, बिन्दु (शुक्र) और वाक्। मध्ययुग से कुण्डलिनी एक पाँचवीं वस्तु है जो अत्यन्त शक्तिशाली तत्त्व स्वीकार की गई है। इस प्रकार इस शरीर

में ये पाँच बातें अनन्त शक्ति का स्रोत मानी गई हैं। इनमें से किसी एक पर यदि साधक अधिकार जमा ले तो बाकी सब अनायास वश में आ जाते हैं। इन्हीं में किसी एक को अधिक और बाकी को हम महत्त्व देने के कारण विभिन्न योगमार्ग बने हैं। मन को वश में करने को प्रधान कर्त्तव्य बतानेवाला योग राजयोग कहा जाता है, प्राण को प्रधान रूप में संयत करने को कर्त्तव्य प्रतिपादित करनेवाला योग हठयोग कहलाता है, वाक् को संयत करने की विधि पर जोर देनेवाला योग मन्त्रयोग और जपयोग कहा जाता है, कुण्डलिनी को उद्बुद्ध करने को भी प्रधान कर्त्तव्य समझनेवाला योग कुण्डली योग कहलाता है। शुक्र को संयत और विनिर्युक्त करने के अनेक मार्ग हैं जो विभिन्न प्रक्रियाओं के कारण विभिन्न नाम ग्रहण करते हैं। वज्रयानी और ऊर्ध्वरेता साधक इस महाशक्ति के विनियोग और संयम की विशेष विधियों पर जोर देते हैं। इस प्रकार यह मार्ग इस शरीर के भीतर ही परम सिद्धि का सन्धान खोजता है।

इस प्रकार की साधना का सबसे प्रथम आरम्भ कब हुआ, यह कह सकना बड़ा कठिन है। न तो यह मध्ययुग की अपनी विशेषता है और न वैदिक परम्परा की। बौद्ध और जैन-जैसे वैदिक धर्म के विरोधी सम्प्रदायों में भी इसका मान है; पाशुपत और वाममार्ग-जैसे वेदिकेतर सम्प्रदायों में यह योगपद्धति गृहीत हुई है। मोहनजोदड़ो में ऐसी मूर्त्तियाँ मिली हैं जिनके ध्यान-स्तिमित नयन-मुद्रा को देखकर पण्डितों ने अनुमान किया है कि वहाँ की सभ्यता में—जो सम्भवत: आर्येतर सभ्यता थी—यह साधना अवश्य प्रचलित थी। योगमार्ग की ऊपर लिखी विशेषता को यदि ध्यान में रखकर विचार किया जाय तो मूल संहिताओं के धर्म से—जिसे कभी-कभी बहुदेववाद कहा गया है, यह बहुत भिन्न वस्तु है। मूल वैदिक संहिताओं का प्रधान धर्म इस शरीर के भीतर परम प्राप्तव्य को प्राप्त करने पर अधिक जोर नहीं देता। एक बार सरसरी निगाह से इस प्रधान धर्म को देखने का प्रयत्न कर लेना उचित होगा।

वैदिक देवतावाद से इस साधना का अन्तर

वेदों में प्रतिपादित धर्म का स्वरूप क्या है ? उसमें कितने ही लोगों ने अद्वैतवाद, कितनों ही ने एकेश्वरवाद और कितनों ही ने बहुदेववाद का सन्धान पाया। असल में समूचे वैदिक साहित्य में कोई एक ही धार्मिक या तत्त्व-ज्ञानात्मक एकरूपता नहीं है। यहाँ तक कि ऋग्वेद के 1017 सूक्तों में भी किसी एक सामान्य मत का सन्धान पाना दुष्कर है। इन सूक्तों में अनेक ऋषियों के अनेक प्रकार के विचार ग्रथित हैं। ऐसे भी स्थान हैं जहाँ स्पष्ट रूप से एकेश्वरवाद की दृढकण्ठ से घोषणा की गई है। बताया गया है कि एक ही महादेवता को ऋषियों ने नाना नाम से—अग्नि, यम, मातरिश्वा आदि कहकर—नाना भाव से बताया है (ऋग् 1. 164-46)। फिर कहा गया है कि आरम्भ में समस्त भूतों का अधिपति एकमात्र हिरण्यगर्भ ही था। उसी ने द्युलोक और भूलोक को धारण किया है, और कौन दूसरा देवता है जिसे हम हविष् अर्पित करें (ऋग् 10-121)। इन तथा ऐसे ही मन्त्रों में बड़ी दृढ़ता के साथ एक महादेवता की उपासना ही पर जोर दिया गया है, पर इसमें सन्देह नहीं कि ऐसे मन्त्र कम हैं। अधिकांश मन्त्रों में अनेक देवताओं का उल्लेख मिलता है। साधारणत: देवताओं की संख्या तैंतीस बताई गई है। इनमें ग्यारह आकाश के, ग्यारह पृथ्वी के और ग्यारह जल के देवता कहे गए हैं (ऋग्. 1-139-11)। इन देवताओं की पत्नियों की भी चर्चा मिल जाती है (3-6-9)। वैतान सूत्र (15-3) में अग्नि की पृथ्वी, वात की वक्, इन्द्र की सेवा, बृहस्पति की धेना, पूषन् की पथ्या, वसु की गायत्री, रुद्र की त्रिष्टुभ्, आदित्य की जगती, मित्र की अनुष्टुप्, वरुण की विराज्, विष्णु की पंक्ति और सोम की दीक्षा—ये देवपत्नियाँ बताई गई हैं। इसमें कोई सन्देह नहीं कि इनमें रूपकीय कल्पना स्पष्ट दृष्टिगोचर हो रही है, पर जो लोग मानते हैं कि तान्त्रिक शक्ति-कल्पना भारतीय धर्म-साधना में नई चीज है, उनके विचार के लिए इनमें प्रचुर सामग्री भी है। ऐसा जान पड़ता है कि 33 देवताओं में सभी वैदिक देवता सम्मिलित नहीं हैं, क्योंकि अग्नि, सोम, मरुत्, अश्विनी,

आप:, उषा, सूर्य आदि देवताओं का पृथक् उल्लेख भी है और कभी-कभी तो वैदिक कवि उल्लास की अवस्था में अत्युक्ति की पराकाष्ठा पर पहुँच जाता है। वह तैंतीस देवताओं से सन्तुष्ट न होकर कहता है कि देवताओं की संख्या 3339 है (ऋग्. 3.3.9) । यह सब देखते हुए यही कहना पड़ता है कि वेदों में बहुदेववाद ही प्रधान धर्म है।[1]

बहुदेववाद का मतलब क्या है ? यह शब्द अंग्रेजी के पालिथीज़्म शब्द के तौल पर गढ़ लिया गया है। अंग्रेजी में पालिथीज़्म शब्द का अर्थ निश्चित हो गया है। इस शब्द से एक ऐसे देवता-विधान का बोध होता है जिसमें बहुत-से छोटे-बड़े देवता-जिनका पदगौरव और मर्यादा तथा छोटा-बड़ा भाव निश्चित हो चुका रहता है—एक महादेवता के अधीन होते हैं। ग्रीस का बहुदेवता-विधान ऐसा ही है। इसका बड़ा देवता जीयस या जूपिटर है। मैक्समूलर ने बताया है कि इस ग्रीक-विधान से वैदिक विधान का कोई साम्य नहीं है। केवल ग्रीक या रोमन देवता-विधान ही नहीं, वैदिक बहुदेववाद यूराल-अल्ताई या अमरीकी आदिम अधिवासियों या अफ्रीकी आदिम अधिवासियों के देवता-विधान से भिन्न है।[2] इस विधान का जो देवता जब उपासित होता है वही उस समय सबसे बड़ा देवता है। इन्द्र की उपासना के समय इन्द्र, अग्नि की उपासना के समय अग्नि और वरुण की उपासना के समय वरुण ही महादेवता है। यह एक प्रकार से स्वतन्त्र देवताओं का संघ है, जबकि ग्रीक और रोमन पालिथीज़्म एक बड़े सम्राट् के अन्तर्गत नाना मर्यादाओं के अधिकारी देवताओं का एक दरबार है। दोनों में बड़ा अन्तर है। मैक्समूलर ने इसीलिए पालिथीज़्म शब्द को भ्रामक बताया था और वैदिक बहुदेववाद के लिए एक नए शब्द के प्रयोग का सुझाव रखा था; यह शब्द है: हेनीथीज़्म[3] —एक या एकैकदेववाद। उदाहरणार्थ, मैक्समूलर ने बताया है कि किस प्रकार ऋग्वेद में द्यावापृथ्वी (=द्युलोक और भूलोक; आसमान और जमीन) की—समस्त देवताओं को धारण करनेवाला, सबके माता-पिता कहकर स्तुति की गई है। बताया गया है कि आकाश और पृथ्वी के बीच में जो कुछ है यह द्यावा-पृथ्वी का है, ये समस्त देवताओं को धारण करनेवाले हैं, परन्तु फिर यह भी बताया गया है कि इस द्यावा-पृथ्वी को इन्द्र ने बनाया है, इन्द्र ने ही उन्हें धारण किया है, इन्द्र के बल से ही ये बलीयमान हैं। केवल

1. दे. मैक्समूलर: ह्वाट कैन इण्डिया टीच अस, पृ. 143-45.
2. वही, पृ. 145-46.
3. वही, पृ. 147.

इन्द्र ही नहीं, अन्य देवताओं के बारे में भी इस प्रकार के विशेषण का प्रयोग है। द्यावा-पृथिवी के धारण करनेवाले वरुण भी हैं, सूर्य भी हैं, धाता भी हैं और विश्वकर्मा भी हैं। सो, इस देवता-विधान को बहुदेववाद नहीं कहा जा सकता।

वस्तुत: वैदिक ऋषि प्रकृति के तेजोमय रूप में एक प्रकार की देवत्वबुद्धि रखते हैं। यह जो कुछ चर्म-चक्षुओं से दिख गया, वही चरम और परम नहीं है। इसके पीछे कुछ और है जो इसे तेज दे रहा है। नदी में जो प्रवाह-वेग है वह वहीं तक सीमित नहीं है, इस प्रवाह-वेग को वेगवती करनेवाली कोई शक्ति है। सूर्य को सूर्यता देनेवाला कोई अदृष्ट तेजोधर्मा देव है। 'देव' वस्तुत: उस तेज और चमक देनेवाले विशेषण का ही बोधक है। पश्चिमी साहित्य में बहुवचन में प्रयोग किए जानेवाले 'गॉड' का निश्चित अर्थ है। वह रूढ़ हो गया है। परन्तु वैदिक ऋषि देव शब्द का प्रयोग इस प्रकार के किसी रूढ़ अर्थ में नहीं करता। वह प्रकृति के तेजोदृप्त रूप से उल्लसित होता है, अपने उल्लास को किसी प्रकार की पूर्व-निर्धारित कल्पना से बाधित नहीं होने देता। वैदिक देवता-विधान को बहुदेववाद नहीं कहा जा सकता, यह तो पश्चिमी पण्डितों ने ही कहा है; पर उससे एक व्यापक शक्तिदात्री सत्ता का बोध होता है, यह बात न जाने क्यों स्वीकार नहीं की जाती। आखिर प्रत्येक देवता का महा—देवता मान लिया जाना तभी तो सम्भव है जब देवता-देवता में भेद-बुद्धि का कहीं-न-कहीं किसी-न-किसी रूप में अभाव होता है। कहीं-न-कहीं वैदिक मन्त्र-द्रष्टा के चित्त में यह बात जरूर थी कि यह जो कुछ तेजोमय दिख रहा है, वह किसी एक ही महासत्ता की शक्ति से शक्तिमान होने के कारण। कोई देवता बड़ा है, कोई देवता छोटा नहीं है, किसी की मर्यादा नीचे नहीं है। साक्षात्कार के समय जिसने भी साधक के चित्त में उल्लास का संचार किया वही बड़ा देवता है, क्योंकि अन्ततोगत्वा सभी तो एक ही परम देवता के रूप हैं। विद्वान् लोग उस एक का ही अनेकानेक नाम देकर बताते हैं—'एक सद्विप्रा बहुधा वदन्ति' वस्तुत: यदि इस प्रकार का कोई भाव ऋषियों के चित्त में न होता तो इस प्रकार के देवता-विधान की कल्पना भी सम्भव नहीं थी। हेनीथीज़्म नाम दे देने से समस्या का समाधान नहीं हो जाता, उस मनोवृत्ति को समझने का प्रयत्न करना चाहिए, जिससे ऐसे देवता-विधान की कल्पना उद्भूत हो सकती है और ऊपर हमने जो कुछ कहा है उससे भिन्न और क्या समाधान खोजा जा सकता है।

प्रकृत यह है कि वैदिक ऋषि यद्यपि एक प्रकार से अद्वैत तत्त्व या 'एक' तत्त्व को स्वीकार करते हैं, परन्तु उनका जोर बाह्य जगत् में व्याप्त अनन्त

शक्ति-स्रोतों की ओर है जिन्हें वे देवता कहते हैं। इसी समय, जबकि ये मन्त्र लिखे जा रहे थे, योग-मार्ग भी अवश्य जीवित था जो इस मानवशरीर को ही समस्त शक्तियों का मूल उत्स मानता था। परवर्त्ती काल में उपनिषदों में यह विचार प्रधान होने लगा था कि सभी वैदिक देवता वस्तुत: मानवशरीर के विविध इन्द्रियों के अधिष्ठाता हैं। इस प्रकार उपनिषदों के युग में योगमार्ग धीरे-धीरे प्रधान भारतीय विचार का रूप धारण करता जा रहा था। ऐसा जान पड़ता है कि वैदिक देववाद और योगमार्ग दो प्रकार की असमान परिस्थितियों में विकसित हुए थे और अन्त में एक-दूसरे को प्रभावित करने में समर्थ हुए थे। योगमार्ग प्रधान रूप से गणतान्त्रिक व्यवस्था, वैराग्यवादी तत्त्वज्ञान और व्यक्तित्वप्रधान दृष्टि की उपज है, जबकि बहुदेववाद ऐसे समाज में सम्भव है जिसे विजय पर विजय प्राप्त करने के कारण जीवन उल्लासमय दीख रहा हो, जिसमें तेजस्विता पूरी मात्रा में हो और साथ ही जिसमें शिशु-जनोचित औत्सुक्य हो। क्रमश: इसमें सामन्ती मनोवृत्ति के चिह्न स्पष्ट से स्पष्टतर होते जाते हैं और विरोधी का उच्छेद काफी महत्त्वपूर्ण स्वर हो जाता है।

परन्तु हमारे आलोच्यकाल से इन बातों का बहुत दूर का सम्बन्ध है। केवल मूल स्वर को अधिक स्पष्ट करने के उद्देश्य से ही यहाँ इस प्रसंग की कुछ विस्तृत अवतारणा की गई है। महाभारत-काल में योग-साधना सुसंस्कृत भारतीय विचारधारा का प्रधान अंग हो गई थी और इस बात का निश्चित प्रमाण है कि बुद्ध-युग के साधकों का यह अति मान्य मत था।

योग-साधना की परम्परा

योग की यह साधना दीर्घकाल से चली आ रही थी। वह एकाएक नहीं आ गई। बुद्ध किसी ऐसे तत्त्व को नहीं मानते थे, जो सब समय बना रहता हो—शाश्वत हो। उनके मत से 'आत्मा' नामक कोई ऐसा तत्त्व नहीं है, जो सदा बना रहेगा। अश्वघोष ने एक बड़ा सुन्दर उदाहरण देकर इस बात को समझाया है। जैसे दीपक जब बुझ जाता है, तब न तो वह पृथ्वी में घुस जाता है, न अन्तरिक्ष में समा जाता है; न इस दिशा में जाता है और न उस दिशा में; तेल का क्षय हो जाने के कारण केवल शान्ति को प्राप्त हो जाता है। उसी प्रकार पुण्यात्मा व्यक्ति जब निर्वाण को प्राप्त होता है, तो न तो वह पृथ्वी में जाता है, न अन्तरिक्ष में; न दिशा में और न विदिशा में; क्लेशों का क्षय होने से वह केवल शान्ति पा जाता है :

''दीपो यथा निर्वृतिमभ्युपेतो
नैवावनिं गच्छति नान्तरिक्षम्
दिशं न कांचिद् विदिशं न कांचिद्
स्नेहक्षयात् केवलमेति शान्तिम् ।
एवं कृती निर्वृतिमभ्युपेतो
नैवावनिं गच्छति नान्तरिक्षम्
दिशं न कांचिद् विदिशं न कांचिद्
क्लेशक्षयात्केवलमेति शान्तिम्।''

इस प्रकार इस शरीर में जो चेतन दिलानेवाला तत्त्व है, वह तभी तक संसार-प्रपंच में पड़ा हुआ है, जब तक उसके क्लेशों का क्षय नहीं हो जाता। जगत् वस्तुत: दु:खरूप है, इससे छुटकारा पा जाना ही परम काम्य वस्तु है। छुटकारा मिल जाने के बाद छूटा हुआ पदार्थ चिरकाल तक बना रहता है या नहीं, यह व्यर्थ का प्रश्न है। भारतवर्ष में दीर्घकाल से ऐसी साधना चली आ रही है, जिसमें इस जगत् को दु:खरूप माना गया है और उससे छुटकारा-मुक्ति-पाने को मनुष्य जीवन का सबसे बड़ा लक्ष्य या पुरुषार्थ माना गया है। अधिकांश साधनाएँ यह विश्वास करती थीं कि छुटकारा वस्तुत: किसी ऐसे

पदार्थ का होता है, जो छुटकारे के बाद बना रहता है—शाश्वत होता है। ऐसा जान पड़ता है कि पुराना योगमत कुछ इसी प्रकार का था। सांख्य-मत भी बहुत पुराना है। योग का और सांख्य का तत्त्ववाद एक ही है। पातञ्जल-योग में ईश्वर को भी माना गया है, इसलिए सांख्य मत से-जिसमें पुरुष अनेक माने गए हैं, पर ईश्वर की चर्चा नहीं है—'सेश्वर सांख्य' कह दिया जाता है। कपिलकृत कहे जानेवाले सांख्य-सूत्र परवर्त्ती हैं। सांख्य का तत्त्ववादख्यापक पुराना ग्रन्थ ईश्वर कृष्ण की 'सांख्यकारिका' बताई जाती है। पतञ्जलि ने योगमत और साधना को क्रमबद्ध दर्शन का रूप दिया था, उनका तत्त्ववाद सांख्य से बहुत भिन्न नहीं है। बहुत प्राचीनकाल से लोग सांख्य और योग का अभेद स्वीकार करते आए हैं। भगवान् श्रीकृष्ण ने गीता में कहा था कि केवल बालबुद्धि के लोग ही सांख्य और योग को अलग-अलग समझते हैं, पण्डित लोग ऐसा नहीं मानते। सांख्य तत्त्ववाद का नाम है और योग उसकी प्रक्रिया का ।

पतञ्जलि ने कब योगशास्त्र लिखा था, यह कुछ विवाद का विषय बन गया है। साधारण प्रसिद्धि यह है कि पञ्तजलि नाग थे और तीन शास्त्रों के कर्त्ता थे—व्याकरण-महाभाष्य, पातञ्जल-योगसूत्र और संहिता। उन्होंने योगशास्त्र का प्रणयन करके चित्त के व्याकरणशास्त्र की रचना करके वाक् के और चिकित्साशास्त्र की रचना करके शरीर के मल को दूर किया था—'योगेन चित्तस्य पदेन वाचा मलं शरीरस्य च वैद्यकेन'। यदि यह सत्य है कि ये तीनों शास्त्र एक ही नागमुनि की रचना हैं, तो कहना पड़ेगा कि वह अद्‌भुत प्रतिभाशाली व्यक्ति थे। इनमें से किसी एक शास्त्र के रचयिता को भी अवतारी पुरुष कहा जा सकता है। पतञ्जलि ने योगशास्त्र को बहुत ही युक्तिसंगत और क्रमबद्ध दर्शन का रूप दिया है। कुछ लोग इन सूत्रों में क्षणिक विज्ञानवाद की आलोचना देखकर यह मानने लगे हैं कि योगसूत्र नागार्जुन के बाद अर्थात् ईसा की तीसरी शताब्दी के पूर्वार्द्ध में रचा गया था। क्षणिक विज्ञानवादियों का प्रमुख सूत्रग्रन्थ 'लंकावतारसूत्र' है, जिसमें नागार्जुन की चर्चा है। इससे यह अनुमान किया जा सकता है कि 'लकावतारसूत्र' से भी नागार्जुन का समय पुराना है।[1] इस प्रकार पतञ्जलि को तीसरी शताब्दी में घसीटना बहुत अधिक युक्तिसंगत नहीं है, फिर भी इस मत का यहाँ उल्लेख कर देना उचित

1. दक्षिणापथ वेदल्यां भिक्षुः श्रीमान् महायशाः
नागाह्वयः स नाम्ना तु सदसत् पक्षकारकः।
प्रकाश्य लोके मद्यानं महायानमनुक्षत्तथा
आसाद्य भूमि मुदितां यास्यतेऽसौ सुखावतीम् ।—लंकावतारसूत्र, पृष्ठ 286.

समझा गया है। विषय-वस्तु की दृष्टि से भी किसी-किसी पण्डित ने तीनों पतञ्जलियों की अभिन्नता में सन्देह प्रकट किया है।

जो हो, पतञ्जलि नामक आचार्य ने सन् ईसवी के आरम्भ होने के कुछ इधर-उधर योगसूत्रों की रचना की थी। ये सूत्र योग-मार्ग के क्रमबद्ध तत्त्ववाद और साधना-मार्ग का बहुत ही सुन्दर परिचय देते हैं। जो कार्य आचार्य रामानुज ने भक्ति के आधारभूत सिद्धान्तों के लिए कोई हजार-सवाहजार वर्ष बाद किया, वही योग के लिए पतञ्जलि ने किया। इसके पूर्व यह मतवाद साधना-प्रक्रिया के रूप में विभिन्न सम्प्रदायों में प्रचलित था। वह धर्म-साधना अधिक और क्रमबद्ध दर्शन कम था। सम्भवत: सांख्य भी ईश्वर कृष्ण के पहले इसी प्रकार नाना धर्म-ग्रन्थों और आख्यान-ग्रन्थों में बिखरा पड़ा था। धर्म-साधना को क्रमबद्ध दर्शन का रूप इस देश में आज से कोई दो हजार वर्ष पहले मिलने लगा था। ऐसा क्यों हुआ? कुछ ऐसे सामाजिक और अन्य कारण अवश्य रहे, जिनके फलस्वरूप धर्म-साधना क्रमबद्ध दर्शन का रूप बन गई, या दूसरे शब्दों में कहें, तो साधारण जीवन से छनकर उपरले स्तर के बुद्धिवृत्ति के लोगों की चीज बन गई। सामाजिक विचारों में कुछ ऐसा मन्थन जरूर हुआ कि तत्त्ववाद का मक्खन ऊपर उठ गया। जो तत्त्ववाद सम्पूर्ण जीवन में व्याप्त था, वह केवल बौद्धिक विवेचना का विषय बन गया। वह कोई नई बात नहीं है। ग्यारहवीं से चौदहवीं शताब्दी तक भक्ति के तत्त्ववाद का नवनीत इसी प्रकार ऊपर उठता रहा और विविध भक्ति-सम्प्रदायों की धर्म-साधना के मेरुदण्ड-रूप तत्त्ववाद क्रमबद्ध दर्शन का रूप धारण करते रहे। अठारहवीं शताब्दी के अन्त में कबीरपन्थियों ने भी अपने महान् गुरु की शिक्षाओं को क्रमबद्ध दर्शन का रूप देना चाहा। गोस्वामी तुलसीदास का अत्यन्त मनोमुग्धकर काव्य भी परिवर्त्ती काल में क्रमबद्ध दर्शन पाने का प्रयासी हुआ; पर लोकचित्त से वह इतना उलझा हुआ था कि उसका तत्त्ववाद का प्रयास बहुत सफल नहीं हो सका। महाप्रभु चैतन्यदेव के तिरोधान के बहुत थोड़े अर्से में ही उनका सम्प्रदाय 'अचिन्त्य भेदाभेद' नामक अभिनव दर्शन का अधिकारी हुआ। कहते हैं कि वृन्दावन के वैष्णव पण्डितों को किसी सभा में जब ललकारा गया कि चैतन्य-मत का कोई अपना वाद या भाष्य हो तो बताओ, तो बलदेव विद्याभूषण ने एक दिन की मुहलत लेकर रातोंरात भाष्य तैयार कर दिया। इस कहानी से इतना तो पता चल ही जाता है कि इस प्रकार का प्रयत्न बुद्धिजीवियों और अभिजात लोगों की स्वीकृति पाने के उद्देश्य से किया गया होगा।

धर्म-ग्रन्थों के आख्यानों से मुख्य-मुख्य सिद्धान्तों का संकलन करके जब क्रमबद्ध दर्शन का रूप दिया जाता है, तो उसके मूल में अभिजात-वर्ग का स्वीकृति-लाभ एक प्रधान कारण होता है। ऐसा जान पड़ता है कि ईसापूर्व की कुछ शताब्दियों में वैदिक और अवैदिक मतो का बड़ा घोर मन्थन हुआ था और भिन्न-भिन्न साधना-मार्गों के अनुयायियों को अपने-अपने मत को क्रमबद्ध दर्शन का रूप देने की आवश्यकता पड़ी थी। विविध सूत्र-ग्रन्थों ने उस आवश्यकता की पूर्ति की। साथ ही ऊपर-ऊपर तत्त्ववाद के बौद्धिक विवेचन का विषय हो जाने पर भी कम बुद्धिवृत्ति के लोग तत्त्ववाद-विहित साधना-प्रणाली से या तत्त्ववाद के आख्यानात्मक धर्म-ग्रन्थों से अपना काम चलाते रहे। विविध पुराणों में विभिन्न दर्शनों के रूप प्राप्त होते हैं—वैदिक मतों के भी और बौद्ध, जैन आदि अवैदिक मतों के भी। इन पुराणों और आख्यानग्रन्थों की संख्या बहुत है। प्राय: सभी सूत्र-ग्रन्थ अपने पुराने पुरस्कर्त्ताओं का उल्लेख करते हैं। यहाँ प्रकृत यह है कि योग-दर्शन ने जब एक निश्चित बौद्धिक तत्त्ववाद का रूप धारण किया, तो लोकजीवन में उसका केवल प्रक्रिया-प्रधान एक रूप रह गया होगा, जो कम बुद्धिवृत्ति के साधुओं में प्रचलित होगा। गृहस्थों के लिए लिखे गए पुराणों और आख्यानग्रन्थों में उसका वह पुराना रूप भी रह गया होगा, जो तत्त्ववाद और भक्ति तथा धर्म-साधना के मिश्रित रूप हुआ करते हैं। पातञ्जल-दर्शन बहुत ही सूक्ष्म और जटिल बौद्धिक शास्त्र के रूप में प्राप्त होता है। वह साधारण जनता का नहीं, बल्कि उपरले स्तर के बुद्धिवृत्ति के लोगों का दर्शन है। कम बुद्धिवृत्ति के लोगों में योग-मत का प्रक्रिया-प्रधान रूप बराबर बना रहा और मध्ययुग में (जब संस्कृत की चर्चा अधिकाधिक जनसम्पर्क से दूर पड़ती गई) उसने फिर देशी भाषाओं के माध्यम से आत्म-प्रकाश किया। संस्कृत में भी इस युग में पुस्तकें लिखी गईं पर वे भी प्रधान रूप से प्रक्रिया-प्रधान ही थीं।

पातञ्जल-योग-दर्शन में समूचे शास्त्रार्थ को चार भागों में विभक्त करके समझाया गया है—(1) हेय, (2) हेय-हेतु, (3) हेय-हान और (4) हानोपाय। जितने दु:ख हैं और उन दु:खों को उत्पन्न करनेवाले जितने पदार्थ हैं, वे सभी हेय अर्थात् त्याग योग्य हैं। फिर भी मनुष्य इन दु:खों को स्वीकार करता है। क्या कारण है ? शास्त्र ने इसका कारण अविद्या बताया है। वस्तुत: किसी वस्तु का यथार्थ रूप, गुण और परिणाम न जानने के कारण ही जीव उसे गलत समझता है। इस गलती के कारण ही स्वयं अपने-आपको उसका भोक्ता-भोग्य-भावरूप संयोग है, वही हेय-हेतु है इस संयोग का कारण

अविद्या या गलत ढंग की जानकारी है। इसलिए वास्तविक हेय-हेतु अविद्या को ही समझना चाहिए। अविद्या न हो, तो जीव हेय वस्तुओं को स्वीकार ही न करे, और हेय को स्वीकार न करे, तो उसे कोई दुःख भी न हो। इसलिए प्रधान समस्या है इस हेय-हेतु से छुटकारा पाना। कैसे छुटकारा मिले? स्पष्ट ही गलत जानकारी से बचने का उपाय है सही जानकारी-ठीक ज्ञान; सही जानकारी अर्थात् विवेकख्याति। जब जीव जान जाता है कि आत्मा क्या है। और अनात्मा क्या है, चित् वस्तु क्या है और जड़ वस्तु क्या है, दुःख क्या है और दुःख से विरति क्या है, जब वह सत् और असत् का ठीक-ठीक विवेक करने लगता है, तभी अविद्या उच्छिन्न होती है। अविद्या के उच्छेद से दुःख की आत्यन्तिक निवृत्ति होती है। यही हेय-हान है। यही योग का चरम प्रतिपाद्य है और इसी का उपाय बताना शास्त्र का उद्देश्य है। हेय-हान का उपाय ही हानोपाय है। शास्त्र ने 'विवेकख्याति' के उपायों का विस्तृत विवेचन किया है। जब तक विवेकख्याति नहीं हो जाती, तब तक विविध योगांगों का अनुष्ठान करना पड़ता है। योगांग आठ हैं—पाँच बहिरंग और तीन अन्तरंग। यम, नियम, आसन, प्राणायाम और प्रत्याहार—ये पाँच बहिरंग हैं और ध्यान, धारणा और समाधि—ये तीन अन्तरंग हैं। इन्हीं आठों के अनुष्ठान से चित्त शुद्ध होता है। समाधि सिद्ध होने से योगी चरम सिद्धि पा जाता है। योग-ग्रन्थों में इसके उपाय और महिमा दोनों की बहुत अधिक चर्चा है।

परन्तु मध्यकाल में लोक-भाषाओं में जो योग-सम्बन्धी पुस्तकें लिखी गईं, उनमें हेय, हेय-हेतु, हेय-हान आदि की इतनी सूक्ष्म विवेचना नहीं की गई। मुश्किल से भूले-भटके इन शब्दों को स्मरण किया गया होगा। संस्कृत में भी इस काल में जो हठयोग की पुस्तकें लिखी गईं वे केवल प्रक्रिया ग्रन्थ ही हैं। इनमें आसन, प्राणायाम आदि के अनेक भेदों और विधियों की प्रचुर चर्चा है, ध्यान-धारणा की भी चर्चा है; पर यह स्पष्ट नहीं बताया गया है कि इनसे विवेकख्याति किस प्रकार होती है और होने से अविद्या क्यों दूर हो जाती है। पातञ्जल-दर्शन विचार-प्रधान दर्शन-ग्रन्थ है, जबकि मध्ययुग के हठयोगवाले ग्रन्थ प्रक्रिया-प्रधान हैं। परन्तु ज्ञान-मार्ग का प्रभाव उन पर है। यदि उत्तर-मध्यकालीन योग-ग्रन्थों का विश्लेषण किया जाय, तो बाह्य योगांगों पर उनका ध्यान अधिक केन्द्रित मिलेगा। फिर इन पाँचों पर समान रूप से जोर नहीं मिलेगा। पातञ्जल-दर्शन ने बाहरी और भीतरी इन्द्रियों के संयमन (वृत्ति-संकोचन) को 'यम' कहा है। अहिंसा, सत्य, अस्तेय (चोरी न करना), ब्रह्मचर्य और अपरिग्रह (किसी से कुछ न लेना)—ये पाँच 'यम' हैं।

गोरखनाथ की लिखी बताई जानेवाली लोक-भाषा की पुस्तकों में किसी-न-किसी रूप में ये बातें आ जाती हैं, पर स्वर उनका नैतिक है। गोरखबानी में ब्रह्मचर्य, मधुर भाषण, संयम और सत्य की महिमा इस प्रकार बताई गई है:

यंद्री का लड़बड़ा जिभ्या का फूहड़ा।
गोरष कहे ते परतषि चूहड़ा।।
काछ क यती मुख का सती।
सो सत पुरुष उत्तमो कथी ।।

यद्यपि इनका स्वर नैतिक है, पर उन्हें योग-साधना का आवश्यक कर्त्तव्य माना गया। ज्ञान-चर्चा अधिकतर 'कथनी-प्रधान' है। एक ही बात को कई प्रकार से घुमा-फिराकर, धक्कामार बनाकर, आकर्षक रूप देकर कहने की प्रवृत्ति उत्तरोत्तर बढ़ती गई है। ब्रह्मचर्य-पालन को स्त्री-वर्जन, स्त्री-निन्दा आदि का रूप मिला है। ब्रह्मचर्य का जीवन न बिता सकनेवाले को अत्यन्त कठोर भाषा में स्मरण किया गया है। आध्यात्मिक दृष्टि से उसे 'षसिया' (खस्सी, नपुंसक) तक कहा गया है और शिव और सती को भी इस लपेट में आ जाना पड़ा है। परवर्त्ती ग्रन्थों में इस बात पर कुछ नहीं कहा गया कि 'ब्रह्मचर्य' क्यों कर्त्तव्य है, केवल उसकी महिमा का वर्णन कर दिया गया है और उसके न पालन करनेवालों की खबर ली गई है :

राँडी तज्या न षसिया जीवै
पुरुष तज्याँ नहिं नारी।
कहैं नाथ वे दोन्यू बिनसैं
धोपा की असवारी।
तौ जुग राँड्या जोगेसुर ब्याह्या,
सिवसक्ती सूँ फेरा।
जा पद मंदिर पुरुष बिलंब्या,
वहि मंदिर घर मेरा।

इसी प्रकार प्रत्येक 'यम' का रूप उत्तरोत्तर कथनी-प्रधान, कटु आलोचना-प्रवण और कभी-कभी खीझ से भरी गाली-गलौज के रूप में भी प्रकट हुआ है।

शास्त्र में इन यमों के विपरीत आचरण को 'वितर्क' कहा गया है। इसका फल दु:ख और अज्ञान है। युक्तिपूर्वक बताया गया है कि क्यों यमों का पालन कर्त्तव्य है और क्यों वितर्कों से बचना आवश्यक है। इन वितर्कों के दमन और संयम की उपलब्धि के लिए शास्त्रकार ने पाँच प्रकार के नियम बताए

हैं—शौच (पवित्रता), सन्तोष, तप, स्वाध्याय और ईश्वर का ध्यान। परवर्त्ती लोक-भाषा के ग्रन्थों में इन सबकी कुछ-न-कुछ चर्चा है, पर स्वर नैतिक है और भाषा में कभी-कभी इनके विरुद्ध आचरणवालों के प्रति क्रोध का स्वर भी मिल गया है। आसन और प्राणायाम मध्यकाल के योग-ग्रन्थों में बहुत महत्त्वपूर्ण स्थान अधिकार करते हैं। आसन और प्राणायाम शरीर-साध्य हैं, परन्तु प्रत्याहार मानसिक है। शब्द-स्पर्श-रूप-रस-गन्ध, इन बाहरी पदार्थों से इन्द्रियों को हटाकर (प्रत्याहृत करके) पहले अन्तर्मुख करना पड़ता है। इस अवस्था में बाह्य नियमों के साथ इन्द्रियों का कोई सम्पर्क नहीं होने से वे (इन्द्रियगण) चित्त का पूर्ण अनुकरण करते हैं। इसी अवस्था का नाम प्रत्याहार है। शास्त्र में इन पाँचों को बहिरंग साधन इसलिए बताया गया है कि इन पाँचों—यम, नियम, आसन, प्राणायाम और प्रत्याहार का कार्य-सिद्धि से बाहरी सम्बन्ध है। परन्तु धारणा, ध्यान और समाधि नामक योगांगों का कार्य-सिद्धि से साक्षात् सम्बन्ध है, इसलिए उन्हें अन्तरंग साधन कहा गया है। इन तीनों को एक ही नाम 'संयम' से अभिहित किया गया है। इनकी पारस्परिक एकता दिखाना ही इस एक नाम देने का उद्‌देश्य है। वस्तुत: जब ध्यान, धारणा और समाधि एक ही विषय का आश्रय करके होते हैं तभी योगांग कहे जा सकते हैं। एक के ध्यान, दूसरे की धारणा और तीसरे की समाधि को योग नहीं कहा जा सकता। नाना विषयों में लगे हुए विक्षिप्त चित्त को किसी एक ही विषय पर केन्द्रित करने को धारणा कहते हैं; धारणा से जब चित्त कुछ स्थिर हो जाता है, तब ध्येय विषय की एकाकार चिन्ता होती है; और जब यह ध्यान निरन्तर अभ्यास के कारण स्वरूप-शून्य-सा होकर ध्येय विषय के आकार के रूप में प्रतिभासित होता है, तो उसे समाधि कहा जाता है। शास्त्र ने सावधान कर दिया है कि वह अन्तरंग और बहिरंग भेद केवल सम्प्रज्ञात समाधि के लिए है, असम्प्रज्ञात समाधि के लिए तो सभी बहिरंग ही हैं।

ऐसा जान पड़ता है कि उत्तर-मध्यकाल में इन योगांगों को लोक-भाषा में लिखने की परिपाटी दीर्घकाल से चली आती हुई परम्परा का अन्तिम रूप है। यह परम्परा लोक-भाषा में थी और लोकहित ही उसका प्रधान लक्ष्य था। धीर-धीरे उसका नैतिक स्वर ही प्रबल होता गया और साधनात्मक रूप मद्धिम पड़ता गया। निर्गुणियों और निरंजनियों की वाणियों में इनका यही नैतिक रूप बचा रह गया है। मध्यकाल के साहित्य के विश्लेषण से इस नतीजे पर पहुँचा जा सकता है कि जहाँ सन्त-साहित्य में प्रधान रूप से यह नैतिकता-प्रधान स्वर ही जीवित रह सका, वहाँ विशुद्ध योगमार्गियों ने प्रक्रियावाले रूप को

ही कसकर पकड़ रखा। साहित्य में वह कम आया, पर साहित्य को निरन्तर प्रभावित करता रहा। उधर विवेकख्याति पर जोर देनेवाले सम्प्रदायों ने उसके ज्ञानमूलक अंश को ही कसकर पकड़ा। इस प्रकार एक ओर तो प्रक्रिया-प्रधान योग-मार्ग साधना-विधि से ही चिपटता गया और दूसरी ओर मानस-शुद्धि से विवेकख्याति प्राप्त करने को सब-कुछ माननेवाले अधिकाधिक 'कथनी'-प्रधान होते गए। 'कथनी' और 'करनी'-ये दो मार्ग मध्यकाल में बहुत स्पष्ट हो गए। गोरखनाथ ने 'करनी' को दुखलभ्य या दुहेली कहा है और 'कथनी' (कहणि) को सुखलभ्य या सुहेली बताया है; और जो लोग करनी पर ध्यान न देकर कथनी को ही सब-कुछ मान बैठे, उन्हें यह कहकर उपहास का पात्र माना है कि जिस प्रकार सुग्गा पढ़ता-लिखता है, पर बिल्ली उसे धर दबाती है, उसी प्रकार कथनीवाले पण्डित को माया धर दबाती है और उसकी पोथी हाथ में पड़ी ही रह जाती है।

''कहणि सुहेली रहणि दुहेली कहणि रहणि बिन थोथी।
पढ्या गुँण्या सूवा बिलाई षाया, पण्डित के हाथि रह गई पोथी।।''

कोई यह मानने को तैयार नहीं था कि वह केवल कथनी करता है। दोनों ने दोनों पर कसकर आघात किया है और दोनों में बार-बार सामंजस्य-विधान का भी प्रयत्न होता रहा। यह प्रक्रिया निरन्तर चलती रही कि सम्प्रदाय में कुछ लोग जब पढ़-लिखकर पण्डित हो जाते थे, तब सम्प्रदाय के सिद्धान्तों को संस्कृतबद्ध करके उपरले स्तर में जाने का प्रयत्न करते थे और इस प्रकार लोक-भाषा की रचनाओं का सार छनकर ऊपर आ जाता था। यह भी होता था कि संस्कृत-ग्रन्थों की चुनी हुई बातें भाषा में ले आकर उनका तर्क-युक्तिरहित सार-भाग भाषा में आ जाता था, पर सब मिलाकर यह आन्दोलन जनता का ही बना रहा।

निर्गुण भक्तिमार्ग की आरम्भिक अवस्था ज्ञान की कथनीवाले मार्गों की परम्परा का ही अन्तिम रूप रही होगी। कबीर, दादू आदि के नाम पर पाई जानेवाली वाणियों के विश्लेषण से इस नतीजे पर ही पहुँचाना सम्भव है। वस्तुत: इनकी साखियाँ आठ योगांगों के विभिन्न पहलुओं को स्पष्ट करने के उद्देश्य से ही लिखी गई हैं। इन उपदेशों में ज्ञानप्रवण नैतिक स्वर ही प्रधान है, योग-सम्बन्धी स्वर गौण। इसी ज्ञानप्रवण नैतिकता-प्रधान योग-मार्ग के खेत में भक्ति का बीज पड़ने से जो मनोहर लता उत्पन्न हुई, उसी का नाम निर्गुण भक्ति-मार्ग है।

सहज और नाथ सिद्ध

हमने देखा है कि इस काल में वेद को अन्तिम और अविसंवादी प्रमाण मानने का आग्रह बहुत अधिक था। परन्तु उस काल की यही एकमात्र प्रवृत्ति नहीं थी। एक दूसरा स्वर वेद-विरोधी भी था। छठी-सातवीं शताब्दी के बाद यह वेद-विरोधी स्वर अधिक स्पष्ट होकर प्रकट होता है। बौद्धों और जैनों में भी वेद-विरोधी स्वर पाया जाता है और वह काफी पुराना है। परन्तु यह नया स्वर कुछ भिन्न श्रेणी का है। इसमें सर्वव्यापक, सर्वशक्तिमान प्रभुसत्ता को अस्वीकार नहीं किया गया है। कभी-कभी तो इसमें अद्वैतवाद का स्वर बहुत स्पष्ट होकर प्रकट हुआ है। ज्यों-ज्यों शताब्दियाँ बीतती गई हैं, त्यों-त्यों इस विरोध का स्वर केवल दृढ़ ही नहीं कठोर भी होता गया है। क्या यह आर्येतर जातियों की देन है ? क्या यह उन जातियों के मनीषियों की प्रतिक्रिया थी जो अब तक आर्यभाषा के माध्यम से नहीं कह सके थे ? वाममार्गी तान्त्रिक और योगी तो उलटी और धक्कामार भाषा में कहने के अभ्यस्त हो गए थे। विरोधाभास यह कि ऐसा कहने से उनकी प्रतिष्ठा घटी नहीं। ये लोग अधिकाधिक उत्साह के साथ सीधी बात को भी उलटके जटिल और गुँथीली बनाकर और आक्रामक तथा धक्कामार बनाकर कहते गए। कहने का ढंग कुछ विचित्र-सा था। गोमांस-भक्षण पाप है, यह सर्वविदित बात है, वारुणी पीना बुरी बात है, यह सभी जानते हैं; लेकिन हठयोगी यही कहेगा कि नित्य गोमांस-भक्षण करना चाहिए और वारुणी का पान करना चाहिए, क्योंकि यही विष्णु का परमपद है और यही कुलीन का परम कर्त्तव्य है। यह भाषा स्पष्ट ही आक्रामक और धक्कामार है। इसका उद्देश्य भी शायद चिढ़ाना ही है, क्योंकि दूसरे ही श्लोक में स्पष्ट व्याख्या कर दी गई है कि 'गो' जिह्वा का नाम है और उसे उलटकर ब्रह्मरन्ध्र में ले जाना ही गोमांस-भक्षण है। तालु के नीचे जो चन्द्रस्थान है उससे सोमरस नामक अमृत झरा करता है, वही तो अमर वारुणी है, उसे पाना बड़े पुण्य का फल है। दूसरी बात कहने के लिए पहलेवाले श्लोक की भाषा एकदम आवश्यक नहीं थी। जिह्वा को

तालु में उलटने को गोमांस-भक्षण कहना बिलकुल अनावश्यक था। फिर भी ऐसी भाषा का प्रयोग किसी-न-किसी उद्देश्य को सामने रखकर ही किया होगा। निर्दोष बातों को ऐसी भाषा में कहना जिससे वैदिक आचार में विश्वास रखनेवाले व्यक्ति के चित्त में धक्का लगे, केवल यही सूचित कर सकता है कि इस प्रकार की बात कहनेवालों के मन में वैदिक आचार के प्रति श्रद्धा नहीं थी। तान्त्रिकों और हठयोगियों के साहित्य से इस प्रकार की बहुत सामग्री संग्रह की जा सकती है। कृष्णाचार्य ने जब कहा था 'ऐक्कु न किज्जइ मंत न तंत, णिय धरणी लेइ केलि करंत' अर्थात् मन्त्र-तन्त्र सब बेकार हैं, केवल गृहिणी के साथ केलि करने से ही सिद्धि प्राप्त होती है, तो वास्तव में वे यह कहना चाहते थे कि महामुद्रा की साधना से ही सिद्धि प्राप्त होती है। यद्यपि उन्होंने जप, तप सबकी व्यर्थता बतलाई है, परन्तु इसके लिए इस भाषा की आवश्यकता नहीं थी। इस बात को आसानी से सहज-सरल भाषा में कहा जा सकता था।

योगियों, सहजयानियों और तान्त्रिकों के ग्रन्थों से ऐसी उलटवाँसियों का संग्रह किया जाय तो एक विराट् पोथा तैयार हो सकता है। परन्तु हमें अधिक संग्रह करने की जरूरत नहीं। इस प्रकरण में जो प्रसंग उत्थापित किया जा रहा है, वही हमारे काम के लिए पर्याप्त है।

सहजयानियों में इस प्रकार की उलटी बानियों का नाम 'सन्ध्या-भाषा' प्रचलित था। महामहोपाध्याय हरप्रसाद शास्त्री के मत से 'सन्ध्या-भाषा' से मतलब ऐसी भाषा से है जिसका कुछ अंश समझ में आए और कुछ अस्पष्ट लगे, पर ज्ञान के दीपक से जिसका सब स्पष्ट हो जाय। इस व्याख्या में 'सन्ध्या' शब्द का अर्थ 'साँझ' मान लिया गया है और यह भाषा अन्धकार और प्रकाश के बीच की सन्ध्या की भाँति ही कुछ स्पष्ट और कुछ अस्पष्ट बताई गई है। किन्तु ऐसे बहुत-से विद्वान् हैं जो उक्त भाषा का यह अर्थ स्वीकार नहीं करना चाहते। एक पण्डित ने अनुमान भिड़ाया है कि इस शब्द का अर्थ सन्धिदेश की भाषा है। सन्धिदेश भी, इस पण्डित के अनुमान के अनुसार, वह प्रदेश है जहाँ बिहार की पूर्वी सीमा और बंगाल की पश्चिमी सीमा मिलती है। यह अनुमान स्पष्ट ही निराधार है, क्योंकि इसमें मान लिया गया है कि बंगाल और बिहार के आधुनिक विभाग सदा से इसी भाँति चले आ रहे हैं। महामहोपाध्याय विधुशेखर भट्टाचार्य का मत है कि यह शब्द मूलत: 'सन्ध्या-भाषा' है, 'सन्धा-भाषा' नहीं। अर्थ अभिसन्धिसहित या अभिप्राययुक्त भाषा है। आप 'सन्धा' शब्द को संस्कृत

'सन्धाय' (=अभिप्रेत्य) का अपभ्रष्ट रूप मानते हैं। बौद्ध शास्त्र के किसी-किसी बचन ने सहजयान और वज्रयान में यह रूप धारण किया है। असल में, जैसा कि भट्टाचार्य महाशय ने सिद्ध कर दिया है, वेदों और उपनिषदों में से भी ऐसे उदाहरण खोज निकाले जा सकते हैं, जिनमें सन्धा-भाषा जैसे भाषा के प्रयोग मिल जाते हैं। परन्तु बौद्धधर्म की अन्तिम यात्रा के समय यह शब्द और यह शैली अत्यधिक प्रचलित हो गई थी और साधारण जनता पर इसका प्रभाव भी बहुत अधिक था।

लेकिन अन्त तक यह विरोध कुछ कार्यकर नहीं हुआ। राजनीतिक और अर्थनीतिक कारणों ने मूल समस्या को धर दबोचा। ब्राह्मणमत प्रबल होता गया और इस्लाम के आने के बाद सारा देश जब दो प्रधान प्रतिस्पर्द्धी धार्मिक दलों के रूप में विभक्त हो गया, तो किनारे पर पड़े हुए अनेक सम्प्रदायों को दोनों में से किसी एक को चुन लेना पड़ा। अधिकांश लोग ब्राह्मण और वेद-प्रधान हिन्दू समाज में शामिल होने का प्रयत्न करने लगे। कुछ सम्प्रदाय मुसलमान भी हो गए। दसवीं-ग्यारहवीं सदी के बाद क्रमश: वेदबाह्य सम्प्रदायों की यह प्रवृत्ति बढ़ती गई कि अपने को वेदानुयायी सिद्ध किया जाय। शैवों ने भी ऐसा ही किया और शाक्तों ने भी। परन्तु कुछ मार्ग इतने वेद्विरोधी थे कि उनका सामंजस्य किसी प्रकार इन मतों से नहीं हो सका; वे धीरे-धीरे मुसलमान होते रहे। गोरक्षनाथ ने योग-मार्ग में से ऐसे अनेक मतों का संगठन किया। हमने ऊपर देखा है कि गुरु, गुरुभाई और गुरु-सतीर्थ कहे जानेवाले लोगों का मत भी उनका सम्प्रदाय माना जाने लगा है। जालन्धरनाथ, मत्स्येन्द्रनाथ और कृष्णपाद के प्राप्य ग्रन्थों से उद्धरण देकर सिद्ध किया जा सकता है कि ये लोग वेदों की परवा करनेवाले न थे। इन सबके शिष्य और अनुयायी, भारतीय धर्म-साधना के इस उथल-पुथल के युग में गोरक्षनाथ के नेतृत्व में संघटित हुए। परन्तु जिनके आचरण और विचार इतने अधिक विभ्रष्ट थे कि वे किसी प्रकार के योग-मार्ग का अंग बन ही नहीं सकते थे, उन्हें उन्होंने स्वीकार नहीं किया। शिव जी के द्वारा प्रवर्त्तित सम्प्रदाय उनके द्वारा स्वीकृत हुए, वे निश्चय ही बहुत पुराने थे। एक सरसरी निगाह से देखने पर भी स्पष्ट हो जायगा कि आज भी उन्हीं सम्प्रदायों में मुसलमान योगी अधिक हैं जो शिव द्वारा प्रवर्त्तित और बाद में गोरक्षनाथ द्वारा स्वीकृत थे।

कहने का तात्पर्य यह है कि गोरक्षनाथ के पूर्व ऐसे बहुत-से शैव, बौद्ध और शाक्त सम्प्रदाय थे जो वेदबाह्य होने के कारण न हिन्दू थे और न मुसलमान। जब मुसलमानी धर्म प्रथम बार इस देश में परिचित हुआ तो नाना

कारणों से दो प्रतिद्वन्द्वी धर्मसाधनामूलक दलों में यह देश विभक्त हो गया। जो शैव मार्ग और वेदानुयायी शाक्त मार्ग थे, वे वृहत्तर ब्राह्मण-प्रधान हिन्दू-समाज में मिल गए और निरन्तर अपने को कट्टर वेदानुयायी सिद्ध करने का प्रयत्न करते रहे। गोरक्षनाथ ने उनको दो प्रधान दलों में पाया होगा—(1) एक तो वे जो योगमार्ग के अनुयायी थे, परन्तु शैव या शाक्त नहीं थे, (2) दूसरे वे जो शिव या शक्ति के उपासक थे—शैवगमों के अनुयायी थे—परन्तु गोरक्ष-सम्मत योग-मार्ग के उतने नजदीक नहीं थे। इनमें से जो लोग गोरक्ष-सम्मत मार्ग के निकट थे उन्हें उन्होंने योगमार्ग में स्वीकार कर लिया, बाकी को अस्वीकार कर दिया। इस प्रकार दोनों ही प्रकार के मार्गों से ऐसे बहुत-से सम्प्रदाय आ गए जो गोरक्षनाथ के पूर्ववर्त्ती थे, परन्तु बाद में उन्हें गोरक्षनाथी माना जाने लगा। धीरे-धीरे जब परम्पराएँ लुप्त हो गईं तो उन पुराने सम्प्रदायों के मूल प्रवर्त्तकों को भी गोरक्षनाथ का शिष्य समझा जाने लगा। इस अनुमान को स्वीकार कर लेने पर वह व्यर्थ का विवाद समूचा स्वयमेव परास्त हो जाता है जो गोरक्षनाथ के काल-निर्णय के प्रसंग में पण्डितों ने रचा है। तथाकथित शिष्यों के काल के अनुसार वह कभी आठवीं शताब्दी के सिद्ध होते हैं तो कभी दसवीं के, कभी ग्यारहवीं के और कभी-कभी तो पहली-दूसरी शताब्दी के भी।

ऊपर का मत केवल अनुमान पर ही आश्रित नहीं है। कभी-कभी एकाध प्रमाण परम्पराओं के भीतर से निकल भी आते हैं।

गोरक्षनाथ और शिव द्वारा प्रवर्त्तित सम्प्रदायों की परम्परा स्वयमेव एक प्रमाण है: नहीं तो यह समझ में नहीं आता कि क्यों कोई महागुरु अपने जीवित-काल में ही अनेक सम्पदायों का संघटन करेगा। सम्प्रदाय मतभेद पर आधारित होते हैं और गुरु की अनुपस्थिति में ही मतभेद उपस्थित होते हैं। गुरु के जीवित-काल में होते भी हैं तो गुरु उन्हें दूर कर देते हैं। परन्तु प्रमाण और भी हैं।

'योगिसम्प्रदायाविष्कृति' में लिखा है (पृ. 419-20) कि धवलगिरि से लगभग 80-90 कोस की दूरी पर पूर्व दिशा में वर्त्तमान त्रिशूल गंगा के प्रभव-स्थान पर्वत पर वाममार्गी लोगों का एक दल एकत्र होकर इस विषय पर विचार कर रहा था कि किस प्रकार हमारे दल का प्रभाव बढ़े। बहुत छानबीन के बाद उन्होंने देखा कि आजकल श्री गोरक्षनाथी का यश चारों ओर फैल रहा है; यदि उनसे प्रार्थना की जाय कि वह हमें अपने मार्ग का अनुयायी स्वीकार कर लें तो हम लोगों का मत लोकमान्य हो जाय। इन्होंने

इसी उद्देश्य से उन्हें बुलाया। सबकुछ सुनकर श्री गोरक्ष जी ने कहा—'आप यथार्थ रीति से प्रचार कर दें कि अपनी प्रतिष्ठा चाहते हैं, अथवा प्रतिष्ठा की उपेक्षा कर अपने अवलम्बित मार्ग की वृद्धि करना चाहते हैं ? यदि प्रतिष्ठा चाहते हैं तो आप अन्य सब झगड़ों को छोड़कर केवल योग-क्रियाओं से ही सम्बन्ध जोड़ लें; इसके अतिरिक्त यदि अपने (पहले से ही गृहीत) मत की पुष्टि करना चाहते हैं तो हम यह नहीं कह सकते कि साधुओं का कार्य जहाँ गृहस्थ जनों को सन्मार्ग पर चढ़ा देना है, वहाँ वे उन विचारों को कुत्सित पथ में प्रविष्ट करने के लिए कटिबद्ध हो जायँ।' वाममार्गियों ने—जिन्हें लेखक ने यहाँ 'कापाली' कहा है-दूसरी बात को ही स्वीकार किया और इसलिए गुरु गोरक्षनाथ ने उनकी प्रार्थना अस्वीकृत कर दी। यह पुराने मत को अपने मार्ग में स्वीकार न करने का प्रमाण है। पुराने मार्ग को स्वीकार करने का उदाहरण भी पाया जा सकता है। प्रसिद्ध है कि गोरखनाथ जी जब गोरखबंसी (आधुनिक कलकते के पास) आए तो वहाँ देवी काली से उनकी मुठभेड़ हो गई थी। काली जी को ही हारना पड़ा। फलस्वरूप उनके समस्त शाक्त शिष्य गोरक्षनाथ के सम्प्रदाय में शामिल हो गए। तभी से गोरक्षमार्ग में काली-पूजा प्रचलित हुई। इन दिनों सारे भारत के गोरखपन्थियों में काली-पूजा प्रचलित है। यह कथा 'योगिसम्प्रदायाविष्कृति' में दी हुई है (पृ. 194-99)।

धर्म और निरंजन मत

इस बात का निश्चित प्रमाण है कि ईसवी सन् की बारहवीं शताब्दी में बिहार और काशी में बौद्धधर्म खूब प्रभावशाली था। उसके हजारों अनुयायी थे, मठ थे, विश्वविद्यालय थे और विद्वान् भिक्षुओं का बहुत बड़ा दल था। सन् 1193 ईसवी में कुतुबुद्दीन के सेनापति मुहम्मद बख्तियार ने नालन्दा और ओदन्तपुरी के विहारों और पुस्तकालयों को नष्ट किया । कहते हैं कि जब विजेता सेनापति ने स्थानीय लोगों से पुछवाया कि इन पुस्तकों में क्या है, तो बतानेवाला कोई व्यक्ति वहाँ नहीं मिला। सम्भवत: पहले से ही विद्वान् भिक्षु भागकर अन्यत्र चले गए थे। कदाचित् इसी साल बनारस भी जीता गया और सारनाथ का विहार और ग्रन्थागार नष्ट किए गए। यद्यपि सारनाथ का कोई उल्लेख नहीं प्राप्त है तो भी ऐतिहासिक पण्डितों का अनुमान है कि वहाँ के पुस्तकागार और मठ को भी अचानक ही जला दिया गया होगा।[1] बौद्धों का धर्म प्रधान रूप से संघ में केन्द्रित था। इन संघों के छितरा जाने से गृहस्थ अनुयायियों का केन्द्रीय अनुशासन टूट गया और वे धीरे-धीरे अन्य मतों में मिल गए। फिर भी बौद्धधर्म एकदम लुप्त नहीं हो गया। बंगाल और उड़ीसा में उसका जीवित रूप अब भी पाया जा सका है;[2] और बिहार के कुछ हिस्सों में वह बहुत दिनों तक बना रहा, इसका प्रमाण हम अभी पाएँगे।

1. सर चार्ल्स इलियट हिन्दुइज़्म ऐण्ड बुद्धिज़्म: ए हिस्टॉरिकल स्केच, जिल्द 2, पृ. 112-13.
2. (क) सर्वप्रथम महामहोपाध्याय पं. हरप्रसाद शास्त्री ने 1895 ई. के 'जर्नल ऑफ द एशियाटिक सोसायटी ऑफ बंगाल' में एक लेख लिखकर इस सम्बन्ध में विद्वानों का ध्यान आकृष्ट किया है। बाद में सन् 1971 ई. में 'डिस्कवरी ऑफ लिविंग बुद्धिज़्म इन बंगाल' नाम से एक पुस्तक भी प्रकाशित कराई। तब से अंग्रेजी और बँगला में इस विषय की बहुत चर्चा हुई है।
   (ख) श्री नगेन्द्रनाथ बसु ने 1911 ई. में मयूरभंज आर्कियालाजिकल सर्वे की रिपोर्ट में मॉडर्न बुद्धिज़्म ऐण्ड इट्स फालोअर्स' नाम से एक विस्तीर्ण अध्याय लिखा, जो बाद में पुस्तकाकार भी प्रकाशित हुआ। इस पुस्तक में उन्होंने उड़ीसा में जीवित आधुनिक बौद्धधर्म की ओर पहले-पहल पण्डितों का ध्यान आकृष्ट किया। हिन्दी में 'भक्तिमार्गी बौद्धधर्म' नाम से भारती भण्डार, इलाहाबाद द्वारा प्रकाशित।
   (ग) बिहार में चौदहवीं और पन्द्रहवीं शती से बौद्धधर्म जीवित था और बाद में चलकर वह कबीरपन्थ में मिल गया, इस बात का प्रमाण इस अध्ययन से मिलेगा। अभी तक इस विषय पर विशेष ध्यान नहीं दिया गया है।

तिब्बती ऐतिहासिक लामा तारानाथ का कहना है कि मुस्लिम आक्रमण के कारण बौद्ध सन्त और विद्वज्जन चारों ओर छितरा गए। आज भी नाना स्थानों से बौद्ध-पुस्तकों के मिलते रहने से अनुमान होता है कि ये थोड़ा-बहुत साहित्य-रचना में भी संलग्न थे। कृष्णदास कविराज नामक बंगाली वैष्णव सन्त ने 1582 ई. में प्रसिद्ध पुस्तक 'चैतन्य चरितामृत' लिखी। चैतन्य महाप्रभु की मृत्यु 1533 ई. में हुई थी। 'चैतन्य चरितामृत' के अनुसार चैतन्यदेव जब द्रविड़ देश में गए थे, तो वहाँ आरकाट जिले के किसी स्थान पर एक बौद्ध विद्वान् से उनकी बातचीत हुई थी। यह शास्त्रचर्चा 1510 ई. के आसपास हुई होगी। इस घटना से अनुमान है कि ईसवी सन् की सोलहवीं शती में बौद्ध पण्डित दक्षिण में वर्त्तमान थे। तारानाथ ने लिखा है कि 1450 ई. में चेंगलराज नामक किसी राजा ने गया में बौद्ध मन्दिर बनवाया था।[1] पण्डित हरप्रसाद शास्त्री ने एक हस्तलिखित पुस्तक की चर्चा की है जिसका लेखनकाल 1711 ई. है (और जो सम्भवत: मूल रूप में 1699 ई. में लिखी गई थी। इसकी भाषा में 'भद्दी संस्कृत, भद्दी हिन्दी और भद्दी बिहारी' भाषाओं की विचित्र खिचड़ी है।[2] इसमें बुद्ध के अवतार ग्रहण करने की और सत्ययुग प्रवर्त्तित होने की बात लिखी हुई है। इसका नाम 'बुद्धचरित' है। इन सब बातों से पता चलता है कि बौद्धधर्म किसी-न-किसी रूप में दीर्घकाल तक जीवित रहा और अब भी किसी-न-किसी रूप में कहीं-कहीं जी रहा है।

सन् 1324 ई. में तिरहुत के राजा को मुस्लिम आक्रमण के कारण भागना पड़ा। वह अपने साथ अनेक ब्राह्मण पण्डितों को लेता गया। यद्यपि इसका राज्य दीर्घकाल तक स्थायी नहीं रह सका, पर उसके पश्चात् एक दूसरे हिन्दू राजा जयस्थिति ने पण्डितों की सहायता से समाज का स्तर-विभाजन कर दिया। उसने बौद्ध समाज को भी हिन्दुओं की भाँति नाना जातियों में विभक्त कर दिया। उसने प्रत्येक जाति का पेशा और उसकी सामाजिक मर्यादा भी तय कर दी। नेपाल में बौद्धधर्म बहुत प्राचीनकाल से पहुँच गया था। अशोक-काल से ही वहाँ इस धर्म के अस्तित्व का प्रमाण पाया जाता है। सातवीं शताब्दी के एक शिलालेख में वहाँ सात शैव, छह बौद्ध तथा चार वैष्णव तीर्थों का उल्लेख है। सो हिन्दू राजा और समाज-व्यवस्थापकों को नए सिरे से मैदान के साथ नेपाल का सम्बन्ध बहुत दृढ़ किया। नेपाल-स्थित बौद्धधर्म मैदान के ब्राह्मण धर्म द्वारा प्रभावित भी होता रहा और उसे प्रभावित भी करता रहा। आठवीं-नवीं शताब्दी में बौद्धधर्म बड़े वेग से तान्त्रिक साधना और काया-योग की ओर बढ़ने लगा। बाद में शेष योगियों का एक सम्प्रदाय नाथ-पन्थ बहुत प्रबल हुआ, उसमें तान्त्रिक बौद्धधर्म की अनेक

1. इलियट, पृ. 113-14.
2. देखिए लेखक का ग्रन्थ 'कबीर'।

साधनाएँ भी अन्तर्भुक्त थीं। इस बात से इसने मैदान में बड़ा प्रभावविस्तार किया। इन योगियों से कबीरदास का सीधा सम्बन्ध था[1], फिर भी बीजक में नाना स्थानों पर बौद्धों की चर्चा आ ही जाती है। इस बौद्धधर्म का स्वरूप केवल अनुमान का विषय है। ऐसा जान पड़ता है कि उड़ीसा के उत्तरी भाग, छोटानागपुर को घेरकर रीवाँ से पश्चिमी बंगाल तक के क्षेत्र में धर्म या निरंजन की पूजा प्रचलित थी, जिसके बारे में अनुमान किया गया है कि यह बौद्धधर्म का प्रच्छन्न (या विस्मृत) रूप था। बिहार के मानभूम, बंगाल के वीरभूम और बाँकुड़ा आदि जिलों में एक प्रकार के 'धर्मसम्प्रदाय' का पता लगा है। यह धर्म-मत अब भी जी रहा है :

ओं यस्यान्तं नादिमध्यं न च करचरणं नास्ति कायो निनादम्।
नाकारं नादिरूपं न च भयमरणं नास्ति जन्मैव यस्य ।
योगीन्द्रध्यानगम्यं सकलदलगतं सर्वसंकल्पहीनम् ।
तत्रैकोऽपि निरञ्जनोऽमरवरः पातु मा शून्यमूर्त्तिः ।।

रमाई पण्डित के 'शून्यपुराण' में धर्म को शून्य का रूप निराकार और निरंजन कहकर ध्यान किया गया है।

शून्यरूपं निराकारं सहस्रविघ्नविनाशनम्।
सर्वपरः परदेवः तस्मात्वं वरदो भव ।।
निरंजनाय नमः ।।

'धर्माष्टक' नामक एक निरंजन का स्तोत्र पाया गया है जिसकी संस्कृत तो बहुत भ्रष्ट है पर उससे निरंजन के स्वरूप पर बड़ा सुन्दर प्रकाश पड़ता है।[2]

---

1. देखिए लेखक का ग्रन्थ 'कबीर'।
2. ओं न स्थानं न मानं न चरणारविन्द रेखं न रूपं न च धातुवर्णं।
द्रष्टा न दृष्टिः श्रुता न श्रुतिस्तस्मै नमस्तेऽस्तु निरंजनाय।
ओं स्वेतं न पीतं न रक्तं न रेतं न हेमस्वरूपं न च वर्णकर्णं
न चंद्रार्चवह्नि उदयं न अस्तं तस्मै नमस्तेऽस्तु निरंजनाय ।
ओं न वृक्षं न मूलं न बीजं न चांकुरं शाखा न पत्रं न च स्कन्ध-
पल्लवं न पुष्पं न गंधं न फलं न छाया तस्मै नमस्तेऽस्तु निरंजनाय ।
ओ अधां न ऊर्ध्वं शिवो न शक्ती नारी न पुरुषो न च लिंगमूर्तिः।
हस्तं न पादं न रूपं न छाया तस्मै नमस्तेऽस्तु निरंजनाय।
ओं न पंचभूतं न सप्तसागरं न दिशा विदेशं न च मेरु मन्दिरं।
ब्रह्मा न इन्द्रं न च विष्णु रुद्रं यस्मै,
ओं ब्रह्मांडखंड न चंद्रदण्डं न कालवीजं न च गुरु शिष्यं।
न ग्रहं न तारा न च मेघजाला तस्मै,
ओं वेदो न शास्त्रं, संध्या न स्तोत्रं मन्त्रो न जाप्यं न च ध्यानकारणं।
होमं न दानं न च देवपूजा तस्मै,
ओं गंभीरधीरं निर्वाणशून्य संसारसारं न च पाप-पुण्यं ।
विकृति न विकर्णी न देवदेवं मम चित्त दीनं तस्मै नमस्ते ।।
—धर्मपूजा-विधान, पृ. 77-78.

कुछ विद्वानों ने नए सिरे से इस शब्द के मूल स्रोत पर विचार किया है। कहा गया है कि 'धर्म' शब्द वस्तुत: आष्ट्रो-एशियाटिक श्रेणी की जातियों की भाषा के एक शब्द का संस्कृतीकृत रूप है। यह कूर्म या कछुए का वाचक है। डॉ. सुनीति कुमार चाटुर्ज्या ने बताया है कि दुल या दुली शब्द, जो अशोक के शिलालेखों में भी मिलता है और उत्तरकालीन संस्कृत भाषा में भी गृहीत हुआ है और जो कछुए का वाचक है, आष्ट्रो-एशियाटिक भाषा का शब्द है। सन्थाल आदि जातियों की भाषा में यह नाना रूपों में प्रचलित है। इन भाषाओं में 'ओम्' स्वार्थक प्रत्यय हुआ करता है और दुरोम, दुलोम, दरोम का भी अर्थ कछुआ होता है। इसी शब्द का संस्कृत रूप धर्म है जो संस्कृत के इसी अर्थ के साथ गड़बड़ा दिया गया है। इस प्रकार धर्म-पूजा में कछुए का स्थान सम्भवत: सन्थाल-मुण्डा आदि जातियों के विश्वास का रूप है। कबीरपन्थ में अब भी कूर्मजी का सम्मान बना हुआ है, यद्यपि उनके दूसरे नाम 'धर्म' की इज्जत बहुत घट गई है। यहाँ यह कह रखना उचित है कि मुण्डा लोगों में रमाई पण्डित का स्थान बहुत महत्त्वपूर्ण है।

आगे चलकर इस निरंजन मत में इस्लाम का प्रभाव भी मिल गया था, पर वह यहाँ विवेच्य नहीं है। यहाँ इतना ही लक्ष्य करने की बात है कि पश्चिम बंगाल और पूर्वी बिहार में धर्म पूजा एक जीवित मत है। इसके सबसे बड़े देवता निरंजन या धर्म हैं। उन्हें रूप, वर्ण आदि के अतीत और शून्यरूप बताया गया है। इस पन्थ का अपना साहित्य है जिसे बंगाल में धर्म-मंगल साहित्य नाम दिया गया है। पण्डितों का अनुमान है कि धर्मपूजा बौद्धधर्म का भग्नावशेष है। कुछ दूसरे पण्डितों का अनुमान है कि धर्म या निरंजन देवता वस्तुत: आदिवासियों के ग्रामदेवता हैं। बाद में जब राढ़भूमि और झारखण्ड में पाल राजाओं का दबदबा बढ़ा तो बौद्धधर्म बहुत सम्मानित हुआ और ग्रामदेवता भी बौद्ध रंग में रँग गए। निरंजन या धर्मदेवता भी बुद्ध के नए रूप में प्रकट हुए। जो हो, धर्म-पूजा में बौद्ध प्रभाव है अवश्य।

कबीरमत में धर्मदेवता का अवशेष

संक्षेप में स्थिति यह है कि राढ़भूमि, पूर्वी बिहार, झारखण्ड और उड़ीसा में एक ऐसे परम देवता की पूजा प्रचलित थी (और कहीं-कहीं अब भी है), जिसका नाम धर्म (धर्मराय) और निरंजन था और जिस पर बौद्धमत का जबर्दस्त प्रभाव था। यह भी हो सकता है कि वह बौद्धमत का आरम्भ में प्रच्छन्न रूप रहा हो, पर बाद में विस्तृत रूप बन गया हो। कबीरमत को इस पन्थ से निबटना पड़ा था। विशेष रूप से कबीरपन्थ की दक्षिणी शाख (अर्थात् धर्मदासी सम्प्रदाय) को इस प्रबल प्रतिद्वन्द्वी मत को आत्मसात् करने का श्रेय प्राप्त है। इस सम्प्रदाय को माननेवालों पर अपना प्रभावविस्तार करने के लिए कबीरमत में उनकी समूची जटिल सृष्टि-प्रक्रिया और पौराणिक कथाएँ ले ली गई थीं। केवल इतना सुधार सर्वत्र कर लिया गया था कि निरंजन के प्रभाव से जगत् को मुक्त करने के लिए सत्यपुरुष ने बार-बार ज्ञानीजी को इस धराधाम पर भेजा था। ज्ञानीजी कबीर का ही नामान्तर है।

इस प्रसंग में लक्ष्य करने की बात यह है कि जिस प्रकार उड़ीसा में बौद्धधर्म वैष्णवधर्म के रूप में आविर्भूत होकर भी ब्राह्मणों का कोपभाजन बना था, उसी प्रकार उन क्षेत्रों में भी हुआ था जो 'बीजक' के प्रचार-क्षेत्र में आते थे। 'विप्रमतीसी' में ब्राह्मणों के वैष्णव-विद्वेष का उल्लेख है :

हरि भक्तन के छूत लगायी।

विष्णुभक्त देखे दुःख पाये।

'कबीरबानी' और 'अनुरागसागर' में कबीरदास के मुँह से कहलवाया गया है कि काल (निरंजन) कबीर के नाम पर बारह पन्थ चलाएगा, जो लोगों को कबीर की वास्तविक शिक्षाओं से वंचित रखकर उन्हें भ्रम के फन्दे में डाले रखेगा। 'कबीरबानी' के अनुसार[1] इन बारह मतों में से तीसरे का नाम 'मूलनिरंजन' मत है। हमें किसी अन्य मूल से यह स्पष्ट नहीं हो सका है कि यह 'मूलनिरंजन' मत क्या था। 'कबीरबानी' में केवल इसका नाम भर दिया गया

1. 'कबीरबानी', पृ. 46-47

है। परन्तु 'अनुरागसागर' में इस पन्थ का कुछ विस्तृत वर्णन दिया गया है। यह वर्णन भी अस्पष्ट ही है। इससे ही पता चलता है कि ताल का 'मनभंग' नामक दूत 'मूलकथा' को लेकर पन्थ चलाएगा और अपने पन्थ का नाम मूल-पन्थ कहेगा। वह जीव का 'लूदी' नाम समझाएगा और इसी नाम को 'पारस' कहकर प्रचार करेगा। 'भंग' शब्द का सुमिरन मुँह से कहेगा और समस्त जीवों को एक साथ पकड़कर रखेगा।[1] ऐसा जान पड़ता है कि कबीरपन्थ की प्रतिष्ठा के बाद भी मूलनिरंजन सम्प्रदाय ने एक बार सिर उठाया था और उस मूलकथा को आश्रय करके अपनी प्रतिष्ठा कायम करनी चाही थी, जिसे कबीरपन्थी साहित्य में कबीर-महिमा के प्रचार के लिए उपयोग में लाया गया है। परन्तु कबीरपन्थी पुस्तकों से मालूम होता है कि इस मूलकथा को आश्रय करके अपनी प्रतिष्ठा स्थापित करने का प्रयास करनेवाला यह मूलनिरंजन पन्थ अपने को कबीर मतानुयायी ही मानता था। जो हो, कबीर-साहित्य से इस विस्मृत, किन्तु अत्यन्त महत्त्वपूर्ण मत का यत्किंचित् परिचय मिलता अवश्य है।

कबीरपन्थ की सृष्टि-प्रक्रिया विषयक पौराणिक कथा का संक्षिप्त विवरण लेखक ने अन्यत्र दिया है।[2] उसका पुनरुल्लेख यहाँ विस्तार-भय से छोड़ दिया जा रहा है। इससे हम निम्नलिखित निष्कर्षों पर पहुँचते हैं:

1. कबीरपन्थ का एक ऐसा प्रतिद्वन्द्वी मार्ग था जिसके परम-देवता निरंजन थे। इस देवता के दूसरे नाम धर्मराज[3] और काल थे।

2. इस निरंजन का निवासस्थान उत्तर में मानसरोवर में था।

---

1. चौथा पंथ सुनो धर्मदासा
मनभंग दूत करै परकासा।।
कथामूल ले पंथ चलावै
मूल पंथ कहि जग माँहि आवै।
लूदी नाम जीव समुझाई।।
यही नाम पारख ठहराई।।
भंग शब्द सुमिरन भाखे।।
सकल जीव थाका महि राखें।। 'अनुरागसागर', पृ. 94-95.

2. दे. हजारीप्रसाद द्विवेदी 'कबीर', पृ. 52-70

3. 'धर्मगीता' में महादेव दास ने कहा है कि जिस शून्य में महाप्रभु का वास है उसे ही बैकुंठ कहा जाता है।
शून्य थी अंयाहार शून्य भोगवासी,
न शोभे वन्न्न रूप रेख नाहि किछि।
से आधार भुवने से प्रभुङ्क आसन।
से स्थान सबुंक शुद्ध बैकुंउ भुवन-'मॉडर्न बुद्धिज़्म', पृ. 190.

3. ब्रह्मा का चलाया हुआ ब्राह्मणमत इस निरंजन को समझ न सकने के कारण मिथ्यावादी और स्वार्थी हो गया। यह ब्राह्मणमत भी कबीरपन्थ का प्रतिद्वन्द्वी था।

4. निरंजन को पाने के लिए शून्य का ध्यान आवश्यक था।

5. उड़ीसा के जगन्नाथजी निरंजन के रूप हैं।[1]

6. द्वितीय, चतुर्थ और पंचम निष्कर्ष से अनुमान किया जा सकता है कि निरंजन बुद्ध का ही नाम था।

7. निरंजन ने सारे संसार को भरमा रखा है—ऐसा प्रचार कबीरपन्थ को करना पड़ा था।

8. 'अनुरागसागर', 'श्वासगुंजार' आदि ग्रन्थों से केवल दो प्रतिद्वन्द्वी मतों का पता चलता है—निरंजन द्वारा प्रवर्त्तित निरंजनमत और ब्रह्मा द्वारा प्रवर्त्तित ब्राह्मणमत। तीसरा मत विष्णु द्वारा प्रवर्त्तित वैष्णवमत है। कबीरपन्थ के ग्रन्थ इस मत को कथंचित् अनुकूल पाते हैं।[2]

9. 'श्वासगुंजार' आदि ग्रन्थों से प्राप्त यह कथा प्राय: उलझे हुए रूप में मिलती है जो इस बात का प्रमाण है कि यह किसी भूली पुरानी परम्परा का भग्नावशेष है।

इस प्रकार यद्यपि रचना की दृष्टि से बहुत-सी रचनाएँ परवर्त्ती हो सकती हैं, फिर भी उनसे अनेक भूले हुए ऐतिहासिक तथ्यों पर प्रकाश पड़ सकता है। कबीरपन्थी साहित्य के अध्ययन के बिना जिस प्रकार धर्म और निरंजनमत का अध्ययन अधूरा रह जाता है, उसी प्रकार बंगाल, उड़ीसा और पंजाब आदि प्रान्तों के निरंजनमत का अध्ययन किए बिना कबीर-साहित्य का अध्ययन भी अपूर्ण रह जाता है। भारतीय साधना-साहित्य में यह एक महत्त्वपूर्ण विरोधाभास है कि रचना-काल की दृष्टि से परवर्त्ती होने पर भी कभी-कभी पुस्तकें अत्यन्त पुरातन परम्परा का पता देती हैं। गोरक्ष सम्प्रदाय की अनुश्रुतियाँ, कबीरपन्थ के ग्रन्थ, धर्म-पूजा-विधान साहित्य यद्यपि रचनाकाल की दृष्टि से बहुत अर्वाचीन हैं तथापि वे अनेक पुरानी परम्पराओं के अवशेष हैं। समूची भारतीय संस्कृति के अध्ययन के लिए इनकी बहुत बड़ी आवश्यकता है। लोकभाषाओं का अध्ययन साहित्य में अनेक अधभूली, भूली और उलझी हुई परम्पराओं के सुलझाने में अमूल्य सहायता पहुँचाता है। भारतीय संस्कृति के विद्यार्थी के लिए इनकी अपेक्षा हानिकर है।

---

1. ततः कलौ सम्प्रवृत्ते सम्मोहाय सुरद्विषाम्।
   बुद्धो नाम्नाजभसुतन कीकटेषु भविष्यति ।—'भागवत', 1-3-24
2. 'कबीर मंसूर', पृ. 64.

सन्त-साहित्य की सामाजिक पृष्ठभूमि

मध्यकाल का सन्त-साहित्य प्रधान रूप से धार्मिक साहित्य है, परन्तु उसका धार्मिक रूप साधारण जनता के लिए लिखा गया है। इस विषय में तो किसी को मतभेद न होगा कि इस साहित्य में तत्कालीन सामाजिक परिस्थितियों की आलोचना की गई है। दीर्घकाल से प्रचलित धार्मिक विश्वासों, सामाजिक और वैयक्तिक आचरणों के मान तथा विभिन्न सम्प्रदायों द्वारा स्वीकृत सिद्धान्तों पर या तो आक्रमण किया गया है, या उनके सम्बन्ध में सन्देह प्रकट किया गया है। यह विभिन्न सन्तों के उस तीव्र असन्तोष का फल है जो उन्हें सामाजिक परिस्थितियों के कारण अनुभूत हो रहा था। जिस कवि या लेखक के पास सचमुच ही कुछ कहने की वस्तु होती है, उसके व्यक्तित्व का यदि विश्लेषण किया जाय तो यह मालूम होगा कि समाज में प्रतिष्ठित रूढ़ियों में वह कुछ ऐसी त्रुटि देख रहा है, जो उसे बुरी तरह से खल रही है। वह खलनेवाली बात का विरोध करता है और उसके स्थान पर कुछ ऐसी बातों को प्रतिष्ठित करना चाहता है जो उसके मन के अनुकूल होती हैं। इसलिए जो भी महापुरुष कुछ कहने लायक बात कहता है, वह किसी-न-किसी रूप में सामाजिक परिस्थितियों से असन्तुष्ट होता है और किसी-न-किसी बात का प्रचार करना चाहता है। वह जो कुछ कहना चाहता है, उसकी उपादेयता क्या है, इस विषय में नाना मुनियों के नाना मत हैं। हम अभी इस प्रश्न पर नहीं आना चाहते। आगे इस पर विचार करने का भी हमें अवसर मिलेगा। अभी इतना जान रखना आवश्यक है कि लेखक जब देने लायक कुछ देता है तो उसके चित्त में कहीं-न-कहीं और किसी-न-किसी प्रकार की सामाजिक त्रुटि से उत्पन्न व्याकुलता अवश्य रहती है।

जिसे हम आजकल सन्त-साहित्य कहने लगे हैं, वह वस्तुतः निर्गुण भक्तिमार्ग का साहित्य है। ऐसा विश्वास किया जाता है कि उत्तर भारत में भक्तिमार्ग को रामानन्द ले आए थे और सौभाग्य से उन्हें कबीर-जैसा शिष्य मिल गया था। कबीर के अनुयायियों में यह दोहा प्रचलित है :

भक्ति द्राविड़ी ऊपजी लाये रामानन्द।
प्रगट किया कबीर ने सप्त दीप नव खण्ड।।

पद्‌मपुराण के उत्तर खण्ड में जो श्रीमद्‌भागवत माहात्म्य है, उसमें भक्ति के मुख से यह कहलवाया गया है कि मैं द्रविड़ देश में उत्पन्न हुई, कर्नाटक में बड़ी हुई, कहीं-कहीं महाराष्ट्र में विहार करती हुई अन्त में गुर्जर देश में आकर जीर्ण हो गई। फिर घोर कलिकाल में पाखण्डियों ने मेरा सिर खण्ड-खण्ड कर दिया, और मैं अपने पुत्रों के साथ दुर्बल होकर क्षीण हो गई। अन्त में वृन्दावन में, मुझे नया रूप प्राप्त हुआ और यहाँ आकर युवावस्था में मनोरम रूप प्राप्त करने में समर्थ हो सकी :

उत्पन्ना द्रविडे साहं वृद्धिं कर्णाटके गता।
क्वचित्क्वचिन्त महाराष्ट्रे गुर्जरे जीर्णतां गता।।
तत्र घोरकलेर्योगात्पाखण्डैः खण्डिताङ्गका।
दुर्बलाहं चिरं याता पुत्राभ्यां सह मन्दताम्।।
वृन्दावनं पुनः प्राप्य नवीनेव सुरूपिणी।
जाताहं युवती सम्यक्प्रेष्ठरूपा तु साम्प्रतम्।।

कबीरपन्थियों में प्रचलित दोहे से श्लोक का इतना ही साम्य है कि भक्ति द्रविड़ देश में उत्पन्न हुई थी और वहाँ से क्रमशः उत्तर दिशा को आई। परन्तु द्रविड़ देश में जो भक्ति उत्पन्न हुई थी, उसका वही रूप नहीं है जो कबीर आदि निर्गुण सन्तों में प्राप्त होता है। इसका क्या कारण हो सकता है? निःसन्देह यहाँ कुछ ऐसी सामाजिक परिस्थितियाँ थीं जिनके कारण द्रविड़ देश की उत्पन्न भक्ति ने उत्तर में आकर यह रूप ग्रहण किया। साथ ही यह ध्यान देने की बात है कि उस भक्ति ने उत्तर भारत के दो श्रेणी के भक्तों में दो रूप ग्रहण किए। जो भक्त ऊँची जातियों से आए थे उनमें उसने जो रूप ग्रहण किया, वह परम्परा-प्रचलित विश्वासों के प्रति उतने तीव्र और आक्रामक रूप में नहीं प्रकट हुई जिस आक्रामक रूप में वह उन भक्तों में प्रकट हुई जो समाज की निचली श्रेणी की जातियों के भीतर से आए थे। प्रथम श्रेणी के भक्तों ने समाज में प्रचलित शास्त्रीय आचार-विचार, व्रत-उपवास, ऊँच-नीच की मर्यादा को स्वीकार कर लिया । उनका असन्तोष दूसरी श्रेणी के भक्तों के असन्तोष से बिलकुल भिन्न था। वे सामाजिक व्यवस्था से असन्तुष्ट नहीं थे। ये लोगों के भोगपरक भगवद्-विमुख आचरण से असन्तुष्ट थे। श्रुति और श्रुति-परम्परा में आनेवाले धर्मग्रन्थों को कर्त्तव्य-अकर्त्तव्य के नियमन के लिए उन्होंने अविसंवादी प्रमाण के रूप में स्वीकार किया था। तुलसीदास, सूरदास आदि सगुणमार्गी भक्तों की वाणियों में

गणिका, अजामिल के तरने की चर्चा बार-बार आती है। पौराणिक विश्वास के अनुसार ये लोग उच्चकोटि का जीवन-यापन करनेवाले नहीं थे। लेकिन 'भाव कुभाव अनख आलसहू' किसी प्रकार इनके मुख से भगवान् के नाम निकल गए और वे तर गए। इन नामों का भक्ति-साहित्य में आना भक्तों के अत्यधिक वैयक्तिक दृष्टिकोण का परिचायक है, जिसमें केवल साधु उद्‌देश्य पर ही जोर दिया गया है। उस उद्‌देश्य का फल क्या होगा, इस पर ध्यान नहीं दिया गया।

दूसरी ओर निचली श्रेणी से आए हुए भक्तों में सामाजिक अवस्था के प्रति तीव्र असन्तोष का भाव व्यक्त होता है, यद्यपि उनमें भी वैयक्तिक साधु-बुद्धि पर कम जोर नहीं दिया गया।

इतना तो स्पष्ट है कि भारतवर्ष में दो प्रकार का अत्यन्त स्पष्ट सामाजिक स्तर था। एक में शास्त्र के पठन-पाठन की व्यवस्था थी और उनके आदर्श पर संगठित सामाजिक व्यवस्था के प्रति सहानुभूति थी, और दूसरे में सामाजिक व्यवस्था के प्रति तीव्र असन्तोष का भाव था।

यह अवस्था एक दिन की उपज नहीं थी। दीर्घकाल तक इसको खुराक मिलती रही। वैदिक धर्म की प्रतिष्ठा इस देश में बहुत पहले से हो चुकी थी। नाना उतार-चढ़ावों के रहते वेद अन्त तक भारतीय जनता के परम आदर-श्रद्धा के पात्र बने रहे। जैसा कि पहले कहा गया है, सन् ईसवी की छठी-सातवीं शताब्दी के आसपास एक विशेष प्रवृत्ति का परिचय इस देश में पाया जाता है। बहुत-से धर्ममतों को नीचा दिखाने के लिए उन्हें वेदबाह्य कह दिया जाता है। यह प्रवृत्ति धीरे-धीरे बढ़ती ही जाती है। बाद में किसी सम्प्रदाय को अवैदिक कह देना, उसे लोक-दृष्टि में हेय बनाने का साधन बन गया। लेकिन एक और प्रवृत्ति भी उन दिनों उतने ही उग्र रूप में पाई जाती है, जिसकी चर्चा बहुत कम हुई। इसमें वेदों को ही तुच्छ बताने की प्रवृत्ति है। सातवीं-आठवीं शताब्दी के तान्त्रिकों में वेदविहित आचार को हेय घोषित करने की प्रवृत्ति बहुत तीव्र है। बताया गया है कि आचार सात प्रकार के होते हैं। पहला वेदाचार सबसे हेय आचार है जिसमें वैदिक काम्य कर्म, यज्ञ-यागादि विहित हैं; दूसरा वैष्णवाचार है जिसमें निरामिष भोजन और पवित्र भाव से व्रत, उपवास, ब्रह्मचर्य और भजन-पूजन का विधान है। इससे थोड़ा अच्छा शैवाचार है जिसमें यम-नियम, ध्यान-धारणा, समाधि और शिव-शक्ति की उपासना का विधान है। इन तीनों आचारों से श्रेष्ठ है दक्षिणाचार। इसमें उपर्युक्त तीनों आचारों के नियमों का पालन करते हुए रात्रिकाल में भंग आदि मादक वस्तुओं का सेवन और इष्ट मन्त्रों का जप विहित है। लेकिन यद्यपि वैदिक से वैष्णव, उससे शैव और शैव

से दक्षिणाचार श्रेष्ठ है, तथापि ये सब पशु-भाव की ही साधनाएँ हैं ; वीर-भाव के साधक के लिए पाँचवाँ आचार वामाचार है जिसमें आत्मा की वामा अर्थात् शक्ति के रूप में कल्पना करके साधना विहित है। उससे श्रेष्ठ आचार है सिद्धान्ताचार, जिसमें मन को अधिकाधिक शुद्ध करके यह वृत्ति उत्पन्न करने का उपदेश है कि संसार में प्रत्येक वस्तु शोधन से शुद्ध हो जाती है। ब्रह्म से लेकर ढेले तक में कुछ भी ऐसा नहीं है जो परमशिव से भिन्न हो। पर इनमें सबसे श्रेष्ठ है कौलाचार, जिसमें कोई भी नियम नहीं है। स्पष्ट ही इस प्रकार के सोचनेवाले वैदिक आचार मानते थे। कारण क्या है?

जिन दिनों निर्गुण भक्ति-साहित्य का बीजारोपण हुआ, उन दिनों अनेक उथल-पुथल के बाद भारतीय जनता का स्तरभेद प्रायः स्थिर और दृढ़ हो चुका था। मोटे तौर पर हम सन् ईसवी की चौदहवीं शताब्दी में इस नवीन साधना का बीजारम्भ मान सकते हैं। इसके पहले के दो-तीन सौ वर्षों में भारतीय धर्म-साधना के क्षेत्र में काफी उथल-पुथल हुई थी। यद्यपि मुसलमानों का प्रवेश इस देश के एक भूभाग में सातवी-आठवीं शताब्दी में ही हो चुका था, तथापि प्रभावशाली मुस्लिम आक्रमण दसवीं शताब्दी के बाद शुरू हुए। यह बड़ा विकट काल था।

एक ओर मुसलमान लोग भारत में प्रवेश कर रहे थे और दूसरी ओर बौद्ध-साधना क्रमशः मन्त्र-तन्त्र और टोने-टोटके की ओर अग्रसर हो रही थी। सन् ईसवी की दसवीं शताब्दी में ब्राह्मण-धर्म सम्पूर्ण रूप से अपना प्राधान्य स्थापित कर चुका था; फिर भी बौद्धों, शाक्तों और शैवों का एक बड़ा भारी समुदाय ऐसा था जो ब्राह्मण और वेद की प्रधानता को नहीं मानता था। यद्यपि इनके परवर्त्ती अनुयायियों ने बहुत प्रयत्न किया है कि उनके मार्ग को श्रुति-सम्मत मान लिया जाय, परन्तु यह सत्य है कि अनेक शैव और शाक्त समुदाय ऐसे थे जो वेदाचार को अत्यन्त निम्नकोटि का आचार मानते थे और ब्राह्मण-प्राधान्य को एकदम नहीं स्वीकार करते थे। ऊपर हमने यह दिखाया है कि दसवीं शताब्दी के पहले उत्तर भारत में पाशुपत मत कितना प्रबल था। ह्वेन्त्सांग ने अपने यात्रा-विवरण में इस मत का बारह बार उल्लेख किया है। बाणभट्ट के ग्रन्थों में इसकी चर्चा आती है। ऐसा जान पड़ता है कि उन दिनों कट्टर वेदमार्गी इस सम्प्रदाय को वेदबाह्य मानते थे। शंकराचार्य ने इनके धर्म-विश्वास को 'वेदबाह्येश्वर कल्पना' कहा है। दसवीं शताब्दी के आसपास ब्राह्मणमत क्रमशः प्रबल होता गया और इस्लाम के आने से एक ऐसा सांस्कृतिक संकट उत्पन्न हुआ जिससे सारा देश दो प्रधान प्रतिस्पर्द्धी धार्मिक दलों में विभक्त हो गया। अपने को या तो

हिन्दू कहना पड़ता था या मुसलमान। किनारे पर पड़े हुए अन्य सम्प्रदायों को दोनों में से किसी एक को चुन लेना पड़ा। पूर्वी बंगाल के वेदबाह्य सम्प्रदायों के ध्वंसावशेष कई धार्मिक सम्प्रदाय ऐसे थे जिन्होंने मुसलमानों को अपना त्राणकर्त्ता समझा था। ये समूहरूप में मुसलमान हो गए। पंजाब में भी नाथों, निरंजनों और पाशुपतों की अनेक शाखाएँ मुसलमान हो गईं। गोरखनाथ के समय ऐसे अनेक शैव, बौद्ध और शाक्त सम्प्रदाय थे जो न तो हिन्दू थे, न मुसलमान। जो शैव और शाक्तमार्गी वेदानुयायी थे, वे बृहत्तर ब्राह्मण-प्रधान हिन्दू-समाज में मिल गए और निरन्तर अपने को कट्टर वेदानुयायी सिद्ध करने का प्रयत्न करते रहे। यह प्रयत्न अब भी जारी है। गोरखनाथ के सम्प्रदाय में अनेक बौद्ध, शैव, शाक्त सम्प्रदाय अन्तर्भुक्त हुए, परन्तु इस सम्प्रदाय के भी बहुतेरे गृहस्थ मुसलमान हो गए। इनकी संख्या नितान्त नगण्य नहीं है। सन् 1921 ईसवी की जनगणना के अनुसार पंजाब में मुसलमान योगियों की संख्या इकतीस हजार से ऊपर थी। इस प्रकार बहुत-सी जातियाँ बृहत्तर हिन्दू-समाज में स्थान न पा सकने के कारण मुसलमान हो गईं। मुसलमानों के आने के कारण हिन्दू-समाज में आत्मरक्षा की प्रवृत्ति भी बड़ी तीव्र प्रतिक्रिया के रूप में हुई। उनकी जातिप्रथा अधिकाधिक कसी जाने लगी। छूत का भय और वर्णसंकरता की आशंका ने समूचे समाज को ग्रस लिया।

प्रथम बार भारतीय समाज को एक ऐसी परिस्थिति का सामना करना पड़ रहा था जो उसकी जानी हुई नहीं थी। अब तक वर्णाश्रम-व्यवस्था का कोई प्रतिद्वन्द्वी नहीं था। आचार-भ्रष्ट व्यक्ति समाज से अलग कर दिये जाते थे और वे एक नई जाति की रचना कर लिया करते थे। इस प्रकार यद्यपि सैकड़ों जातियाँ और उपजातियाँ बनती जा रही थीं, तथापि वर्णाश्रम-व्यवस्था किसी-न-किसी प्रकार चलती जा रही थी। अब सामने एक सुसंगठित समाज था जो प्रत्येक व्यक्ति और प्रत्येक जाति को अपने अन्दर समान आसन देने की प्रतिज्ञा कर चुका था। एक बार कोई भी व्यक्ति उसके विशेष धर्ममत को यदि स्वीकार कर ले तो इस्लाम भेद-भाव को भूल जाता था। वह राजा से रंक और ब्राह्मण से चाण्डाल तक सबको धर्मोपासना का समान अधिकार देने को राजी था। समाज का दण्डित व्यक्ति अब असहाय न था। इच्छा करते ही वह एक सुसंगठित समाज का सहारा पा सकता था। ऐसे ही समय में दक्षिण से भक्ति का आगमन हुआ जो 'बिजली की चमक के समान' इस विशाल देश के इस कोने से उस कोने तक फैल गई। इसने दो रूपों में अपने-आपको प्रकाशित किया। यही वे दो धाराएँ हैं जिन्हें निर्गुण-धारा और सगुण-धारा नाम दे दिया गया है।

इन दोनों साधनाओं ने दो पूर्ववर्त्ती धर्ममतों को केन्द्र बनाकर ही अपने-आपको प्रकट किया। सगुण उपासना ने पौराणिक अवतारों को केन्द्र बनाया और निर्गुण उपासना ने योगियों अर्थात् नाथपन्थी साधकों के निर्गुण परब्रह्म को। पहली साधना ने हिन्दू जाति की ब्राह्याचार की शुष्कता को आन्तरिक प्रेम से सींचकर रसमय बनाया और दूसरी साधना ने बाह्याचार की शुष्कता को ही दूर करने का प्रयत्न किया। एक ने समझौते का रास्ता लिया, दूसरी ने विद्रोह का; एक ने शास्त्र का सहारा लिया, दूसरी ने अनुभव का; एक ने श्रद्धा को पथ-प्रदर्शक माना, दूसरी ने ज्ञान को; एक ने सगुण भगवान् को अपनाया, दूसरी ने निर्गुण भगवान् को। पर प्रेम दोनों का ही मार्ग था; सूखा ज्ञान दोनों को ही अप्रिय था; केवल बाह्याचार दोनों में से किसी को सम्मत नहीं था; आन्तरिक प्रेम-निवेदन दोनों को इष्ट था; अहैतुक भक्ति दोनों को काम्य थी; आत्मसमर्पण दोनों के साधन थे; भगवान् की लीला में दोनों ही विश्वास करते थे। दोनों ही का अनुभव था कि भगवान् लीला के लिए इस जागतिक प्रपंच को सम्हाले हुए हैं। पर प्रधान भेद यह था कि सगुण भाव से भजन करनेवाले भक्त भगवान् को अलग रखकर देखने में रस पाते रहे, जबकि निर्गुण भाव से भजन करनेवाले भक्त अपने-आपमें रमे हुए भगवान् को ही परम काम्य मानते थे।

उन दिनों भारतवर्ष के शास्त्रज्ञ विद्वान् निबन्ध-रचना में जुटे हुए थे। उन्होंने प्राचीन भारतीय परम्परा को शिरोधार्य कर लिया था—अर्थात् सबकुछ को मानकर, सबके प्रति आदरभाव बनाए रखकर, अपना रास्ता निकाल लेना। सगुण भाव से भजन करनेवाले भक्त लोग भी सम्पूर्ण रूप से इसी पुरानी परम्परा से प्राप्त मनोभाव के पोषक थे। वे समस्त शास्त्रों और मुनिजनों को अकुण्ठ चित्त से अपना नेता मानकर उनके वाक्यों की संगति प्रेमपक्ष में लगाने लगे। इसके लिए उन्हें मामूली परिश्रम नहीं करना पड़ा। समस्त शास्त्रों के प्रेम-भक्तिमूलक अर्थ करते समय उन्हें नाना अधिकारियों, नाना भजन-शैलियों की आवश्यकता स्वीकार करनी पड़ी, नाना अवस्थाओं और अवसरों की कल्पना करनी पड़ी और शास्त्र-ग्रन्थों के तारतम्य की भी कल्पना करनी पड़ी। सात्त्विक, राजसिक और तामसिक प्रकृति के प्रसार-विस्तार से अनन्त प्रकृति के भक्तों और अनन्त प्रणाली के भजनों की कल्पना करनी पड़ी। सबको उन्होंने उचित मर्यादा दी और यद्यपि अन्त तक चलकर उन्हें भागवत महापुराण को ही सर्व-प्रधान-प्रमाणग्रन्थ मानना पड़ा था, पर अपने लम्बे इतिहास में उन्होंने कभी भी किसी शास्त्र के सम्बन्ध में अवज्ञा या अवहेलना का भाव नहीं दिखाया। उनकी दृष्टि बराबर भगवान् के परम प्रेममय रूप और मनोहारिणी लीला पर निबद्ध रही, उन्होंने बड़े

धैर्य के साथ समस्त शास्त्रों की संगति लगाई। सगुण भाव के भक्तों की महिमा उनके असीम धैर्य और अध्यवसाय में है। पर निर्गुण श्रेणी के भक्तों की महिमा उनके उत्कट साहस में है। एक ने सबकुछ को स्वीकार करने का अद्‌भुत धैर्य दिखाया, दूसरे ने सबकुछ को छोड़ देने का असीम साहस।

लेकिन केवल भगवत्प्रेम या पाण्डित्य ही इस युग के विचारस्रोत को रूप नहीं दे रहे थे। कम-से-कम हिन्दी के भक्ति-साहित्य को काव्य के नियमों और प्रभावों से अलग करके नहीं देखा जा सकता। अलंकारशास्त्र और काव्यगत रूढ़ियों से उसे एकदम मुक्त नहीं किया जा सकता। परन्तु फिर भी वह वही चीज नहीं है जो संस्कृत, प्राकृत और अपभ्रंश के पूर्ववर्त्ती साहित्य हैं। विशेषताएँ बहुत हैं और हमें उन्हें सावधानी से जाँचना चाहिए।

यह स्मरण किया जा सकता है कि अलंकारशास्त्र में देवादि विषयक रति को भाव कहते हैं। जिन आलंकारिकों ने ऐसा कहा था उनका तात्पर्य यह था कि पुरुष का स्त्री के प्रति और स्त्री का पुरुष के प्रति जो प्रेम होता है उसमें एक स्थायित्व होता है, जबकि किसी राजा या देवता-सम्बन्धी प्रेम में भावावेश की प्रधानता होती है, वह अन्यान्य संचारी भावों की तरह बदलता रहता है। परन्तु यह बात ठीक नहीं कही जा सकती। भगवद्विषयक प्रेम को इस विधान के द्वारा नहीं समझाया जा सकता। यह कहना कि भगवद्विषयक प्रेम में निर्वेदभाव की प्रधानता रहती है, अर्थात् उसमें जगत् के प्रति उदासीन होने की वृत्ति ही प्रबल होती है, केवल जड़-जगत् से मानसिक सम्बन्ध को ही प्रधान मान लेना है। इस कथन का स्पष्ट अर्थ यह है कि मनुष्य के साथ जड़-जगत् के सम्बन्ध के ही स्थायित्व पर रस का निरूपण होगा। क्योंकि अगर ऐसा न माना जाता तो शान्तरस में जगत् के साथ जो निर्वेदात्मक सम्बन्ध है, उसे प्रधानता न देकर भगवद्विषयक प्रेम को प्रधानता दी जाती। जो लोग शान्तरस का स्थायी भाव निर्वेद को न कहकर शम को कहना चाहते हैं, वे वस्तुत: इसी रास्ते सोचते हैं।

इस प्रसंग में बारम्बार 'जड़-जगत्' शब्द का उल्लेख किया गया है। यह शब्द भक्तिशास्त्रियों का पारिभाषिक शब्द है। इस प्रसंग का विचार करते समय याद रखना चाहिए कि भारतीय दर्शनों के मत से शरीर, इन्द्रिय, मन और बुद्धि सभी जड़ प्रकृति के विकार हैं। इसीलिए चिद्विषयक प्रेम केवल भगवान् से सम्बन्ध रखता है। इस परम प्रेम के प्राप्त होने पर भक्तिशास्त्रियों का दावा है कि अन्यान्य जड़ोन्मुख प्रेम शिथिल और अकृतकार्य हो जाते हैं। इसीलिए भगवत्प्रेम न तो इन्द्रिय ग्राह्य है, मनोगम्य और न बुद्धिसाध्य वह अनुभव द्वारा ही आस्वाद्य है। जब इस रस का साक्षात्कार होता है तो अपना

कुछ भी नहीं रह जाता। इन्द्रियों द्वारा किया हुआ कर्म हो या मन-बुद्धि-स्वभाव द्वारा, वह समस्त सच्चिदानन्द नारायण में जाकर विश्रमित होता है। भागवत में (11.2.36) इसीलिए कहा है।

कायेन वाचा मनसेन्द्रियैर्वा बुद्ध्याऽऽत्मना वानुसृतस्वभावात् ।
करोमि यद्यत् सकलं परस्मै नारायणायेति समर्पयेत्तत् ।।

पर निर्गुण भाव से भजन करनेवाले भक्तों की वाणियों के अध्ययन के लिए शास्त्र बहुत कम सहायक हैं। अब तक इनके अध्ययन के लिए जो सामग्री व्यवहृत होती रही है, वह पर्याप्त नहीं है। हमें अभी तक ठीक-ठीक नहीं मालूम कि किस प्रकार की सामाजिक अवस्थाओं के भीतर भक्ति का आन्दोलन शुरू हुआ था। इस बात के जानने का सबसे बड़ा साधन लोकगीत, लोककथानक और लोकोक्तियाँ हैं; और उतने ही महत्त्वपूर्ण विषय हैं: भिन्न-भिन्न जातियों और सम्प्रदायों की रीति-नीति, पूजा-पद्धति और अनुष्ठानों तथा आचारों की जानकारी। पर दुर्भाग्यवश हमारे पास ये साधन बहुत ही कम हैं। भक्ति-साहित्य के पढ़नेवाले पाठक को जो बात सबसे पहले आकृष्ट करती है—विशेषकर निर्गुण भक्ति के अध्येता को—वह यह है कि उन दिनों उत्तर के हठयोगियों और दक्षिण के भक्तों में मौलिक अन्तर था। एक को अपने ज्ञान का गर्व था, दूसरे को अपने अज्ञान का भरोसा; एक के लिए पिण्ड ब्रह्माण्ड था, दूसरे के लिए ब्रह्माण्ड ही पिण्ड; एक का भरोसा अपने पर था, दूसरे का राम पर; एक प्रेम को दुर्बल समझता था, दूसरा ज्ञान को कठोर; एक योगी था और दूसरा भक्त। इन दो धाराओं का अद्‌भुत मिलन ही निर्गुणधारा का वह साहित्य है जिसमें एक ओर कभी न झुकनेवाला अक्खड़पन है और दूसरी तरफ घरफूँक मस्तीवाला फक्कड़पन। यह साहित्य अपने-आपमें स्वतन्त्र नहीं है। इसमें सहजयान और वज्रयान की तथा शैव और तन्त्रमत की अनेक साधनाएँ और चिन्ताएँ आ गई हैं तथा दक्षिण के भक्ति-प्रचारक आचार्यों की शिक्षा के द्वारा वैदान्तिक और अन्य शास्त्रीय चिन्ताएँ भी।

मध्यकाल के निर्गुण कवियों के साहित्य में आनेवाले सहज, शून्य, निरंजन, नाद, विन्दु आदि बहुतेरे शब्द, जो इस साहित्य के मर्मस्थल के पहरेदार हैं, तब तक समझ में नहीं आ सकते, जब तक पूर्ववर्त्ती साहित्य का अध्ययन गम्भीरतापूर्वक न किया जाय। अपनी 'कबीर' नामक पुस्तक में मैंने इन शब्दों के मनोरंजक इतिहास की ओर विद्वानों का ध्यान आकृष्ट किया है। एक मनोरंजक उदाहरण दे रहा हूँ। यह सभी को मालूम है कि कबीर और अन्य निर्गुणिया सन्तों के साहित्य में 'खसम' शब्द की बार-बार चर्चा आती

है। साधारणत: इसका अर्थ पति या निकृष्ट पति किया जाता है। खसम शब्द से मिलता-जुलता एक शब्द अरबी भाषा का है। इस शब्द के साथ समता देखकर ही खसम का अर्थ पति किया जाता है। कबीरदास ने इसका प्रयोग इस लहजे में किया है कि उससे ध्वनि निकलती है कि खसम उनकी दृष्टि में निकृष्ट पति है। परन्तु पूर्ववर्त्ती साधकों की पुस्तकों में यह शब्द एक विशेष अवस्था के अर्थ में प्रयुक्त हुआ है। खसम भाव अर्थात् आकाश के समान भाव समाधि की एक विशेष अवस्था को योगी लोग भी 'गगनोपम' अवस्था कहा करते हैं। 'ख-सम' और 'गगनोपम' एक ही बात है। 'अवधूतगीता' में इस गगनोपमावस्था का विस्तारपूर्वक वर्णन है। यह मन की उस अवस्था को कहते हैं जिसमें द्वैत और अद्वैत, नित्य और अनित्य, सत्य और असत्य, देवता और देवलोक आदि कुछ भी प्रतीत नहीं होते, जो माया-प्रपंच के ऊपर है, जो दम्भादि व्यापार के अतीत है, जो सत्य और असत्य के परे है और जो ज्ञानरूपी अमृतपान का परिणाम है। टीकाकारों ने 'ख-सम' का अर्थ 'प्रभास्वरतुल्यभूता' किया है। इस साहित्य में वह भावाभावविनिर्मुक्त अवस्था का वाचक हो गया है, निर्गुण साधकों के साहित्य में उसका अर्थ और भी बदल गया है। गगनोपमावस्था योगियों की दुर्लभ सहजावस्था के आसन से यहाँ नीचे उतर आई है। कबीरदास प्राणायाम प्रभृति शरीर-प्रयत्नों से साधित समाधि का बहुत आदर करते नहीं जान पड़ते। जो सहजावस्था शरीर-प्रयत्नों से साधी जाती है, वह ससीम है और शरीर के साथ उसका विलय हो जाता है। यही कारण है कि कबीरदास इस प्रकार की ख-समावस्था को सामयिक आनन्द ही मानते थे। मूल वस्तु तो भक्ति है जिसके प्राप्त होने पर भक्त को नाक-कान रूँधने की जरूरत ही नहीं होती, कन्था और मुद्रा-धारण की आवश्यकता ही नहीं होती। वह 'सहज समाधि' का अधिकारी होता है—सहज समाधि, जिसमें 'कहूँ सो नाम, सुनूँ सो सुमिरन, जो कछु करूँ सो पूजा' ही है। अब तक पूर्ववर्त्ती साहित्य के साथ मिलाकर न देखने के कारण पण्डित लोग 'खसम' शब्द के इस महान् अर्थ को भूलते रहे हैं। मैंने उल्लिखित 'कबीर' पुस्तक में विस्तृत भाव से इस शब्द के पूर्वापर अर्थ का विचार किया है और इसीलिए मैं यह कहने का साहस करता हूँ कि कबीरदास 'खसम' शब्द का व्यवहार करते समय उसके अरबी अर्थ के अतिरिक्त भारतीय अर्थ को भी बराबर ध्यान में रखते रहे हैं। मेरा विश्वास है कि नेपाल और हिमालय की तराइयों में जहाँ-जहाँ योग-मार्ग का प्रबल प्रचार था, वहाँ के लोकगीत और लोककथानकों से ऐसे अनेक रहस्यों का उद्घाटन हो सकता है।

सामाजिक अवस्था का महत्त्व

पुस्तकों में लिखी बातों से हम समाज की एक विशेष प्रकार की चिन्ताधारा का परिचय पा सकते हैं। इस कार्य को जो लोग हाथ में लेंगे उनमें प्रचुर कल्पना-शक्ति की आवश्यकता होगी। भारतीय समाज जैसा आज है वैसा ही हमेशा नहीं था। नए-नए जनसमूह इस विशाल देश में बराबर आते रहे हैं और अपने विचारों और आचारों का कुछ-न-कुछ प्रभाव छोड़ते गए हैं। पुरानी समाज-व्यवस्था भी सदा एक-सी नहीं रही है। आज जो जातियाँ समाज के सबसे निचले स्तर में विद्यमान हैं, वे सदा वहीं नहीं रहीं और न वे सभी सदा ऊँचे स्तर में ही रही हैं, जो आज ऊँची हैं। इस विराट् जन-समूह का सामाजिक जीवन बहुत स्थितिशील है, फिर भी ऐसी धाराएँ इसमें एकदम कम नहीं हैं जिन्होंने उसकी सह को आलोडित-विलोड़ित किया है। एक ऐसा भी जमाना गया है जब इस देश का एक बहुत बड़ा जन-समाज ब्राह्मण धर्म को नहीं मानता था। उसकी अपनी पौराणिक परम्परा थी, अपनी समाज-व्यवस्था थी, अपनी लोक-परलोक भावना भी थी। मुसलमानों के आने से पहले ये जातियाँ हिन्दू नहीं कही जाती थीं-कोई भी जाति तब हिन्दू नहीं कही जाती थी। मुसलमानों ने ही इस देश के रहनेवालों को पहले-पहल हिन्दू नाम दिया। किसी अज्ञात सामाजिक दबाव के कारण इनमें की बहुत-सी अल्पसंख्यक अपौराणिक मत की जातियाँ या तो हिन्दू होने को बाध्य हुईं या मुसलमान। इस काल की यह एक विशेष घटना है, जब प्रत्येक मानव-समूह को किसी-न-किसी बड़े दल में शरण लेने को बाध्य होना पड़ा। उत्तरी पंजाब से लेकर बंगाल की ढाका कमिश्नरी तक, एक अर्द्धचन्द्राकृति भूभाग में जुलाहों को देखकर रिज़ली साहब ने अपनी पुस्तक 'पीपुल्स ऑव इण्डिया' (पृ. 126) में लिखा है कि इन्होंने कभी समूह रूप में इस्लाम-धर्म ग्रहण किया था। कबीर, रज्जब आदि महापुरुष इसी वंश के रत्न थे। वस्तुत: ही वे 'ना हिन्दू-ना मुसलमान' थे। सहजपन्थी साहित्य के प्रकाशन ने एक बात को अत्यधिक

स्पष्ट कर दिया है। मुसलमान-आगमन के अव्यवहित पूर्वकाल में डोमहाड़ी या हलखोर आदि जातियाँ काफी सम्पन्न और शक्तिशाली थीं। मैं यह तो नहीं कहता कि ग्यारहवीं शताब्दी के पहले वे ऊँची जातियाँ मानी जाती थीं, पर इतना कह सकता हूँ कि वे शक्तिशाली थीं और दूसरों के मानने-न-मानने की उपेक्षा कर सकती थीं।

निर्गुण साहित्य के अध्येता को, इन जातियों की लोकोक्तियाँ और क्रिया-कलाप जरूर जानने चाहिए। उसे यह नहीं भूलना चाहिए कि इस अध्ययन की सामग्री न तो एक प्रान्त में सीमित है, न एक भाषा में, न एक काल में, न एक जाति में और न एक सम्प्रदाय में ही। व्यक्तिगत रूप में इस साहित्य के प्रत्येक कवि को अलग समझने से यह सारा साहित्य अस्पष्ट और अधूरा लगता है। नाना कारणों से कबीर का व्यक्तित्व बहुत ही आकर्षक हो गया है। वे नाना भाँति की परस्पर-विरोधी परिस्थितियों के मिलन-बिन्दु पर अवतीर्ण हुए थे, जहाँ एक ओर हिन्दुत्व निकल जाता है, दूसरी ओर मुसलमानत्व; जहाँ एक ओर ज्ञान निकल जाता है, दूसरी ओर अशिक्षा; जहाँ एक ओर योगमार्ग निकल जाता है, दूसरी ओर भक्तिमार्ग; जहाँ से एक तरफ निर्गुण भावना निकल जाती है, दूसरी ओर सगुण साधना। उसी प्रशस्त चौरस्ते पर वे खड़े थे वे दोनों ओर देख सकते थे और परस्पर विरुद्ध दिशा में गए हुए मार्गों के दोष-गुण उन्हें दिखाई दे जाते थे। यह कबीरदास का भगवद्दत्त सौभाग्य था। वे साहित्य को अक्षय प्राणरस से आप्लावित कर सकते थे। पर इसी को सब-कुछ मानकर यदि हम चुप बैठ जायँ तो इसे भी ठीक-ठीक नहीं समझ सकेंगे।

जातिभेद की कठोरता और उसकी प्रतिक्रिया

यदि निर्गुणिया सन्तों की वाणियों का सामाजिक अध्ययन के लिए विश्लेषण किया जाय तो एक बात स्पष्ट हो जायगी कि इन वाणियों को रूप देने में मध्यकालीन सामाजिक स्तरभेद की कठोरता का बड़ा हाथ है। प्राय: सभी सन्त समाज के उस स्तर से आए थे जो आर्थिक और सामाजिक दोनों ही दृष्टियों से अत्यन्त निचले भाग में था। व्यक्तिगत रुचि और संस्कार के कारण इस कठोर स्तरभेद की प्रतिक्रिया भिन्न-भिन्न रूप में हुई है, पर सबमें इस व्यवस्था के प्रति विद्रोह का भाव है; केवल मात्रा का ही भेद है।

मध्यकाल में जातियों और उपजातियों की सीमाएँ जो बढ़ती गईं और कठोर से कठोरतर होती गईं, उसके अनेक कारण हैं। सबकी थोड़ी-बहुत चर्चा किए बिना उसके मध्यकालीन रूप को समझाना सम्भव नहीं है। इसलिए थोड़ा आगे-पीछे जाने में यहाँ संकोच नहीं किया जा रहा है।

मध्यकालीन इस विशेषता को समझने के लिए दो प्रकार से प्रयास किया जा सकता है। प्रथम तो यथासम्भव पुराने जमाने के अर्द्ध-विस्मृत इतिहास से इस प्रथा का मूल और उसका क्रम-विकास देखकर हम उसका मध्यकालीन रूप समझ सकते हैं। परन्तु कठिनाई यह हे कि 'पुराने जमाने' की कोई सीमा नहीं है और उसके बारे में हम जो कुछ भी संग्रह करते हैं, उसकी पूर्णता के बारे में सन्देह बना ही रहता है। हमेशा कुछ छूट जाने की सम्भावना बनी रहती है। इसलिए उससे पूरा चित्र स्पष्ट नहीं होता। इसी कारण विद्वानों ने एक दूसरा उपाय भी सोचा है। हमें अज्ञात पर बहुत अधिक भरोसा न करके ज्ञात का अध्ययन करना चाहिए और आधुनिक काल की सामाजिक व्यवस्था हमारी सर्वाधिक ज्ञात वस्तु है। सो, अज्ञात को इस ज्ञात के सहारे खोजना चाहिए। इस दृष्टि से आधुनिक जातिभेद-व्यवस्था की जानकारी आवश्यक है। आगे हम दोनों ही रूपों में इस विषय का अध्ययन करने का प्रयत्न कर रहे हैं। इस अध्ययन के अन्त में आधुनिक जातियों की नामावली और उसका विश्लेषण भी सुविधा के लिए जोड़ रहे हैं।

इस महादेश के विशाल जन-समूह में आर्यों के बाद भी अनेकानेक जातियाँ उत्तर-पश्चिम की ओर से आकर इस देश में बस गई हैं। इनमें की अधिकांश जातियों ने वैदिक आर्यों के धर्म और समाज-विधान को आंशिक रूप में स्वीकार कर लिया है। जिन पण्डितों ने नृतत्त्व-विज्ञान की दृष्टि से भारतीय जन-समूह का अध्ययन किया है, उन्होंने लक्ष्य किया है कि इस समूचे जन-समूह में सात प्रकार के चेहरे पाए जाते हैं : (1) तुर्क-ईरान टाइप; जिसमें सीमान्त और बलूचिस्तान के बलूच, ब्राहुई, और अफ़गान शामिल हैं, जो शायद फारसी और तुर्की जातियों के मिश्रण से बना है। (2) हिन्द-आर्य-टाइप; जिसमें पंजाब, राजस्थान और कश्मीर के क्षत्री, राजपूत और जाट शामिल हैं। (3) शक-द्रविड़ टाइप; जिसमें पश्चिम भारत के मराठे ब्राह्मण, कुनबी, कुर्गी आदि शामिल हैं, यह शक और द्रविड़ जातियों के मिश्रण से बना है। (4) आर्य-द्रविड़ टाइप; जिसमें उत्तरप्रदेश, कुछ राजस्थान, बिहार आदि प्रदेशों के लोग हैं। इनका उच्चतम स्तर हिन्दुस्तानी ब्राह्मणों से और निम्नतम स्तर चमारों से बना है। यह टाइप आर्य और द्रविड़ जातियों के मिश्रण से बना है। (5) मंगोल-द्रविड़ टाइप; जिसमें बंगाल-उड़ीसा के ब्राह्मण और कायस्थ तथा पूर्वी बंगाल और असम के मुसलमान हैं। यह शायद मंगोल-द्रविड़ और आर्य के मिश्रण से बना है। (6) मंगोल टाइप; जिसमें नेपाल, असम, बर्मा की जातियाँ हैं। (7) द्रविड़ टाइप; जिसमें गंगा की घाटी से लेकर सिंहल तक मद्रास, हैदराबाद, मध्यप्रदेश आदि की जातियाँ शामिल हैं।' रिज़ली 'पिपुल ऑव इण्डिया', पृ 31-33)। अब यह स्पष्ट है कि यद्यपि हिन्दुओं के धर्मशास्त्र के नाम पर सिर्फ़ आर्यों के संस्कृत ग्रन्थ ही पाए जाते हैं, तथापि, समूची भारतीय जनता उन ग्रन्थों के प्रतिपाद्य से अधिक विस्तृत है। पहले वैदिक साहित्य से शुरू किया जाय।

न जाने कब से भारतवर्ष में यह प्रथा रूढ़ हो गई है कि किसी भी विषय का मूल वेदों में खोज निकालने का प्रयत्न किया जाता है। आधुनिक शोधों से इस प्रथा को और भी बल मिल गया है। भारतीय समाज की सबसे जटिल और महत्त्वपूर्ण विशेषता-इस जातिभेद को भी वेदों से खोज निकालने का प्रयत्न किया गया है, पर इस विषय में बड़ा भारी मतभेद है। भारतीय पण्डितों में तो इस विषय में काफी मतभेद होना स्वाभाविक ही है, क्योंकि जातिभेदवाली प्रथा उनके लिए केवल पाण्डित्य-प्रदर्शी वाद-विवाद या समाजशास्त्रीय कुतूहल का विषय नहीं है, बल्कि एक ऐसी बात है जिसकी अच्छाई या बुराई उनके राष्ट्रीय जीवन-मरण का प्रश्न है, किन्तु विदेशी

पण्डित भी इस विषय में एकमत नहीं हैं। किसी-किसी के मत से इस प्रथा का कोई भी उल्लेख समूचे वैदिक साहित्य में नहीं है। पर दूसरों के मत से जाति-भेद का मूल बीज वैदिक साहित्य में वर्त्तमान है। वस्तुत: जाति-प्रथा का कोई एक मूल नहीं है। इसीलिए उसके भिन्न-भिन्न पहलुओं के मूल भिन्न-भिन्न स्थानों पर खोजने चाहिए। जहाँ तक वर्त्तमान लेखक ने अपने साहित्य को समझा है, वहाँ तक उसे यह कहने में संकोच नहीं कि वैदिक साहित्य में इस प्रथा के कुछ 'मूल बीज' जरूर वर्त्तमान हैं, परन्तु उस युग में यह प्रथा धर्म और समाज का इतना जबर्दस्त अंग निश्चय ही नहीं थी। समस्त वेदों, ब्राह्मणों, उपनिषदों और धर्म गृह्य-श्रौत सूत्रों में शायद ही कहीं जाति शब्द का व्यवहार आधुनिक अर्थ में हुआ हो। यहाँ यह इशारा भी नहीं किया जा रहा है कि वैदिक साहित्य में बराबर आनेवाले चार वर्गों के नाम को ही जाति-प्रथा का मूल रूप माना जाय, क्योंकि वर्ण और जाति को समानार्थक शब्द नहीं माना जा सकता। परन्तु यह कहने में कोई संकोच नहीं कि वर्ण-व्यवस्था जातिभेद के बहुत-से लक्षणों के जटिल होने के लिए उत्तरदायी जरूर है। मूल संहिताओं, ब्राह्मणों और उपनिषदों में ब्राह्मण, क्षत्रिय या राजन्य, विश् या वैश्य तथा शूद्र इन चार वर्णों का भूरिश: उल्लेख है। इनके अतिरिक्त अन्य जातियों की चर्चा तो नहीं है, पर प्रसंग-क्रम से चाण्डाल, पौल्कस, निषाद, दास, शबर, भिषज्, रथकार और वृषल शब्दों का प्रयोग इस प्रकार किया गया है, जिससे जान पड़ता है कि ये चार वर्णों से बाहर हैं।

अगर हम जातिभेद के आधुनिक रूप का विश्लेषण करें, तो तीन प्रधान लक्षण स्पष्ट ही जान पड़ेंगे : (1) जन्म की प्रधानता (2) छुआछूत (3) अन्य जाति में विवाह-सम्बन्ध का निषेध। वस्तुत: इन तीनों बातों का कोई-न-कोई रूप वैदिक साहित्य में मिल जाता है। जन्म की प्रधानता को हम फिलहाल छोड़ते हैं, क्योंकि वह विवाह के प्रश्न से अत्यधिक सम्बद्ध है। यहाँ बाकी दो लक्षणों के विषय में चर्चा की जायगी।

स्पृश्यास्पृश्य-विचार

छुआछूत का विश्लेषण किया जाय तो स्पष्ट ही जान पड़ेगा कि उनके चार मोटे-मोटे स्तर हैं; इन स्तरों के और भी कई परत हैं। चार मोटे स्तर ये हैं : (1) वे जातियाँ जिनके देखने से ऊँची जाति के आदमी का अन्न और शरीर दोषयुक्त हो जाते हैं, (2) वे जातियाँ जिनके छूने से ऊँची जाति के आदमी का शरीर तो अपवित्र जरूर है, (3) वे जातियाँ जिनके छूने से ऊँची जाति के आदमी का शरीर तो नहीं, पर पानी या घृतपक्व अन्न दोषयुक्त हो जाते हैं, और (4) वे जातियाँ जिनके छूने से पानी या घृतपक्व अन्न तो नहीं, परन्तु कच्ची रसोई दोषयुक्त हो जाती है। ये उत्तरोत्तर श्रेष्ठ होती हैं। विशेष ध्यान देने की बात यह है कि ऐसा प्राय: देखा गया है कि एक ही जाति, जो बंगाल में तीसरे स्तर में है, मद्रास में दूसरे और राजस्थान में चौथे में। इस पर से यह अनुमान करना बिलकुल उचित ही है यद्यपि हिन्दू-शास्त्रों की प्रवृत्ति तज्जातियों के समूह को हमेशा के लिए स्थिर कर देना रही है, तथापि व्यवहार में कारणवश यह कठोरता कम या अधिक भी होती है। इस तरह उदाहरणों को मूल में अन्यत्र दिखाने का प्रयास किया गया है। यहाँ प्रकृत बात है, वैदिक साहित्य में वर्णित छुआछूत।

यह प्राय: सर्ववादि-सम्मत मत है कि समूची संहिताओं और ब्राह्मणों तथा उपनिषदों में इस प्रकार की छुआछूत का उल्लेख नहीं मिलता। धर्मसूत्रों में संसर्ग-दुष्ट, काल-दुष्ट और आश्रय-दुष्ट इन तीन प्रकार के दोषयुक्त अन्न को अभोज्य बताया गया है। इनमें आश्रय-दुष्टता में छुआछूत का कुछ आभास मिलता है। गौतम-धर्मसूत्र में संसर्ग-दुष्ट और काल-दुष्ट अन्न का वर्णन करने के बाद सूत्रकार ने दो और सूत्र लिखे हैं, जिनमें उन आश्रयों का उल्लेख है जिनके यहाँ अन्न अभोज्य हो जाता है ('गौतम-धर्मसूत्र' 17। 15-16) ।

वशिष्ठ धर्मशास्त्र (14 । 104) में भी अभोज्यान्नों की एक लम्बी सूची दी हुई है। परन्तु उसी अध्याय में शास्त्रकार ने अनेक ऐतिहासिक

उदाहरण दिये हैं। (जैसे अगस्त्य मुनि का मृगया करने पर भी अपवित्र न होना) जिनसे स्पष्ट हो जाता है कि प्राचीनकाल में इन नियमों के पालन में काफ़ी शिथिलता थी। इसी प्रकार आपस्तम्ब धर्मसूत्र में भी ऐसे बहुत-से कर्म और जीविकाएँ हैं, जिनके करनेवालों का अन्न अभोज्य बतलाया गया है। उक्त सूत्र में एक मनोरंजक बात यह है कि एक स्थान पर (2। 6। 189) ब्राह्मण के लिए क्षत्रियादि तीनों वर्णों का अन्न अभोज्य बताया गया है, फिर आगे चलकर दो बातें उद्धृत की गई हैं। पहले (2। 6। 12) में कहा गया है कि 'सर्ववर्णानां स्वधर्मे वर्त्तमाननां भोक्तव्यं शूद्रवर्ज्यमित्येके' अर्थात् किसी-किसी आचार्य के मत से शूद्र को छोड़कर स्वधर्म के वर्त्तमान सभी वर्णों का अन्न ग्रहण किया जा सकता है, और दूसरे (2। 6 13) में कहा गया है कि 'तस्यापि धार्मोपनतस्य' अर्थात् दूसरे आचार्यों का मत है कि शूद्र भी अगर अपना धर्मपालन करता हो तो उसका अन्न ग्रहणीय है। इन सूत्रों पर अगर ऐतिहासिक दृष्टि से विचार करें तो स्पष्ट ही जान पड़ेगा कि सूत्र-काल में छुआछूत से अपवित्र होने की भावना दृढ़ ही होती जा रही थी, पर उसके विषय में नाना प्रकार के मतभेद तब भी वर्त्तमान थे। यह ध्यान देने की बात है कि इन सूत्रों में केवल अन्न के दुष्ट होने का ही उल्लेख है, अन्यान्य प्रकार के स्पर्शदोष, जिनका ऊपर उल्लेख हो चुका है, उन दिनों उद्भावित नहीं हुए थे। ऐसा जान पड़ता है कि स्पर्शदोष शुरू में नहीं माना जाता था, बाद में माना जाने लगा; परन्तु वैदिक साहित्य के अन्तिम भाग जब बन रहे थे, उन दिनों स्पर्शदोष की भावना जटिल नहीं हुई थी।

अन्तरजातीय विवाह

अब इसके दूसरे प्रधान लक्षण-अन्तरजातीय विवाह के विषय में विचार किया जाय। वस्तुत: जातिभेद बतानेवाले प्राचीन दृष्टिकोण को समझने के लिए यह विषय सर्वाधिक महत्त्वपूर्ण है। 'मनुस्मृति' में लगभग छह दर्जन जातियों और ब्रह्मवैवर्त्तपुराण आदि में शताधिक जातियों की उत्पत्ति वर्णों के अन्तरजातीय रक्त-सम्मिश्रण से ही बताई गई हैं। किसी-किसी आधुनिक नृतत्त्व-विज्ञानी ने भी कहा है कि भारतवर्ष की जातियां का मूल रक्त के सम्मिश्रण से ही हुआ है। प्रसिद्ध नृतत्त्वविद् रिज़ली का भी यही मत है। उन्होंने इसी सिद्धान्त के आधार पर यह स्थिर किया है कि जो जाति जितनी ही ऊँची समझी जाती है, उसमें आर्य-रक्त का उतना ही आधिक्य है और जो जितनी ही छोटी समझी जाती है, उसमें उतना ही कम।

'मनुस्मृति' और उसके बाद के धर्मशास्त्र में जातियों को भिन्न-भिन्न वर्णों के प्रस्तार या 'परम्युटेशन-कम्बिनेशन' से उत्पन्न बताया गया है। इसका अगर विश्लेषण करें, तो मन्वादि-शास्त्रों के मत से निम्नांकित पाँच प्रकार से जातियाँ बनी हैं :

1. वर्णों के अनुलोम-विवाहजन्य जातियाँ।
2. वर्णों के प्रतिलोम-विवाहजन्य जातियाँ।
3. वर्णों के संस्कार-भ्रंशताजन्य जातियाँ ।
4. वर्णों में से निकले हुए व्यक्तियों की सन्तानें ।
5. भिन्न-भिन्न जातियों के अन्तरजातीय विवाहजन्य जातियाँ।

इससे इतना तो स्पष्ट ही है कि वर्णों में रक्त-मिश्रण हुआ है। शुरू-शुरू में ऐसा विधान था कि उच्च वर्ण के लोग अपने-अपने वर्ण के अतिरिक्त निचले वर्णों की स्त्रियों से भी विवाह किया करते थे। 'मनुस्मृति' में भी यह व्यवस्था है, पर साथ ही इस स्मृति में ब्राह्मणादि वर्णों का शूद्रा-सहवास निषिद्ध भी बताया गया है। ऐसा जान पड़ता है कि वर्ण-संकरता का जो दोष आगे चलकर बहुत विकट रूप धारण कर गया, वह शुरू में ऐसा नहीं था।

ब्राह्मणों और उपनिषदों में पिता के वर्ण के अनुसार पुत्र का वर्ण माना जाता था। वैदिक साहित्य में इस प्रकार के अनुलोम विवाहोत्पन्न सन्तानों का जो पिता-वर्ण ही माना जाता था, इसके कई उदाहरण मौजूद हैं। प्रतिलोम विवाह के उदाहरण बहुत कम देखने में आते हैं।

किसी-किसी पण्डित ने पारस्कर और गोभिल के गृह्यसूत्रों में से अन्तरजातीय विवाह के प्रमाण निकाले हैं। परन्तु अन्तरजातीय विवाह का अगर प्रतिलोम विवाह भी अर्थ हो, तो यह वक्तव्य कुछ विवादास्पद हो जाता है। 'ऐतरेय ब्राह्मण' (3-19-1) में कवस को दासी-पुत्र बताया गया है, पर इससे उनके ब्राह्मण होने में कोई बाधा नहीं पड़ी। इस तरह 'पंचविंश ब्राह्मण' (14-6-6) में वत्स का शूद्र से उत्पन्न होना बताया गया है। जाबाला नामक दासी के पुत्र सत्यकाम को, जिसके पिता का कोई पता न था, हारीतद्रुम ने सत्यवादी देखकर ब्राह्मण-रूप में अपना शिष्य स्वीकार किया था, यह कथा बहुत प्रसिद्ध है (छान्दोग्य, 4-4-4) । शर्यात-पुत्री क्षत्रिय सुकन्या ने ब्राह्मण च्यवन से विवाह किया था, यह कथा न केवल महाभारत और पुराणों में पाई जाती है, वरन् 'शतपथ ब्राह्मण' (4-1-5-7) में भी कही गई है। इसी प्रकार रथवती की पुत्री ने श्यावाश्व से विवाह किया था। (बृहद्देवता, 5-50)। इस प्रकार के अनुलोम विवाह की चर्चा कई जगह वैदिक साहित्य में आई है, पर कहीं भी ऐसी ध्वनि नहीं है कि इन अनुलोम-विवाहों से उत्पन्न सन्तान किसी तीसरी जाति की हो जाती थी। आचार्य क्षितिमोहन सेन ने अपनी पुस्तक में इस विषय के और भी बीसियों उदाहरण संग्रह किए हैं, पर ऐसा जान पड़ता है कि धर्म और गृह्यसूत्रों के काल तक आकर अनुलोम और प्रतिलोम विवाहों के सांकर्य से अन्य जाति के बन जाने की धारणा बद्धमूल होने लगी थी।

इन वर्णसंकर जातियों के विषय में जो शास्त्रीय विचार है, उससे प्रकट है कि यह संकरता तीन प्रकार की हो सकती है: (1) माता-पिता दोनों दो और शुद्ध वर्णों के व्यक्ति हों, (2) एक शुद्ध वर्ण और दूसरा वर्णसंकर हो, (3) दोनों वर्णसंकर हों। 'वशिष्ठ-धर्मशास्त्र' में दस वर्णसंकर जातियों की चर्चा है और 'गौतम-धर्मसूत्र' ने दो मत उद्धृत किए हैं—एक के अनुसार वर्णसंकर जातियाँ दस थीं और दूसरे के अनुसार बारह। परन्तु ऐसा जान पड़ता है कि इन दोनों शास्त्र-वाक्यों में ऊपर बताए हुए तीन प्रकारों में से केवल पहले को लक्ष्य किया गया है। बोधायन ने जरूर इन तीनों प्रकार के वणसंकरों की चर्चा की है—पहली श्रेणी के ग्यारह, दूसरी के दो और तीसरे के भी दो। हम इन जातियों की सूची देकर पाठकों को नीरस धर्मशास्त्रीय बखेड़ों में नहीं ले

जाना चाहते। इनकी चर्चा केवल इसलिए की गई है कि पाठक इस बात को अच्छी तरह मन में बैठा लें कि वर्णसंकरता की भावना धीरे-धीरे बलवत्तर होती जा रही थी।

ऊपर जो कुछ कहा गया है उससे केवल इतना ही सिद्ध होता है कि वैदिक साहित्य के अन्तिम अंश जिन दिनों बन रहे थे, उन दिनों समाज में स्पृश्यास्पृश्य और वर्णसंकरता के प्रति सतर्कता की भावना बढ़ रही थी। पर इससे उन हजारों जातियों और उनके ततोधिक आचारों के विषय में कुछ विशेष नहीं जाना जाता। आचार्य सेन ने नाना शास्त्रीय और अर्वाचीन प्रमाणों से सिद्ध कर दिया है कि जातिभेद को वर्त्तमान रूप में आने देने की मनोवृत्ति आर्यों में अपने आर्येतर पड़ोसियों से आई हैं।

वर्त्तमान जन-समूह

इस महाजन-समूह का वैज्ञानिक अध्ययन करने के लिए कई प्रकार के वर्गीकरण सुझाए गए हैं। रिज़ली ने इस प्रकार वर्गीकरण किया था : (1) वे जातियाँ जो किसी कबीले का परिवर्त्तित रूप हैं। आभीर जाति एक विशेष मानव-श्रेणी थी जो घूमती-घामती इस देश में पहुँची। यहाँ आकर वह विशाल हिन्दू समाज की एक जाति बन गई। इस प्रकार की जातियों की विशेषता यह होती है कि वे भीतरी मामलों में अपना विशेष प्रकार का सामाजिक संगठन और रीति-नीति का निर्वाह करती रहती हैं, केवल आंशिक रूप से ब्राह्मण-श्रेष्ठता मान लेती हैं। विवाह, श्राद्ध आदि के अवसर पर ये ब्राह्मणों को बुलाती हैं। पर कभी-कभी इतना भी नहीं होता। डोम या दुसाध या भूमिज आदि जातियाँ ऐसी हैं जिन्होंने ब्राह्मण-श्रेष्ठता को स्वीकार कर लिया है, पर शायद ही उनके किसी अनुष्ठान से ब्राह्मणों का सम्पर्क हो। (2) कुछ ऐसी जातियाँ हैं जो विशेष प्रकार के कार्यों के करने के कारण एक विशेष श्रेणी की हो गई हैं। भंगी, चमार, लुहार आदि जातियाँ वस्तुत: भिन्न-भिन्न व्यवसायों के कारण बनी हुई जान पड़ती हैं। ये जातियाँ हिन्दू समाज में इतनी अधिक हैं कि कभी-कभी इसी आधार पर समूची जनता का विभाजन किया गया है। (3) कुछ ऐसी जातियाँ हैं जो मूलत: कोई धार्मिक सम्प्रदाय थीं। अतीथ एक तरह के गृहस्थ संन्यासियों की जाति है। बंगाल के बोस्टम वैष्णव सम्प्रदाय के परिवर्त्तित जाति-रूप हैं। दक्षिण भारत के लिंगायत भी ऐसे ही शैव साधु हैं। (4) कुछ ऐसी जातियाँ हैं जो दो जातियों के मिश्रण से बनी हैं। यद्यपि आजकल प्राचीन शास्त्रकारों के द्वारा पुन:-पुन: व्याख्यायित वर्णसंकर जाति के सिद्धान्त को नहीं मानने का फैशन-सा चल पड़ा है, तथापि ऐसी सैकड़ों जातियाँ और उपजातियाँ हैं जो वस्तुत: ही दो जातियों के मिश्रण से बनी हैं। रिज़ली ने ऐसी जातियों की लम्बी सूची दी है। उदाहरणार्थ मुण्डा जाति की नौ शाखाएँ हैं जिनके नाम हैं : खंगार-मुण्डा, खरिया मुण्डा, कोकपत-मुण्डा, सद-मुण्डा, सबर-मुण्डा, करंग-मुण्डा, महिली-मुण्डा, नाववंशी-मुण्डा और

औराँव-मुण्ड़ा। ये नाम ही सूचित करते हैं कि मुण्डा जाति के साथ इन जातियों का मिश्रण हुआ है। (5) ऐसी भी जातियाँ हैं जिन्हें राष्ट्रीय जाति या 'नेशनल कास्ट' कहा जा सकता है। रिज़ली ने कहा है कि जिस देश में किसी प्रकार की राष्ट्रीय भावना विद्यमान नहीं है, वहाँ 'राष्ट्रीय जाति' का होना विरोधाभास-जैसी बात है। परन्तु भारतवर्ष में ऐसी जातियाँ पाई जाती हैं जो वस्तुत: एक राष्ट्रीय इकाई का भग्नावशेष हैं। नेपाल के नेवार ऐसी ही जाति हैं। इनमें कई ऊँची-नीची और मध्यवर्त्ती जातियाँ हैं और इनमें हिन्दू और बौद्ध दोनों धर्म प्रचलित हैं। इसी प्रकार विदेशी पण्डितों ने पश्चिम भारत की मराठा जाति को भी एक राष्ट्रीय जाति माना है। (6) कुछ ऐसी भी जातियाँ हैं जो वस्तुत: मूल निवास-स्थान से दूर जाकर बस गई हैं। इसीलिए मूल जाति से उनका सम्बन्ध टूट गया है और इस प्रकार एक नवीन जाति के रूप में बदल गई हैं। ऐसी जातियों का उदाहरण प्रत्येक प्रदेश में प्रचुर मात्रा में विद्यमान है। (7) फिर ऐसी भी जातियाँ हैं जो रीति-नीति का ठीक पालन न करने के कारण मूल जाति से अलग कर दी गई हैं और इस प्रकार एक नई जाति के रूप में बदल गई हैं। इसी प्रकार की आचार-भ्रष्ट जातियों को मन्वादि धर्मशास्त्रों में व्रात्य कहा गया है। ऐसे व्रात्यों के यहाँ यजन-याजन करनेवाला ब्राह्मण प्रायश्चित्ती बताया गया है।

कभी-कभी विधवा-विवाह के प्रश्न पर एक ही जाति की दो शाखाएँ हो गई हैं। जो शाखा विधवा-विवाह करती है, वह अधम और जो नहीं करती, वह उत्तम मानी जाती है। आधुनिक काल में देखा गया है कि छोटी जातियों में से कुछ-एक विधवा-विवाह की चलन बन्द करके ऊँची जाति होने का दावा करने लगी हैं।

इस प्रकार इस महादेश की जातियों के सैकड़ों स्तर हैं। नाना पण्डितों ने नाना भाव से इस अनन्य-साधारण भारतीय विशेषता का अध्ययन किया है। रिज़ली साहब ने अपने अद्भुत पाण्डित्यपूर्ण अध्ययन के अन्त में इस जाति-भेद के सम्बन्ध में निम्नांकित नौ सिद्धान्त निश्चित किए थे। आचार्य सेन के ग्रन्थ के पाठ के इन सिद्धान्तों का सारांश इस प्रकार है :

1. इस देश के निवासियों की शारीरिक विशेषताओं के सात टाइप हैं (ऊपर देखिए), जिनमें केवल द्रविड़ टाइप ही विशुद्ध देशी टाइप है। हिन्द-आर्य, मंगोल और तुर्क-ईरानी टाइप प्रधानत: विदेशी हैं। बाकी तीन अर्थात् आर्य-द्रविड़, शक-द्रविड़ और मंगोल-द्रविड़ टाइप द्रविड़ जातियों के साथ विदेशी जातियों के मिश्रण से बने हैं।

2. इन विशेष टाइपों के बनने में भारतवर्ष के प्राकृतिक भाव से अन्य देशों से अलगाव का प्रधान प्रभाव रहा है। इस अलगाव का नतीजा यह हुआ है कि प्रत्येक आक्रमणकारी जाति अपने साथ बहुत कम स्त्रियों को ले आ सकी है और इसीलिए इस देश की स्त्रियों से विवाह करने को बाध्य हुई है।

3. इस नियम का एकमात्र अपवाद हिन्द-आर्यों का प्रथम दल रहा है।

4. भारतीय जन समूह के सामाजिक संगठन में वे दोनों प्रकार की जातियाँ हैं, जिन्हें अंग्रेजी शब्द 'ट्राइब' और 'कास्ट'[1] से सूचित किया जाता है।

भारतीय जाति-विज्ञान के विदेशी आलोचकों ने 'ट्राइब' शब्द को इस प्रकार समझाया है—ट्राइब परिवारों या परिवार समूहों का एक ऐसा दल है, जो किसी एक ऐतिहासिक पुरुष या पौराणिक व्यक्ति या किसी विशेष टोटेम के सन्तान-रूप में अपना परिचय देता है। ये साधारणत: एक ही भाषा बोलते हैं, एक ही रीति-नीति का पालन करते हैं और एक विशेष प्रदेश को अपना मूल स्थान बताते हैं। एक ट्राइब का पुरुष या स्त्री दूसरी ट्राइब की स्त्री या पुरुष से विवाह कर सकता है, परन्तु 'कास्ट' में यह बात सम्भव नहीं है। एक 'कास्ट' का व्यक्ति दूसरी 'कास्ट' के व्यक्ति से वैवाहिक सम्बन्ध नहीं कर सकता। पर ऐसा हो सकता है कि एक ही कास्ट के दो ऐसे कुल हों जो अपना मूलपुरुष दो भिन्न-भिन्न व्यक्तियों को बताते हों। आभीर (अहीर) मूलत: एक 'ट्राइब' थी, जो अब 'कास्ट' में परिणत हो गई है। 'ब्राह्मण' या 'बनिया' कभी भी 'ट्राइब' के रूप में नहीं थे। हिन्दी में 'ट्राइब' के लिए 'सगोत्र जाति' या 'कबीला' और 'कास्ट' के लिए सिर्फ 'जाति' शब्द का व्यवहार किया जा सकता है।

5. सगोत्र जाति और साधारण जाति दोनों ही अन्तर्विवाह, बहिर्विवाह और अनुलोम-विवाहवाले उपविभागों में विभक्त पाई जाती हैं। अन्तर्विवाह,

---

1. अंग्रेजी का 'कास्ट' (caste) शब्द उस भाषा में भी नया ही है। यह ठीक उसी वस्तु का द्योतक है, जिसे हम हिन्दी में 'जाति' शब्द से समझते हैं। इस शब्द की एक कहानी है। वास्को-डि-गामा के साथ जो पोर्चुगीज़ भारतवर्ष के पश्चिमी किनारे पर आए उन्होंने इस देश के निवासियों में यह विचित्र प्रथा देखी। इसे समझाने के लिए गोआ की कौन्सिल की रिपोर्ट में castas या caste शब्द का प्रयोग किया गया था। यह शब्द लैटिन के castus शब्द से बनाया गया था और वंशवृद्धि के अर्थ में प्रयोग किया गया था। इस शब्द की व्याख्या में पोर्चुगीज़ यात्रियों ने छुआछूत की प्रथा को ही अधिक महत्त्व का माना था। तब से यूरोप में 'जाति' शब्द के साथ छुआछूत की भावना का ही प्रधान रूप से सम्बन्ध माना जाता रहा है; यद्यपि जाति का छुआछूत की अपेक्षा विवाह और जन्म से अधिक घनिष्ठ और अविच्छेद्य सम्बन्ध है।

जहाँ एक जाति का व्यक्ति उसी जाति के व्यक्ति से विवाह करने को बाध्य है; बहिर्विवाह, जहाँ एक जाति का व्यक्ति अपनी जाति से बाहर विवाह करने को बाध्य है; और अनुलोम-विवाह, जहाँ एक जाति की स्त्री केवल अपने समान या उच्च वर्ण के पुरुष से विवाह करने को बाध्य है, निम्नतर वर्ण से नहीं।

6. बहिर्विवाहवाली जातियों में अधिकांश जातियाँ 'टोटेलिस्ट' है ('टोटेम' शब्द की व्याख्या के लिए आचार्य सेन की पुस्तक का पृष्ठ 105 देखिए)।

7. जातियों का वर्गीकरण केवल सामाजिक श्रेष्ठता के आधार पर किया जा सकता है, पर समूचे भारतवर्ष की जातियों के वर्गीकरण की कोई एक योजना नहीं बनाई जा सकती।

8. जातियों के सम्बन्ध में स्मृतियों और पुराणों में जो सिद्धान्त प्रतिपादित किए गए हैं—अर्थात् जातियाँ संकरतावश या भिन्न-भिन्न जातियों के अन्तरजातीय विवाह के कारण बनी हैं—वे शायद ईरान से लिये गए हैं। यद्यपि इसका वस्तुस्थिति से कोई अधिक सम्बन्ध नहीं है, तथापि भारतवर्ष में यह सिद्धान्त सर्वत्र माना जाता है।

9. जातिभेद का मूल-अनुसन्धान एक ऐसी समस्या है जिसका समाधान कठिन है। हम लक्ष्य किए गए तथ्यों की आंशिक समानता पर से केवल ऐसे अनुमान भिड़ा सकते हैं, जो कम या ज्यादा सम्भव जान पड़ते हैं। जो सिद्धान्त प्रतिपादित किए गए हैं, वे निम्न तीन बातों पर अवलम्बित हैं: (क) कुछ-कुछ विशेष-विशेष जातियों के श्रेणी विभाग और विशेष-विशेष शारीरिक विशेषताओं (जिनके द्वारा मानव-मण्डलियों की वैज्ञानिक परख की जाती है) के सम्बन्ध पर; (ख) भिन्न-भिन्न रंगों की मिश्रित जातियों के विकास पर; और (ग) परम्परा-प्राप्त दन्तकथाओं पर।

किन्तु भारतीय जन-समूह का नृतत्त्व-विज्ञान की दृष्टि से किया गया अध्ययन कितना भी महत्त्वपूर्ण और मनोरंजक क्यों न हो, वह है एकांगी ही। इस विशाल जन-समूह के बनने में यहाँ के धर्म, आचार, रीति-नीति और सबके ऊपर इसके श्रेष्ठ व्यक्तियों द्वारा रचित साहित्य का जबर्दस्त प्रभाव है। भारतीय जनता का अध्ययन करना हो तो उसके विराट् साहित्य, निरवच्छिन्न लोकगाथाएँ, कला-कौशल, इतिहास-पुरातत्त्व आदि के साथ ही उसकी बहिर्भूमि और भाषाओं का अध्ययन अत्यन्त आवश्यक है। जातिभेद की प्रथा देने में यहाँ की पारिपार्श्विक अवस्थाएँ भी उसे प्रभावित कर रही हैं।

अवतारवाद

अवतारवाद की भावना मध्यकाल में अत्यन्त प्रबल रूप में प्रकट हुई है, यद्यपि यह मध्यकाल की उपज नहीं कही जा सकती। वैदिक-साहित्य में इसकी बहुत कम चर्चा मिलती है। दो देवताओं के अभेद के रूप में ही जो लोग इसका बीज खोजते हैं, उनका मत बहुमान्य नहीं कहा जा सकता। ऐसा लगता है कि यह धारणा वैदिकोत्तर काल में ही पुष्ट हुई है कि भगवान् मनुष्य का या मनुष्येतर जीव का पार्थिव रूप ग्रहण करके भक्तों का उद्धार करते हैं, धर्म की स्थापना और पापियों का संहार करते हैं। गीता में अवतार के ये ही उद्‌देश्य बताए गए हैं। इस विश्वास में किसी आर्येतर संस्कृति का कितना हाथ है, यह कह सकना कठिन है। परन्तु इतना सत्य है कि बहुत धीरे-धीरे अवतारवाद ने समूचे आर्यावर्त्त के प्रधान विश्वास का रूप धारण किया है। महाभारत के नारायणीयोपाख्यान में छह अवतारों की चर्चा है। ये छह हैं—वराह, नृसिंह, वामन, भार्गव राम (परशुराम), दाशरथि राम और वासुदेव कृष्ण। इसके बाद ही एक और स्थल है, जहाँ दस अवतारों की चर्चा है। ऊपरवाले छह अवतारों के अतिरिक्त चार और अवतार ये बताए गए हैं—हंस, कूर्म, मत्स्य और कल्कि। ऐसा अनुमान किया गया है कि यह अंश प्रक्षिप्त होगा (वैष्णविज़्म शैविज़्म ऐण्ड माइनर सेक्ट्स, पृ. 59)। 'हरिवंश' में भी छह अवतारों की ही चर्चा है। बाद में सभी पुराणों में अवतारों की संख्या दस निश्चित मान ली गई है। परवर्त्ती काल में नामों में थोड़ा परिवर्त्तन होता रहा है, किन्तु साधारणत: संख्या दस अवश्य रही है। आजकल जो दस अवतार माने जाते हैं उनमें मत्स्य, कूर्म, वराह, नृसिंह, वामन, परशुराम, राम, कृष्ण, बुद्ध और कल्कि की गणना है जो सम्भवत: सबसे पहले 'वराहपुराण' में मिलते हैं। 'अग्निपुराण' में भी उनकी चर्चा है। 'भागवतपुराण' में तीन बार अवतारों का उल्लेख है। प्रथम स्कन्ध के तृतीय अध्याय में बाईस अवतारों के नाम देने के बाद पुराणकार ने कहा है कि भगवान् के अवतार तो असंख्य हैं। इन बाईस अवतारों में नारद भी हैं जिन्होंने नैष्कर्म्य स्थापक सात्वत मार्ग का उपदेश दिया था; सिद्धेश कपिल भी हैं जिन्होंने आसुरि को सांख्य ज्ञान

सिखाया था; दत्तात्रेय भी हैं जिन्होंने आन्वीक्षिकी विद्या सिखाई थी; ऋषभ भी है जिन्होंने सवाश्रम-नमस्कृत धीरों के मार्ग को दिखाया था; और बुद्ध तो हैं ही—इस प्रकार विभिन्न मतों के उपदेष्टा सभी आचार्यों को भगवान् का अवतार मान लिया गया है। द्वितीय स्कन्ध के सातवें अध्याय में ब्रह्मा की स्तुति है जिसमें अत्यन्त सुन्दर कवित्वपूर्ण भाषा में अवतारों की चर्चा है। इनकी संख्या तेईस है, पर अन्यत्र बताया गया है कि ये अवतार चौबीस हैं। एकादश स्कन्ध के नवें अध्याय में केवल सोलह अवतारों के नाम गिनाए गए हैं।

'भागवतपुराण' मध्यकाल का सबसे अधिक प्रभावशाली शास्त्र-ग्रन्थ रहा है। इस पुराण के अनुसार भगवान् वैकुण्ठ आदि धामों में तीन रूपों में रहते हैं—स्वयं रूप, तदेकात्म रूप और अवशेष रूप। स्वयं रूप तो कृष्ण हैं और तदेकात्म रूप में उन अवतारों की गणना होती है जो तत्त्वत: भगवद्रूप होकर भी रूप और आकार में भिन्न होते हैं। मत्स्य, वराह, कूर्म आदि लीलावतार इसके उदाहरण हैं। ज्ञान-शक्ति-विभाग द्वारा भगवान् जिन महत्तम जीवों में आविष्ट होकर रहते हैं, उन्हें अवशेष रूप कहा जाता है। परवर्त्ती काल में दुष्ट-दमन आदि को भगवान् के अवतार का मुख्य हेतु नहीं माना गया है। 'लघुभागवतामृत' में बताया गया है कि भक्तों पर अनुग्रह करने की इच्छा में लीला का विस्तार करना ही भगवान् के प्रकट होने का उत्तम हेतु है :

स्वलीलाकीर्तिविस्ताराद् भक्तेष्वनुजिवृक्षया।
अस्य जन्मादिलीनां प्राकट्ये हेतुरुत्तम: ।।

'भागवतपुराण' में समस्त प्राचीन परम्पराओं के सामंजस्य विधान का प्रयत्न है। 'महाभारत' के नारायणीय पुराण में ऐकान्तिकों के मार्ग की जो चर्चा है, उसका अत्यन्त परिणत और परिष्कृत रूप इस पुराण में पाया जाता है। इसमें तो कोई सन्देह ही नहीं कि यह एकान्त भक्ति का मार्ग बहुत पुराना है। शान्तिपर्व के 349वें अध्याय में पाँच प्राचीन मतों का उल्लेख है—सांख्य, योग, पाञ्चरात्र, वेद (वेदान्त ?) और पाशुपत। इनमें पाञ्चरात्र और पाशुपत मत सगुणोपासनाख्यापक मत हैं। इनमें भक्तितत्त्व की प्रधानता है। पाञ्चरात्र मत के मूल आधार नारायण हैं और इस मत का साधन-मार्ग ऐकान्तिक भक्ति है। दो बातें इस पाञ्चरात्र मत की विशेषता बताई जाती हैं। एक तो चतुर्व्यूह की वह कल्पना जिसके अनुसार निर्गुणात्मक क्षेत्रज्ञ भगवान् ही वासुदेव हैं, वे जब जीव-रूप में अवतार लेते हैं तो उन्हें संकर्षण कहा जाता है; संकर्षण से जो मन-रूप में अवतार होता है वह प्रद्युम्न कहा जाता है और प्रद्युम्न से

जो उत्पन्न होता है वही अहंकार है, ईश्वर है, उसे ही अनिरुद्ध कहा जाता है। श्रीमद्भगवद्गीता भागवतों का सर्वमान्य ग्रन्थ है। उसमें 'वासुदेव' शब्द का प्रयोग तो परम दैवत परब्रह्म के रूप में हुआ है, पर चतुर्व्यूह की कल्पना का कोई उसको आभास नहीं है। 'भागवतपुराण' के अवतारों में इस मत का सामंजस्य किया गया है। उसके अनुसार भगवान् के तीन प्रकार के अवतार होते थे; पुरुषावतार, गुणावतार और लीलावतार। पुरुषावतार तीन प्रकार के हैं: महत्तत्त्व के सृष्टिकर्त्ता प्रथम पुरुष (संकर्षण), निखिल ब्रह्माण्ड के अन्तर्यामी द्वितीय पुरुष (प्रद्युम्न) और व्यष्टिजगत् के अन्तर्यामी (अहंकार, अनिरुद्ध) तृतीय पुरुष हैं। इस प्रकार वासुदेव, संकर्षण, प्रद्युम्न और अनिरुद्ध इन चारों में प्रथम तो स्वयं-रूप अवतारी स्वयं श्रीकृष्ण हैं और बाकी तीन उनके पुरुषावतार। इसी प्रकार गुणावतार भी तीन बताए गए हैं : तत्त्वगुण से युक्त अवतार ब्रह्मा, रजोगुण से युक्त अवतार विष्णु और तमोगुण से युक्त अवतार रुद्र या शिव हैं। लीलावतार चौबीस हैं: चतु:सन, नारद, वराह, मत्स्य, यक्ष, नर-नारायण, कपिल, दत्तात्रेय, हयशीर्ष, हंस, ध्रुवप्रिय, ऋषभ, पृथु, नृसिह, कूर्म, धन्वन्तरि, मोहिनी, वामन, परशुराम, रामचन्द्र, व्यास, बलराम, बुद्ध और कल्कि। इनमें श्रीकृष्ण की गणना नहीं हुई है, क्योंकि भागवत उन्हें स्वयं-रूप मानता है। वे अवतारी हैं।

'गीता' में प्रतिपादित भागवत धर्म में भी भक्ति का स्थान बहुत महत्त्वपूर्ण है, पाञ्चरात्र में उसका स्थान और भी महत्त्वपूर्ण है। गीता में एक स्थान पर भगवान् ने बताया है कि चार प्रकार के भक्त मुझे भजते हैं—आर्त्त, जिज्ञासु, अर्थार्थी और ज्ञानी। इनमें ज्ञानी को श्रेष्ठ बताया गया है। 'महाभारत' के शान्तिपर्व के 348वें अध्याय में सात्वत धर्म (पाञ्चरात्र मत) को निष्काम भक्ति का मार्ग बताया गया है और गीता के श्लोक के समान ही एक श्लोक है जिसमें अनन्यदैवत ही श्रेष्ठ होते हैं (तेषां चैकान्तिन: श्रेष्ठा ये चैवानन्यदेवता:)। यहाँ ऐकान्तिक का अर्थ है निष्काम भक्ति का मार्ग। इस प्रकार पाञ्चरात्र मत में चतुर्व्यूह कल्पना और ऐकान्तिक भक्तिमार्ग को प्रधानता दी गई है। शंकराचार्य ने (ब्रह्मसूत्र 2-2-42) वासुदेव के चतुर्व्यूह की उपासना की पाँच विधियाँ बताई हैं—(1) अभिगमन अर्थात् मन, कर्म और वचन से अवधानपूर्वक देवमन्दिर में गमन; (2) उपादान अर्थात् पूजा-द्रव्यों का अर्जन; (3) इज्या अर्थात् पूजा; (4) स्वाध्याय अर्थात् अष्टाक्षर आदि मन्त्रों का जप; और (5) योग अर्थात् ध्यान। इन विधियों का विरोध शंकराचार्य ने नहीं किया है। वे भगवान् के चतुर्धा विभक्त अवस्थान को भी

श्रुति-विरुद्ध नहीं मानते, परन्तु वे वासुदेव से जीव की उत्पत्ति की कल्पना को असंगत मानते हैं। किन्तु 'श्रीमद्भागवत' में कई बार भगवान् के चतुर्व्यूहात्मक रूप का स्मरण किया गया है। चौथे स्कन्ध के चौबीसवें अध्याय में रुद्र ने भगवान् की स्तुति इस प्रकार की है :

नमः पङ्कजनाभाय भूतसूक्ष्मेन्द्रियात्मने ।
वासुदेवाय शान्ताय कूटस्थाय स्वरोचिषे ।।
सङ्कर्षणाय सूक्ष्माय दुरन्तायान्तकाय च।
नमो विश्वप्रबोधाय प्रद्युम्नायान्तरात्मने।।
नमो नमोऽनिरुद्धाय हृषीकेशेन्द्रियात्मने ।
नमः परमहंसाय पूर्णाय निभृतात्मने।।

परन्तु ऐसा जान पड़ता है कि 'भागवतपुराण' का सबसे प्रिय मत है ऐकान्तिक भक्ति का मार्ग। यही भागवत का प्रधान प्रतिपाद्य है। ग्यारहवें स्कन्ध के बीसवें अध्याय में भगवान् ने उद्धव को बताया है कि मेरे ऐकान्तिक भक्त केवल भक्ति को ही चाहते हैं। कैवल्य या अपुनर्भव भी वे नहीं चाहते, यहाँ तक कि यदि मैं भी उन्हें इन वस्तुओं को दूँ तो भी इसकी वाञ्छा नहीं करेंगे :

न किंचित् साधवो धीरा भक्ता ह्येकान्तिनो मम।
वाञ्छन्त्यपि मया दत्तं कैवल्यमपुनर्भवम् ।।

शंकराचार्य ने भागवतों की उपासना की पाँच विधियाँ बताई हैं। इन्हीं का परिवर्द्धित रूप नवधा भक्ति है। पाँच से नव के विकास की एक सीढ़ी का पता मिल जाता है। 'ज्ञानामृतसार' में, जो सम्भवतः शंकर के बाद की और 'भागवतपुराण' के पूर्व की रचना है, छह प्रकार की भक्ति बताई गई है—स्मरण, कीर्त्तन, वन्दन, पादसेवन, अर्चन और आत्म-निवेदन।

'भागवतपुराण' (7-5-23-24) में तीन और बढ़ गए हैं। श्रवण, दास्य और सख्य। आगे चलकर भक्तों ने नाना प्रकार की विवेचना की है पर ऐकान्तिक भक्ति की श्रेष्ठता सबने स्वीकार की है। मध्यकाल के भक्ति-मार्ग में इसी ऐकान्तिक भक्ति का स्वर प्रबल रहा है। स्पष्ट है कि इस प्रकार की भक्ति के लिए भगवान् के अवतारों की कल्पना आवश्यक है। अवतारों से ही उस लीला का विस्तार होता है, जिसका श्रवण और मनन भक्ति का प्रधान साधन है। अवतारों की विविध लीलाओं के फलस्वरूप ही उन विविध नामों का उद्भव होता है, जिनका कीर्त्तन और जप भक्त के लिए बहुत आवश्यक साधन है। भक्ति के लिए भगवान् के साथ वैयक्तिक सम्बन्ध आवश्यक है

और अवतार उस सम्बन्ध के लिए उपयुक्त सामग्री प्रदान करते हैं। यही कारण है कि मध्यकाल के प्राय: सभी धार्मिक सम्प्रदायों ने अवतार की कोई-न-कोई कल्पना अवश्य की है। शिव के भी अनेक अवतारों की चर्चा मिलती है। नकुलीश या लकुलीश शिव के अवतार माने गए हैं, गोरखनाथ और मत्स्येन्द्रनाथ को भी शिव का अवतार स्वीकार किया गया है। और तो और, आगे चलकर अवतारवाद के घोर विरोधी कबीर को भी अवतार ही स्वीकार किया जाने लगा था।

श्रीकृष्ण की प्रधानता

वैसे तो अवतारों की संख्या बहुत मानी गई है—हमने देखा है कि यह छह से बढ़ती-बढ़ती अड़तीस तक पहुँची है। परन्तु मुख्य अवतार राम और कृष्ण ही हैं। इनमें भी कृष्णावतार की कल्पना पुरानी भी है, और व्यापक भी। इन दो अवतारों की प्रधानता स्थापित होने का प्रधान कारण है इनकी लीला-बहुलता। शुरू-शुरू के साहित्य और शिल्प में इनका प्रधान चरित दुष्टों का दमन और भक्तों की उनसे रक्षा ही था। पर धीरे-धीरे दुष्टदमनवाला रूप दबता गया और लीला का 'लीला' रूप ही प्रधान होता गया। श्रीकृष्णावतार के दो मुख्य रूप हैं। एक में वे यदुकुल के श्रेष्ठ रत्न हैं, वीर हैं, राजा हैं, कन्सारि हैं, दूसरे में वे गोपाल हैं, गोपीजनवल्लभ हैं, 'राधाधर-सुधापान शालि-वनमाली' हैं। प्रथम रूप का पता बहुत पुराने ग्रन्थों से चल जाता है, पर दूसरा रूप अपेक्षाकृत नवीन है। धरि-धीरे यह दूसरा रूप ही प्रधान हो गया है और पहला रूप गौण। विद्वानों ने अश्वघोष की इस पंक्ति में गोपालकृष्ण का सबसे पुराना प्रामाणिक उल्लेख बताया है: 'ख्यातानि कर्माणि च यनि सौरे: शूरादयस्तेष्वबला बभूव:।' कालिदास ने 'गोपवेषस्य विष्णो:' चर्चा की ही है। 'महाभारत' के सभापर्व (68वें अध्याय) में द्रौपदी ने वस्त्राकर्षण के समय भगवान् को जिन नामों से पुकारा उनमें 'गोविन्द द्वारकावासिन् कृष्ण गोपीजन प्रिय!' भी हैं, परन्तु कुछ लोग इस अंश को प्रक्षिप्त मानते हैं। 'हरिवंश' में तो कृष्णगोपाल की चर्चा में लगभग 20 अध्याय लिखे गए हैं। परन्तु श्रीकृष्ण के दुष्टदमन रूप का प्राधान्य उसमें बना हुआ है। उनके जीवन की ये मुख्य घटनाएँ हरिवंश में हैं: शकट-वध, पूतना-वध; दामबन्ध, यमलार्जुनभंग, वृकदर्शन, वृन्दावनप्रवेश, धेनुक-वध, प्रलम्ब-वध, गोवर्धनधारण, हालीसक क्रीड़ा, वृषभासुर-वध, केशि-वध आदि ।

'विष्णुपुराण' में भी लगभग यही बातें हैं। भागवत में अनेक अन्य प्रसंगों को जोड़ा गया है। 'हरिवंश' की हालीसक क्रीड़ा ही भागवत की रासलीला का पूर्वरूप है। परन्तु भागवत की रासलीला श्रीकृष्ण-जीवन की बहुत ही महत्त्वपूर्ण घटना है। भागवत की रासपंचाध्यायी भागवत का नवनीत मानी

गई है और आगे चलकर गोपीजन के साथ अष्ट प्रहर क्रीड़ा ही कृष्णलीला का मुख्य अंग बन गई है। 'हरिवंश' की प्रेमक्रीड़ा बहुत स्थूल शृंगार की है, उसका कवित्वपूर्ण अंश केवल प्रावृट् या पावस का वर्णन है । परन्तु भागवत के प्रेमाख्यान में कवितत्त्व और भक्ति का पुट अत्यधिक है। इस प्रेम-व्यापार का विरहवाला अंग 'हरिवंश' में उतना ही विकसित नहीं है, जितना 'विष्णुपुराण' में; पर आगे चलकर इस विरहवाले अंग को बहुत प्रधानता प्राप्त हो गई है। मध्यकाल के अनेक काव्य राधा और गोपियों के विरह को मुख्य प्रतिपाद्य बनाकर लिखे गए हैं। राग-रागिनियों में इस विरह का विस्तार है और राजपूत और काँगड़ा के चित्र-सम्प्रदाय में विरह का बहुत ही महत्त्वपूर्ण हाथ है। इस प्रकार प्रेम के दोनों ही रूप-अंगसंयोग और वियोग—आगे चलकर बहुत महत्त्वपूर्ण हो गए हैं।

रामावतार का भी महत्त्व बहुत अधिक रहा है। पुराने-से-पुराने प्रसंगों में भी श्रीरामचन्द्र का उल्लेख मिलता है। कालिदास ने 'रघुवंश' में विस्तारपूर्वक चर्चा की है कि किस प्रकार विष्णु को भू-भार-हरण के लिए देवताओं ने प्रसन्न किया। मध्यकाल के साहित्य में श्रीरामचन्द्र के चरित्र को लेकर अनेक काव्य, नाटक आदि लिखे गए। सब जगह उन्हें अवतार ही नहीं समझा गया। मर्यादा-पुरुषोत्तम के रूप में ही उनका चित्रण है, किन्तु इस विषय में कुछ भी सन्देह नहीं कि सर्वत्र यह चरित्र श्रद्धा और भक्ति का विषय रहा है। सम्पूर्ण भारतीय साहित्य का विवेचन करके देखा जाय तो उसका एक अत्यन्त महत्त्वपूर्ण भाग रामायण द्वारा प्रभावित है।

नवीं-दसवीं शताब्दी के बाद से साहित्य में 'दशावतार चरित' नाम देकर अनेक काव्य लिखे गए। क्षेमेन्द्र नामक मौजी बहुश्रुत कवि ने एक बहुत ही सुन्दर काव्य इसी नाम से लिखा है। 'गीतगोविन्द' में भक्त कवि जयदेव ने दशावतार की वन्दना की है। 'पृथ्वीराज रासो' में एक 'दसम' है जो वस्तुत: दशावतारचरित है । इन पुस्तकों में दस अवतारों की स्तुति और चरित लिखे जाते हैं, परन्तु प्रधानता राम और कृष्ण के अवतारों की ही होती है। मनुष्य रूप में होने के कारण और मनुष्य को प्रभावित करने योग्य लीलाओं का आश्रय होने के कारण इन दो अवतारों को प्रधानता मिल गई है। तुलसीदास जी के बाद से उत्तर भारत में रामावतार को बहुत प्रमुखता प्राप्त हो गई। परन्तु इस क्षेत्र में भी श्रीकृष्णावतार की महिमा घटी नहीं ।

श्रीकृष्णावतार की लीलाओं में अद्भुत मानवीय रस है। इसी मानवीय रस को भक्त कवियों ने अत्यन्त उच्च धरातल पर रख दिया है। मनुष्य के

जितने भी मनोराग हैं, वे सभी भगवान् की ओर प्रवृत्त होकर महान् बन जाते हैं। इसी मनोवृत्ति से चालित होकर भक्त कवियों ने मनुष्य के सभी रागों को भगवदुन्मुख करने का प्रयत्न किया है। लोक में मनुष्य स्त्री-पुत्र के लिए, धन-दौलत के लिए और यश-कीर्त्ति के लिए जो कुछ करता है, वह खण्ड-विच्छिन्न व्यक्ति की ओर उन्मुख होने के कारण खण्ड-विच्छिन्न हो जाते हैं; पर वे पूर्णतम की ओर प्रवृत्त होने पर समस्त जगत् के मंगलविधायक बन जाते हैं। इसीलिए भक्त कवियों ने सभी मनोरागों को भगवत्परायण करने पर जोर दिया है। 'भागवत' ने इसी बात को स्पष्ट करते हुए कहा है:

यद् यज्येतऽसुवसु कर्ममनोवचोभिर्देहेन्द्रियादियु
नृभिस्तदसते पृथक्तवात् ।
तैरेव सद्भवति चेत् क्रियतेऽपृथक्तवात् सर्वस्य
तद्भवति मूल निषचनं पत्

स्पष्ट ही मानवीय मनोरागों में सबसे प्रबल राग हैं दाम्पत्य और वात्सल्य के। श्रीकृष्णावतार में इन मनोरागों के उपकरण प्रचुर मात्रा में प्राप्त होते हैं। भक्त कवियों ने मनुष्य के इन मनोरागों का बहुत ही सुन्दर उपयोग किया है।

गोपियाँ और श्रीराधा

मूर्त्तिशिल्प में भी आरम्भ में इन शृंगार-लीलाओं का उतना प्राधान्य नहीं दिखता। कहा जाता है कि सन् ईसवी की दूसरी शताब्दी के पहले की कोई भी मूर्त्ति या उत्कीर्ण भित्तिचित्र श्रीकृष्णचरित से सम्बद्ध नहीं मिला है। रायबहादुर श्री दयाराम साहनी ने आर्क्योलाजिकल सर्वे की 1925-26 की रिपोर्ट में बताया है कि मथुरा में श्रीकृष्ण के जन्म का उत्कीर्ण चित्र प्राप्त हुआ है जो सम्पूर्ण नहीं है। चौथी शताब्दी से श्रीकृष्ण-लीला की प्रमुख कथाएँ बहुत अधिक लोकप्रिय हो गई थीं, ऐसा जान पड़ता है। मंसोर मन्दिर के टूटे हुए दो द्वारस्तम्भ प्राप्त हुए हैं जिनमें गोवर्धनधारण, नवनीत चौर्य, शकटभंग, धेनुक वध और कालियदमन की लीलाएँ उत्कीर्ण हैं। विद्वानों का मत है कि इसका निर्माण-काल सन् ईसवी की चौथी या पाँचवीं शताब्दी होगा। सम्भवत: चौथी शताब्दी की एक और गोवर्धनधारी मूर्त्ति मथुरा में प्राप्त हुई है। महाबलीपुरम् में भी गोवर्धनधारी की उत्कीर्ण मूर्त्ति मिली है। ऐसा जान पड़ता है कि गोवर्धनधारी श्रीकृष्ण चरित की सर्वप्रिय लीला उन दिनों रही होगी। सातवीं शताब्दी की बादामी की गुफाओं और भित्तिमात्र पर उत्कीर्ण श्रीकृष्ण-लीलाओं का स्थान भी अत्यन्त महत्त्वपूर्ण है। बंगाल के पहाड़पुर की खुदाई में सबसे पुरानी ऐसी मूर्त्ति मिली है जिसमें कृष्ण एक गोपी (राधा) के साथ हैं। डॉ. सुनीतिकुमार चाटुर्ज्या ने सुझाया था कि यह मूर्त्ति राधा की हो सकती है। पर 'प्रेमविलास' और 'भक्तिरत्नाकर' नें लिखा है कि नित्यानन्द प्रभु की छोटी पत्नी जाह्नवी देवी जब वृन्दावन गईं तो उन्हें यह देखकर बड़ा दु:ख हुआ कि श्रीकृष्ण के साथ राधा की मूर्त्ति की कहीं पूजा नहीं होती और घर लौटकर उन्होंने नयनभास्कर नामक कलाकार से राधा की मूर्त्तियाँ बनवाईं और उन्हें वृन्दावन भिजवाया। जीवगोस्वामी की आज्ञा से ये मूर्त्तियाँ श्रीकृष्ण के पार्श्व में रखी गईं और तब से श्रीकृष्ण के साथ राधिका की भी पूजा होने लगी। तब से बंगाल में पुरानी विष्णुमूर्त्तियों और बालक कृष्ण की मूर्त्तियों को छोड़कर अकेली कृष्णमूर्त्ति की पूजा नहीं होतो। (ब्रजबुलि लिट्रेचर, पृ. 410-481, प्रो. सुकुमार सेन का लेख) ।

इस प्रकार शिल्प और साहित्य दोनों की गवाही से यह पता चलता है कि आरम्भ में श्रीकृष्ण की वीर-चर्चा ही प्रधान थी। कंस-वध और गोवर्धनधारण उन दिनों काव्य, नाटक और शिल्प के प्रधान प्रतिपाद्य थे। पुराणों में गोपियों के प्रेम की चर्चा आती है पर वह उत्तरोत्तर बढ़ते रूप में दिखती है ।'विष्णुपुराण' में गोषियों के प्रेम की चर्चा है, पर 'भागवतपुराण' में वह बहुत विस्तृत रूप में है। 'रास पंचाध्यायी' को भागवत का सार कहा जाता है। इस पुराण में राधा का नाम नहीं आता। 'गाथा सप्तशती' में, 'पंचतन्त्र' में और 'ध्वन्यालोक' में 'राधा' का नाम आया है, पर कृष्ण की सर्वाधिका प्रिय गोपी के रूप में उनका नाम भागवतोत्तर साहित्य में अधिक है। भागवत में अन्य लीलाओं का भी कम विस्तार नहीं है। पूर्ववर्त्ती पुराणों से भी कुछ अधिक महिमाख्यापक कथाएँ इसमें पाई जाती हैं, पर गोपीप्रेम इस पुराण में बहुत ही उदात्तरूप में चित्रित है। राधा का नाम तो नहीं है, पर 'एक गोपी' की चर्चा उस पुराण में ऐसी है जिसके अनुसार किसी विशिष्ट गोपी के प्रति भगवान् का अधिक अनुराग व्यक्त हुआ था। 'गीतगोविन्द' में राधा प्रमुख गोपी है और उसमें पता चलता है कि रास में जिस गोपी के प्रति भगवान् ने अधिक अनुराग दिखाया था वह राधा ही थीं- 'राणामाधाय हृदये तत्याज ब्रजसुन्दरी:—राधा को हृदय में धारण करके भगवान् ने अन्य ब्रजसुन्दरियों को छोड़ दिया था। अवश्य ही 'गीतगोविन्द' का रास वसन्तरास है, विद्यापति ने भी ऐसे रास का वर्णन किया है। किन्तु भागवत का रास शरद्रास है। 'बह्मवैवर्त्त पुराण' में राधा प्रमुख गोपी हैं, रा. ब. योगेशचन्द्र राय का अनुमान है कि 'ब्रह्मवैवर्त्त पुराण' सोलहवीं शताब्दी में पश्चिमी बंगाल में कहीं लिखा गया था और उसके लेखक को 'गीतगोविन्द' से परिचय था। जो हो, श्रीकृष्णचन्द्र और गोपियों के प्रेम की प्रधानता भागवत ने स्थापित कर दी थी। कितने ऊँचे स्तर पर भागवत ने प्रेमाधार को रखा है, इसका पता उद्धव के उस कथन से लग जाता है जिसमें उन्होंने वनवासिनी और अशिक्षिता ब्रजबालाओं के अनन्य प्रेम को देखकर कहा था, ''अहो! यदि मैं भी वृन्दावन में गोपियों की चरणरज की सेवन करनेवाली लता ओषधि और झाड़ियों में से कुछ हो जाऊँ तो भी धन्य हो जाऊँ। धन्य हैं ये गोपियाँ जिन्होंने अपने स्वजनों को और आर्यधर्म को भी त्यागकर श्रुतियों द्वारा अनुसन्धेय भगवत्प्राप्ति के मार्ग का अनुसरण किया है।''

आसाभहो चरण रेणु जुषामहं स्यां वृन्दावने किमपि गुल्मलतौषधीनाम् ।
या दुस्त्यजं स्वगतमार्यपथहि हित्वा भेजुर्मुकुन्द पदवीं श्रुतिभिर्विमृन्याम् ।।

'वायुपुराण' में यह बताया अवश्य है कि ब्रज में श्रीकृष्ण का पालन हुआ था, पर कथा को अधिक विस्तार नहीं दिया गया। 'अग्निपुराण' से भी अनुमान किया जा सकता है कि गोपियों ने श्रीकृष्ण के प्रति अनुराग प्रकट

किया था (12-22-23)। पर कथा को विस्तार देने में और गोपीप्रेमलीला को इतना उदात्त रूप देने में 'भागवतपुराण' अद्धितीय है। 'पद्मपुराण' से वृन्दावन की नित्यलीला की चर्चा है, राधा का नाम आता है; पर यह पुराण बहुत पुराना नहीं कहा जा सकता और जिस अंश में राधा-कृष्ण के नित्य विहार की चर्चा है वह तो निस्सन्देह परवर्त्ती है। भागवत में कुछ गोपालों के नाम- जैसे श्रीदामा, सुदामा, भद्रसेन, अंशु, अर्जुन, विशाल तेजस्वी ब्राह्मण आदि- तो आए हैं, पर 'पद्मपुराण' में गोप-गोपियों के नामों की जो सूची दी हुई है वह विस्तीर्ण है। 'ब्रह्मवैवर्त्त' में यह सूची और बढ़ गई है। इन नामों का प्रचार बंगाल में अधिक है।

प्रो. सुकुमार सेन ने अपनी पुस्तक 'ब्रजबुलि लिटरेचर' में इसकी विस्तृत चर्चा की है। इस अंश के लिखने में उस पुस्तक से बहुत सहायता ली गई है। उत्तर भारत में राधिका के अतिरिक्त ललिता, विशाखा और चन्द्रावली का नाम मिल जाता है, पर गौड़ीय वैष्णवों में अनेक गोपियों और गोपों के नाम का उल्लेख है। इससे इतना तो स्पष्ट ही है कि 'पद्मपुराण'[1] और 'ब्रह्मवैवर्त्त' पुराण दोनों का ही मूल रचनास्थान बंगाल है। बंगाली वैष्णव आचार्यों ने बड़े विस्तारपूर्वक इन गोपियों के नाम, रूप, स्वभाव, वस्त्र आदि का वर्णन किया है। इन भक्त आचार्यों ने चन्द्रावती को राधिका की प्रतिद्वन्द्विनी के रूप में चित्रित किया है। इस प्रतिद्वन्द्विता का आभास 'पद्मपुराण' में भी मिल जाता है। परन्तु आगे चलकर बंगाल के वैष्णवों ने इस प्रतिद्वन्द्विता को जितना विस्तार दिया है, उतना उत्तर भारत के वैष्णवों ने नहीं दिया। मध्यकाल में दानलीला, नागलीला, बिसातिनलीला, दधिबेचन की लीला आदि का बहुत महत्त्व रहा है। बंगाल में नौकालीला ने भी प्रमुख स्थान पर अधिकार किया है, जो उचित ही है। रूपस्वामी ने 'भक्तिरसामृतसिन्धु' में स्पष्ट ही कहा है कि वे जिन गोपियों का नाम बता रहे हैं, उनमें कुछ बंगाल में लोकप्रचलित हैं।

---

1. 'पद्मपुराण' की गोपियाँ- राधा, ललिता, श्यामला, धन्या, हरिप्रिया, विशाखा, शैव्या, पच्चा, भद्रा, चन्द्रावती, चन्द्रावली, चित्ररेखा, चन्द्रा मदनसुन्दरी, प्रिया, मधुमती, चन्द्ररेखा। 'बह्मवैवर्त्त' की गोपियाँ—सुशीला, शशिरागा, चन्द्रमुखी, माधवी, कदम्बमाला, कुन्ती, यमुना सर्वमंगला, पद्ममुखी, सावित्री, पारिजाता, जाह्नवी, सुधामुखी, शुभा, पद्मा, गौरी, स्वयंप्रभा, कालिका, कमला, दुर्गा, सरस्वती, भारती, अपर्णा, रति, गंगा, अम्बिका, कृष्णप्रिया, चम्पा, चन्दननन्दिनी, शशिकला, मंगला, सती, नन्दिनी, सुन्दरी, कृष्णप्राण, मधुमती, चन्द्रना। बजबुलि, पृ. 475

साहित्य के माध्यम से धार्मिक सम्बन्ध

मध्यकाल की भक्ति-साधना साहित्य के माध्यम से प्रकट हुई है। रसपरक साहित्य का इस प्रकार भक्ति-साहित्य के साथ एकीभाव दुनिया-भर के साहित्य में विरल है। देश के विभिन्न भागों में इस भक्ति साहित्य ने मध्यकाल में अद्‌भुत एकता स्थापित की थी। साहित्य के माध्यम से स्थापित सम्बन्ध बहुत दृढ़ होता है। इस समय ऐसा सम्बन्ध और भी आवश्यक हो गया है, क्योंकि परिस्थितियाँ कुछ विषम हो आई हैं। यह आशंका होने लगी है कि विभिन्न प्रान्तों में शताब्दियों से बना हुआ सम्बन्ध टूट तो नहीं जायगा। वस्तुतः यह सम्बन्ध इतना दृढ़ और गम्भीर है कि उसका टूटना असम्भव है। प्रेम का बन्धन ढीला-भर पड़ सकता है, परन्तु वह ढीला भी क्यों पड़े? साहित्य के माध्यम से जो सम्बन्ध स्थापित होता है उसमें थोड़ी देर जरूर लगती है, पर वह टिकाऊ और यथार्थ होता है। भारतवर्ष का दीर्घकालीन इतिहास इस बात का साक्षी है कि प्रान्तों के राजनीतिक सम्बन्ध बनते और बिगड़ते रहे हैं, परन्तु सबको एक ही विचारधारा ने दृढ़ता के साथ बाँध रखा है। अगर बहुत पुराने जमाने की बात छोड़ दें और उत्तरकालिक मध्यकाल की ही बात लें जिसमें भिन्न-भिन्न प्रान्त की भाषाओं का स्वतन्त्र विकास होता रहा है, तो हमें साहित्यिक सम्बन्ध का आश्चर्यजनक संवाद प्राप्त होगा। मलिक मुहम्मद जायसी का 'पद्‌मावत' उनकी मृत्यु के सौ वर्ष के भीतर ही एक बंगाली कवि द्वारा बंगाल में अनुवादित हो गया था। तुलसीदास पर भाषा में काव्य लिखने के लिए जब काशी के पण्डितों का आक्रमण हो रहा था, तो सुप्रसिद्ध वैदान्तिक आचार्य मधुसूदन ने ही उनका पक्ष ग्रहण करके वह प्रसिद्ध श्लोक लिखा था जो तुलसीदास के व्यक्तित्व की उत्तम व्याख्या[1] है—ये मधुसूदन सरस्वती बंगाली पण्डित बताए जाते हैं। मैंने स्वयं बंगाल के कीर्त्तनों में तुलसीदास और सूरदास के पद गाये जाते सुना है। नाभादास जी के 'भक्तमाल' का बँगला में जो अनुवाद हुआ वह

1. आनदकानने ह्यस्मिन् तुलसीजंगमस्तरुः ।
कवितामंजरी यस्य रामभ्रमरभूषिता ।।

केवल अनुवाद ही नहीं है, उसका परिवर्द्धन भी है। इसी 'भक्तमाल' (बँगला संस्करण) में सूरदास, तुलसीदास, कबीरदास आदि भक्तो की कथाएँ दी हुई हैं जिनको आश्रय करके इस काल के सर्वश्रेष्ठ कवि रवीन्द्रनाथ ने इन हिन्दी कवियों पर प्रथम श्रेणी की कविताएँ लिखी हैं। बँगला 'भक्तमाल' के आधार पर कविवर रवीन्द्रनाथ ने 'सूरदासेर प्रार्थना' नामक एक अत्यन्त सुन्दर कविता लिखी है। इसमें एक युग के महाकवि ने दूसरे युग के महाकवि को कल्पना की आँखों से जिस रूप में देखा है वह रूप कमाल की मोहकता लिये हुए है। साहित्य के माध्यम से आज भी हम प्रान्तों में सम्बन्ध स्थापित करें; यह हमारी दीर्घकालीन परम्परा के अनुकूल है। इस प्रकार के प्रयत्न से जो शुभ परिणाम होता है वह प्रयोग की अवस्था में नहीं है, बल्कि पूर्ण रूप से परीक्षित है।

आज से सौ-डेढ़ सौ वर्ष पहले तक भिन्न-भिन्न प्रान्त इतने अधिक अन्त:सम्बद्ध थे कि एक का साहित्य, धर्म और तत्त्ववाद दूसरे के उन्हीं विषयों की जानकारी प्राप्त किए बिना समझे ही नहीं जा सकते। सूरदास को अच्छी तरह समझने के लिए यदि हम सम्पूर्णत: सूरदास के साहित्य तक—या कुछ और अधिक बढ़कर ब्रजभाषा के साहित्य तक ही—सीमा बाँधकर बैठे रहें तो उस महान् रस-समुद्र का केवल एक ही पहलू देख सकेंगे, जिसे उत्तरमध्यकाल के भक्तकवियों ने अमर वाणी-रूप निर्झरिणियों से भर दिया है। सूरदास को समझने के लिए विद्यापति, चण्डीदास और नरसी मेहता परम आवश्यक हैं। यदि हम सचमुच सूरदास को समझना चाहते हैं तो चण्डीदास और विद्यापति या अन्य वैष्णव कवियों को समझें, क्योंकि उन्हें समझे बिना हम बहुत घाटे में रहेंगे। वस्तुत: इस कोने से उस कोने तक फैले हुए विविध प्रकार के सामाजिक रीति-रस्म, पूजा-उपासना, व्रत-उपवास, शास्त्रीय मान्यता आदि बातें जिस प्रकार जनसमूह के अध्ययन के लिए नितान्त आवश्यक उपादान हैं, उसी प्रकार और उन सबसे अधिक आवश्यक वस्तु है तत्कालीन साहित्य। इस साहित्य के माध्यम से यदि हम अध्ययन शुरू करें तो ऐसा लगेगा कि समूचा भारतवर्ष नाना भाँति की साधनाओं, विश्वासों और अन्त:सम्बद्ध विचारों के सूत्र से कसकर सी-सा दिया गया है। इस सूत्र का एक टाँका यदि बंगाल में है तो दूसरा पंजाब में, तीसरा मारवाड़ में और आश्चर्य नहीं कि चौथा **मलाबार** में निकल आए। भारतवर्ष का मध्यकालीन साहित्य वस्तुत: समूचे भारतवर्ष का एक ही साहित्य है, प्रान्तवार बँटा हुआ विभिन्न बोलियों का नहीं।

मध्यकाल के भक्त कवियों को समझने के लिए हमें थोड़ा वर्त्तमान काल से निकलना पड़ेगा। उदाहरणार्थ, सूरदास शताब्दियों से हिन्दीभाषी जनता के हृदयहार बने हुए हैं। इसलिए नए सिरे से यह कहने की कोई आवश्यकता नहीं कि वे हिन्दी के श्रेष्ठ कवि हैं, किन्तु कुछ बातें नए सिरे से कहने की हैं। हम जिस वातावरण में शिक्षित हुए हैं, उसकी एक विशेषता है कि उसने हमारी समस्त प्राचीन आनुश्रुतिक धारणाओं से हमें लगभग विच्छिन्न कर दिया है। यदि हम सम्पूर्ण रूप से विच्छिन्न भी हो गए होते तो भी हम आधुनिक ढंग से सोचने की अनाविल दृष्टि पा सकते। परन्तु हम पूर्ण रूप से अनुश्रुतियों से विच्छिन्न भी नहीं हुए हैं और उन्हें जानते भी नहीं हैं। नतीजा यह हुआ है कि श्रीकृष्ण का नाम लेते ही हम पूर्णानन्दघनविग्रह परमपुरुष को सोचे बिना नहीं रहते और फिर भी गोपियों के साथ उनकी रासलीला की बात समझ नहीं सकते, अर्थात् श्रीकृष्ण को तो हम परमदेवता का रूप मान लेते हैं पर आगे चलकर सारी कथा को तदनुरूप नहीं समझ पाते। इस अधकचरी दृष्टि का परिणाम यह हुआ है कि हम वैष्णव कवि की कविता को न तो उसके तत्त्ववाद-निरपेक्ष रूप में देख पाते हैं और न तत्त्ववाद-सापेक्ष रूप में। हम झट कह उठते हैं कि भगवान् के नाम पर क्या ऊल-जलूल बातें हैं। यदि सूरदास के श्रीकृष्ण और राधा कालिदास के दुष्यन्त और शकुन्तला की भाँति प्राकृत प्रेमी और प्रेमिका होते तो बात हमारे लिए सहज हो जाती, पर न तो वे प्राकृत ही हैं और न हमें उनके अप्राकृतिक स्वरूप की वास्तविक धारणा ही है। इसीलिए हम न तो वैष्णव कवियों की कविताओं को विशुद्ध काव्य की कसौटी पर ही कस सकते हैं और न विशुद्ध भक्ति की दृष्टि से अपना ही सकते हैं। हम सूरदास को भक्तशिरोमणि कहते हैं और दूसरे ही क्षण अफसोस के साथ कह उठते हैं कि उनके काव्य में वह प्रबन्धगत वैशिष्ट्य नहीं है जो जीवन के प्रत्येक पहलू का आदर्श उपस्थित कर सके। फिर आनन्द गद्गद होकर कह उठते हैं, श्रीकृष्ण का बालरूप वर्णन करने में सूरदास ने कमाल की स्वाभाविकता ला दी है, यह सब क्या हमारी दृष्टि की अनाविलता नहीं सूचित करते? हम मध्यकाल के भक्तकवि को गलत किनारे से देखना शुरू करते हैं। और आधा-तीहा जो कुछ हाथ लगता है, उसी से या तो झुँझला उठते हैं या गद्गद हो जाते हैं। मुझे इस बात की शिकायत नहीं है कि लोग खिन्न होते हैं या गद्गद होते हैं, बल्कि इस बात की शिकायत है कि गलत समझकर वैसा होते हैं। पूछा जा सकता है कि सही दृष्टिकोण क्या है और वही सही है, इसका प्रमाण क्या है! दोनों ही प्रश्नों का उत्तर मैं देने जा

रहा हूँ, पर ये उत्तर मेरी सीमित बुद्धि के हैं और मेरा यह दावा है कि यह ही एकमात्र उत्तर है। लेकिन आगे की बातों से इतना मालूम·हो ही जायगा कि मैं ठीक रास्ते ही सोच रहा हूँ।

इन भक्तकवियों ने अपने विषय में बहुत कम लिखा है। अनुश्रुति उनके नाम के साथ बहुत प्रकार की सिद्धियों और करामातों को जोड़ती है। सिद्धियों का युग अभी भी चल रहा था। भक्तिकाल में उसमें केवल इतना अन्तर आ गया था कि भक्त के लिए भगवान् सब प्रकार की करामातों की योजना करते रहते हैं। इन करामाती कहानियों से भक्त के विषय में बहुत अच्छी जानकारी नहीं होती। परन्तु फिर भी सभी कहानियाँ विचित्र रूप से तत्काल प्रचलित विचारों और व्यवहारों का अच्छा परिचय देती हैं।

सूरदास की ही बात ली जाय। उन्होंने अपने विषय में कुछ नहीं लिखा। अनुश्रुति के अनुसार वे सारस्वत ब्राह्मण-वंश में उत्पन्न हुए थे। अपने इर्द-गिर्द जिस समाज को उन्होंने देखा था, उसका कोई उच्च आदर्श नहीं था। लोग खाते-पीते थे, रोगी या नीरोगी होते थे और चार दिन तक हँस या रोकर चल बसते थे। युवावस्था विलास का काल माना जाता था। सारा समाज यौवन-मद जन-मद, धन-मद और मादक-मद का शिकार था। क्या पुरुष, क्या स्त्री, सबका लक्ष्य भोग लिप्सा ही था,[1] जो लोग धार्मिक प्रकृति के होते थे वे पुराण सुन लेते थे, तुलसीदल का भोग लगा देते थे और शालग्राम-शिला की पूजा भी कर लेते थे[2] जो लोग मंगलकामी थे। वे एकादशी-द्वादशी का संयम व्रत पाल लेते थे और नाना ग्रहों की शान्ति-स्वस्त्ययन करके अमंगल शमन कर लेते थे[3]—सूरदास ने इसी प्रकार का समाज देखा था। लोगों में झूठी शान, थोथी मानप्रियता और उद्‌देश्यहीन धर्माचार का बोलबाला था। भावुक सूरदास इस अवस्था से विरक्ति अनुभव कर रहे थे और न जाने किस शुभ मुहूर्त्त में सबकुछ छोड़कर विरक्त हो गए। उस समय उनकी अवस्था तरुण रही होगी और यदि अनुश्रुतियों को प्रामाणिक माना जाय तो यह भी जान पड़ता है कि उनके अंग-अंग से लावण्य की प्रभा छिटक रही थी। वह कहानी अति प्रसिद्ध है जिसमें कहा गया है कि किस प्रकार किसी तरुणी के

1. यौवनमद जनमद मादकमद धनमद विधमद भारी।
   काम-बिबस नर-नारि फिर दुइ पंचसरहि फिरि मारी।।
2. श्रवण पुराण शिला तुलसीदल पूजन दुखतहिं पालत।
3. अमावस पूनो संक्रांति ग्रहन द्विज कर भव मेलत ।
   एकादसी द्वादसी संजम कछ देत छक खेलत।
   मंगल बुध गुरु शुक्र भानु ससि शांति करत गह नीके। इत्यादि

रूप से आकृष्ट होकर उन्होंने उसका अनुसरण किया, बाद में अपनी आँखें फोड़ या फड़वा लीं। सूर होने के बाद वे दीर्घकाल तक भगवान् को कातर भाव से पुकारते रहे। उस समय के उनके भजनों में दैन्य और आत्मसमर्पण का बड़ा जोर है।[1]

सूरदास के विषय में किंवदन्तियाँ तो बहुत हैं, परन्तु प्रामाणिक रूप में इतना ही मालूम है कि वे पहले गऊघाट में रहते थे और बहुत-से चेले बनाए थे। भक्त तो वे पहले ही से थे, पर शुरू-शुरू में दास्य-भाव की ओर ही झुके हुए थे। सम्भवत: उनकी अवस्था जब काफी परिपक्व हो आई थी, उसी समय एक बार महाप्रभु वल्लभाचार्य उधर पधारे। गोकुलनाथजी की 'चौरासी वैष्णवों की वार्त्ता' के अनुसार सूरदास जी जब महाप्रभु से मिलने गए, उस समय वे ठाकुरजी को भोग समर्पण करके और स्वयं भी प्रसाद पाके, गादी पर विराजमान हो रहे थे। सूरदास को देखकर उन्होंने कुछ भगवद् भजन करने का आदेश दिया। सूरदास जी ने आज्ञा शिरोधार्य की और मुक्त कण्ठ से वे गान छेड़ दिये जिनमें अपनी तामसिकता और पाप-परायणता के लिए पश्चात्ताप था; अपने को पापियों का शिरोमणि बताया गया था और भगवान् को इस बात के लिए ललकारा गया था कि यदि सचमुच पतितोद्धारक हो तो मुझे उबारने में अपना जोर आजमा देखो।[2] महाप्रभु ने दो ही भजन सुने और

1. (1) जनम सिरान्यौ ऐसे ऐसे।
कै घर-घर भरमत जदुपति विन कै सोवत कै वैसे। इत्यादि
(2) हौं अशुची अकृती अपराधी सनमुख हो... जाऊँ।
तुम कृपाल करुणानिधि केशव अधम-उधारन नाउँ ।।
(3) सब कोउ कहत गुलाम श्याम के सुनत सिरात हिए ।
सूरदास प्रभु जू कै चेरे जूठन खाय जिए ।
(4) सबनि सनेहो छाँड़ि दयो।
हा यदुनाथ जरा तन ग्रास्यो प्रतिमो उतरि गयो। इत्यादि

2. प्रभु मैं सब पतितन को टीकौ।
और पतित सब दिवस चारि कौ हौंतो जनमत ही कौ ।।
बधिक अजामिल् गणिका तारी और पूतना ही कौ।
मोहि छाँड़ि तुम और उधारे मिटै शूल कैसे जी कौ।।
कोउ न समरथ सेव करन को खैंचि करत हौं लीकौ।
मरियत लाज सूर पतितन के कहत सवन मैं नीकौ।।
तथा
हौं हरि सब पतितन कौ नायक।
कौ करि सकै बराबरि मेरी इतै मान को लायक। इत्यादि

फिर डाँटकर कहा—''सूर ह्वैकै ऐसो घिघियात काहे को हौ, कछु भगवत् लीला वर्णन करौ।'' सूरदास हैरान! आज तक यह बात तो और किसी ने नहीं कही—भगवत् लीला क्या वस्तु है गुरो, मैं तो उसे नहीं जानता! कहते हैं, इस प्रसंग के बाद ही महाप्रभु ने उन्हें लीला वर्णन की वह विधि सिखाई जो सूरदास के परवर्त्ती जीवन की एकमात्र ध्रुवतारा सिद्ध हुई।

कहते हैं, इस घटना के बाद से सूरदास ने अपने भजन का रास्ता ही बदल दिया। उन्होंने लीला-विषयक पदों की रचना की। यहाँ आकर भक्ति ने साहित्य को इस दृढ़ता के साथ पकड़ा कि पूर्ववर्त्ती काल में इस कोटि की रचना का कोई उदाहरण खोज लेना कठिन हो गया है। भगवान् की बाल, कैशोर और यौवन लीलाओं का उन्होंने जमकर वर्णन किया। साहित्य-साधना के माध्यम से भक्ति की साधना प्रकट हुई। इस साहित्य में विनय नहीं है, भक्त की कातर पुकार नहीं है, सूर की घिघियाहट नहीं है। आदि से अन्त तक भगवान् की रसमयी लीलाओं का विस्तार है। यह सारा प्रयत्न लीला-गान का प्रयत्न है, उसका हेतु भी लीला ही है, उद्‌देश्य भी लीला ही है, प्रयोजन भी लीला ही है।

मध्यकाल में ऐसे अनेक भक्तकवि हैं, जिनके साथ कुछ इसी ढंग की कहानियाँ जुड़ी हुई हैं। इन कहानियों से इन साधकों का विशेष दृष्टिकोण स्पष्ट हुआ है। परन्तु सभी साधकों का एक ही लक्ष्य रहा है—लीला गान ।

लीला और भक्ति

लीला क्या है? लीला भारतीय भक्तों की सबसे ऊँची कल्पना है। हम जानते हैं कि भगवान् अगम हैं, अगोचर हैं, अकल हैं, अनीह हैं; हम यह भी जानते हैं कि वे अनुभवैकगम्य हैं, साधक उन्हें अपने स्वरूप से ही समझ सकता है। वे गूँगे के गुड़ हैं, अनिर्वचनीय हैं, पर ये सब ज्ञान की बातें हैं। भगवान् ज्ञान के अगम्य हैं; क्योंकि ज्ञान बुद्धि का विषय है और बुद्धि हमारी सीमा को बताकर ही रुक जाती है। बुद्धि से बढ़कर जो है वह आत्मा है—'बुद्धेरात्मा महान् परः'। भगवान् का स्वरूप आत्मा से जाना जाता है, अनुभव किया जाता है। वह सत्-चित्-आनन्द का आकार है। आनन्द से ही उसने सृष्टि रची है। वह स्वयं आनन्दरूप है, अमृत रूप है—'आनन्दरूपममृतं यद्विभाति', वह रस-रूप है—'रसो वै सः', और फिर भी रहस्य यह है कि वह रस पाकर ही आनन्दी होते हैं। ऐसा क्यों होता है, 'रसांह्येवायं लब्धवानंदी भवति'–सो क्यों ? क्योंकि यह उस अपूर्व लीलाधर की लीला है। लीला ही लीला का कारण है, लीला ही लीला का लक्ष्य है। केवल भगवत्साक्षात्कार बड़ी बात नहीं है, लीला से बड़ी बात है भगवान् का प्रेम। भगवान् के प्रति परम प्रेम-एकान्त प्रेम की भक्ति उसी प्रेम का प्रपंच है। भगवान् से जीव का क्या सम्बन्ध है? भक्त कहता है—भगवान् से जीव का क्या सम्बन्ध नहीं है? माता, पिता, सखा, कान्ता, सब सम्बन्ध ही उसमें प्रेम को प्रकट करते हैं। तुलसीदास ने इसीलिए कहा है कि 'तोहि मोहि नाते अनेक मानिए जो भावे।' नाना सम्बन्धों की कल्पना करके अपने को उसी सम्बन्ध का अभिमान करके एक अचिन्त्य गुण-प्रकाश श्यामसुन्दर का भक्त लोग अपने हृदय में साक्षात्कार करते हैं। सम्बन्धों के अभिमान से उनकी भक्तिदृष्टि में प्रेमांजन की रंगीनी प्राप्त होती है और आदिपुरुष गोविन्द को अपनी मानसभूमि पर उसी अनुरंजित रूप में देखते हैं।[1]

1. प्रेमाञ्जनच्छुरितभक्ति विलोचनेन
सन्तः सदैव हृदयेऽपि विलोकयन्ति।
यं श्यामसुन्दरमचिन्त्यगुणप्रकाशं
गोविन्दमादिपुरुषं तमहं भजामि।

इस प्रसंग में महाप्रभु चैतन्यदेव के जीवनकाल की एक घटना उल्लेख योग्य मालूम हो रही है। महाप्रभु तीर्थाटन करते हुए दक्षिण देश में पहुँचे। वहाँ के प्रसिद्ध विद्वान् और भक्त राय रामानन्द से उनका साक्षात्कार हुआ। दोनों में जो महत्त्वपूर्ण बात हुई, वह भगवान् और भक्त के सम्बन्ध को लेकर वैष्णवों की दृष्टि को बहुत अच्छी तरह व्यक्त करती है। महाप्रभु ने राय रामानन्द से पूछा कि 'हे विद्वन्, तुम भक्ति किसे कहते हो ?' राय रामानन्द ने जरा सोचकर उत्तर दिया—

- स्वधर्माचरण ही भक्ति है।[1]

-लेकिन यह भी बाह्य है, और भीतर की बात कहो।

- श्रीकृष्ण को समस्त कर्मों का अर्पण कर देना ही भक्ति है।[2]

-लेकिन यह भी बाह्य है, आगे की कहो।

- स्वधर्म-परित्याग-पूर्वक भगवान् की शरण में जाना ही भक्ति है।[3]

-यह भी बाह्य है, आगे की कहो।

-भगवान् के प्रति परम प्रेम ही भक्ति है।

- ठीक है, पर यह भी स्थूल है, आगे की कहो।

-दास्यप्रेम ही भक्ति है।[4]

- ठीक है, पर यह भी स्थूल है, आगे की कहो।

-सख्यप्रेम ही भक्ति है।[5]

-ठीक है, पर और आगे की बात कहो।

-कान्ताभाव का प्रेम ही भक्ति है।[6]

- बहुत उत्तम। लेकिन और भी आगे की कहो।

---

1. स्वधर्मे निधनं श्रेय: परधर्मो भयावह: ।-गीता 3 ।35
2. यत्करोषि यदश्नासि यज्जुहोषि ददासि यत् ।।
   यत्तपस्यसि कौन्तेय तत्कुरुष्व मदर्पणम् ।।-गीता 9 ।27
3. सर्वधर्मान्परित्यज्य मामेक शरणं व्रज।
   अहं त्वा सर्वपापेभ्यो मोक्षयिष्यामि मा शुच: ।।-गीता 18 ।66
4. अहं हरे तव पादैकमूलदासानुदासो भवितास्मि भूय:।
   मन: स्मरेतासुपतेर्गुणांस्ते गृणीत वाक् कर्म करोतु काय: ।।-भाग. 6 । 11 । 24 .
5. विभ्रद्वेणुं जठरपटयो: श्रृंगवेत्रे च कक्षे
   वामे पाणौ मसृणकवलं तत्फलान्यङ्गुलीषु ।।
   तिष्ठन् मध्ये स्वपरिसुहृदो न्हासयनर्मभि: स्वै:
   स्वर्गे लोके मिषति बुभुजे यज्ञभुग् बालकेलि: ।।—भाग 10 । 13 । 11
6. पुण्या बत व्रजभुवो यदयं नृलिंगगूढ: पुराणपुरुषो वनचित्रमाल्य:।
   गा: पालयन् सहबल: क्वणयंश्च वेणुं विक्रीडयाञ्चति गिरित्ररमार्चिताङ्घ्रि: ।।
   - भाग 10 । 44 ।13

-राधा-भाव का प्रेम ही परम भक्ति है।

-हाँ, राधा-भाव ही श्रेष्ठ है, परन्तु प्रमाण क्या है ?

यह लक्ष्य करने की बात है कि महाप्रभु ने केवल अन्तिम बात के लिए प्रमाण माँगा था। पहले जितनी बातें बताई गई हैं, उनका प्रमाण उन्होंने नहीं माँगा। वे अतिपरिचित हैं। प्रथम कहे हुए सभी मत 'श्रीमद्भगवद्गीता' और 'श्रीमद्भागवत महापुराण' से सिद्ध है, परन्तु 'भागवत' में या 'गीता' में राधा-भाव की कोई चर्चा नहीं है। राधारानी का नाम भी 'भागवत पुराण' में नहीं पाया जाता। यह भागवत महापुराण वैष्णवों के लिए श्रुति के समान ही मान्य है। उसमें जिस भाव का नाम नहीं आया वही श्रेष्ठ है—यह बात कैसे विश्वास की जा सकती है ? राय रामानन्द ने इसके उत्तर में 'गीतगोविन्द' का मत उद्धृत किया, जिसमें बताया गया है कि भगवान् श्रीकृष्ण ने राधा को हृदय में धारण करके अन्यान्य ब्रजसुन्दरियों को त्याग दिया था।[1] सो यह श्लोक इस बात का प्रमाण है कि कान्ताभाव में भी राधाभाव ही सबसे श्रेष्ठ है। यहाँ प्रसंग आ गया है, इसलिए इतना और भी कह रखना आवश्यक है कि नाना कारणों से मेरा अनुमान है कि 'भागवत महापुराण' में श्रीकृष्णलीला की जो परम्परा अभिव्यक्त हुई है, उससे भिन्न एक और भी परम्परा थी जिसका प्रकाश जयदेव के 'गीतगोविन्द' में हुआ है। भागवत-परम्परा की रासलीला शरत् पूर्णिमा को हुई थी, गीतगोविन्द-परम्परा का रास वसन्तकाल में। प्रथम में राधा का नाम भी नहीं है, दूसरी में राधिका ही प्रमुख गोपी हैं। सूरदास आदि परवर्त्ती भक्त-कवियों में ये दोनों परम्पराएँ एक-दूसरे से गूँथकर एक हो गई हैं। परन्तु यह तो अवान्तर बात है। जिस बात की हम यहाँ चर्चा कर रहे थे, वह यह है कि भगवान् में जितने सम्बन्ध की कल्पना हो सकती है उसमें कान्ताभाव का प्रेम ही श्रेष्ठ माना गया है। वैष्णव भक्तों ने इस सम्बन्ध को इतने सरस ढंग से व्यक्त किया है कि भारतीय साहित्य अनन्य-साधारण अलौकिक रस का समुद्र बन गया है।

1. कंसारिरपि संसारवासनाबद्ध शृंखलाम् ।
राधामाधाय हृदये तत्याज व्रजसुन्दरी: ।—गीतगोविन्द 3 ।1

लीला का रहस्य

यद्यपि अवतार का हेतु एक यह भी है कि धर्म की ग्लानि और अधर्म के अभ्युत्थान को भगवान् स्वयं आविर्भूत होकर दूर करें,[1] परन्तु मुख्य कारण तो भक्तों के लिए लीला का विस्तार ही है।[2] यह लीला दो प्रकार की बताई गई है, प्रकट और अप्रकट। मध्यकाल के भक्तकवियों ने प्रकट लीला का ही गान किया है, परन्तु अप्रकट नित्य-लीला को वे भूले कभी नहीं।[3]

हमें जो बात अच्छी तरह याद रखने की है, वह यह है कि भक्त का भगवान् के साथ जो भी सम्बन्ध क्यों न हो, निखिलानन्द सन्दोह भगवान् श्रीकृष्ण ही उस प्रेम के आलम्बन हैं। आलम्बन, जैसा कि सभी जानते ही हैं, दो प्रकार के होते हैं: विषयरूप आलम्बन और आश्रयरूप आलम्बन। दुष्यन्त को देखकर अगर शकुन्तला के हृदय में प्रेमभाव उत्पन्न हुआ है, तो दुष्यन्त विषयरूप आलम्बन के रूप में ही देखते हैं। गोपियाँ, यशोदा, नन्द, गोपबाल, उद्धव आदि सभी भक्त आश्रयरूप आलम्बन हैं। इन सबकी एकमात्र अभिलाषा यही होती है कि भगवान् हमसे प्रसन्न हों। अगर हम इस बात को ध्यान में रखे बिना वैष्णव-साहित्य को पढ़ेंगे तो हम घाटे में रहेंगे। यह भाव नाना भाव से भक्त कवि की कविता में आएगा। इसी रूप में न देखने का परिणाम यह हुआ है कि सूरदास की वर्णन की हुई श्रीकृष्ण की बाल-लीला को बड़े-बड़े सहृदयों तक ने इस प्रकार समझा है मानो वे स्वभावोक्ति के उत्तम उदाहरण हैं। नहीं, वे स्वभावोक्ति के उदाहरण नहीं हैं, वे उससे

---

1. यदा यदा हि धर्मस्य ग्लानिर्भवति भारत।
   अभ्युत्थानमधर्मस्य तदात्मानं सृजाम्यहम्।।-गीता 4।7
2. स्वलीलाकीर्तिविस्ताराद भक्तेष्वनुजिधृक्षया।
   अस्य जन्मादिलीलानां प्राकट्ये हेतुरुत्तम: ।।

   'लघुभागवतामृत' में 'ब्रह्माण्डपुराण' का वचन
3. जगनायक-जगदीस पियारी जगतजननी जगरानी।
   नित बिहार गोपाल लाल-संग वृन्दावन रजधानी ।।—सूरदास

बड़ी चीज हैं। संसार के साहित्य की बात मैं नहीं जानता, क्योंकि वह बहुत बड़ा है और उसका एक अंशमात्र हमारा जाना हुआ है, परन्तु हमारे जाने हुए साहित्य में इतनी तत्परता, मनोहारिता और सरसता के साथ लिखी हुई बाललीला अलभ्य है। बालकृष्ण की एक-एक चेष्टाओं के चित्रण में कवि कमाल की होशियारी और सूक्ष्म निरीक्षण का परिचय देता है, न उसे शब्दों की कमी होती है, न अलंकार की, न भावों की, न भाषा की क्यों ऐसा है? क्या कारण है कि शताधिक पदों में बार-बार दुहराई हुई बात इतनी मनोरम हो गई है ? क्या कारण है कि उपमाओं, रूपकों और उत्प्रेक्षाओं की जमात हाथ जोड़कर इस बार-बार दुहराई हुई लीला के पीछे दौड़ पड़ी है ? इसका कारण यशोदा का निखिलानन्दसन्दोह भगवान् बालकृष्ण के प्रति एकान्त आत्मसमर्पण है। अपने-आपको मिटाकर, अपना सर्वस्व निछावर करके जो तन्मयता प्राप्त होती है, वही श्रीकृष्ण की इस बाललीला को संसार का अद्वितीय काव्य बनाए हुए है। यशोदा को उपलक्ष्य करके वस्तुतः सूरदास का भक्त-चित्त ही शत रसस्रोतों में उद्वेल हो उठता है। वही चित्त गोपियों-गोपालों और सबसे बढ़कर राधिका-के रूप में अभिव्यक्त हुआ। इसीलिए सूरदास की पुनरुक्तियाँ जरा भी नहीं खटकतीं और वाक्चातुर्य इतना उत्तम कोटि का होकर भी व्यंग्यार्थ के सामने अत्यन्त तिरस्कृत हो गया है। वर्णन-कौशल वहाँ प्रधान नहीं है, वह भक्त के महान् आत्मसमर्पण का अंगमात्र है। किन्तु साधक भक्त लोग लीला के विरहरूप को जितनी आसानी से अनुभव कर सकते हैं, उतना मिलनरस को नहीं। जिस दिन साधक सिद्ध हो जाता है और भक्ति अर्थात् चिन्मय रस के एकमात्र आकर निखिलानन्दसन्दोह भगवान् से मिलकर एकमेक हो जाता है, उस दिन कुछ कहने को बाकी नहीं रह जाता। इसी सिद्धावस्था को बताने के लिए कबीरदास ने कहा है :

कहना था सो कह दिया, अब कछु कहना नाहिं।
एक रही दूजी गई, बैठा दरिया माहिं।।
साखी शब्दी जब कही, तब कछु जाना नाहिं।
बिछुरा था तबही मिला, अब कछु कहना नाहिं।।

भगवान् के साथ गोपियों या श्रीराधा के मिलन के विषय में गान करता हुआ भक्त सद्गुरु के बताए हुए लीलामार्ग को दुहराता है और आशा करता है कि उनके सत्संग से प्राप्त की हुई हृदयकर्ण की रसायनरूप कथा को सुनते-सुनते श्रद्धा, प्रीति और भक्ति भी प्राप्त हो जायगी। 'श्रीमद्भागवत' में

यह बात स्पष्ट शब्दों में कही गई है।[1] परन्तु विरह की अवस्था में वह स्वयं अपने-आपको नि:शेष रूप से उँडेल देता है। यही कारण है कि भक्त की विरहकथा अधिक सरस, अधिक भावप्रवण और अधिक द्रावक होती है। यशोदा द्वारा कथित निम्नांकित पदों में सूरदास स्वयं फूट पड़े हैं :

मेरे कान्ह कमलदल लोचन।
अबकी बार बहुरि फिरि आवहु कहा लगे जिय सोचन।
यह लालसा होती जिय मेरी बैठी देखत रैहौं।
गाइ चराइवत कान्ह कुँअर को कबहूँ जान न दैहौं ।।

और,

यद्यपि मन समुझावत लोग।
सूल होत नवनीत देखि मेरे मोहन के मुँह योग ।।
प्रातकाल उठि माखन रोटी को बिन माँगे दैहैं।
अब उहि मेरे कुँअर कान्ह को छिन्न छिन्न अंकम लैहैं।

यशोदा का यह रूप तभी समझा जा सकता है जब पूर्ववर्त्ती बाललीलाओं को इसी प्रेम का एक रूप माना जाय। स्वभावोक्ति का चमत्कार देखनेवाले यशोदा के इस और उस रूप में कोई एकरूपता नहीं खोज पाएँगे। हम आगे चलकर देखेंगे कि राधिका के रूप में सूरदास ने भक्त-हृदय का जो चित्र खींचा है, वह इसी अपूर्व तन्मय प्रेम का आश्रय भेद से परिवर्त्तित रूपान्तरमात्र है। सूरदास ने जिस प्रेम का चित्रण किया है, वह अपना उपमान आप ही है। उसमें उस प्रेम की गन्ध भी नहीं है जो प्रिय को संयोगावस्था में उसकी विरहाशंका से उत्कण्ठित और वियोगावस्था में मिलन-लालसा से व्याकुल हुआ रहता है। वह संयोग में सोलह आना संयोगमय और वियोग में सोलह आना वियोगमय है। राधा और कृष्ण के नाम पर प्रेम के काव्य अनेक लिखे गए हैं। रीतिकाव्य का प्राय: सारा-का-सारा इसी प्रेम-लीला का विस्तार है। उनमें वियोगी के सभी रूपों-पूर्वराग, मान, प्रेम-वैचित्र्य या प्रवास-का बाह्य रूप जैसा-का-तैसा मिल सकता है। पर प्रेम का वह वास्तविक चित्रण जिसमें बाह्य रूप (फार्म) गौण हो जाता है, जिसमें चतुरों के बताए हुए भेद-उपभेद होकर भी धन्य होते हैं और न होकर भी धन्य होते हैं, दुर्लभ है। संस्कृत कवि ने दो प्रेमिका सखियों के रूपक से इस रहस्य को समझाया है। एक के प्रिय ने उसके कपोल पर सुडौल मंजरी अंकित कर दी थी। वह अपने प्रेम का यह विज्ञापन गर्व के साथ दिखा

1. सतां प्रसंगान्मम वीर्यसंविदो भवन्ति हृत्कर्णरसायना: कथा:।
तज्जोषणादाश्वपवर्गवर्त्मनि श्रद्धारतिर्भक्तिरनुक्रमिष्यति ।।—भागवत 3।25।25

रही थी कि दूसरी ने कहा, ''ऐ सखि, तू प्रिय की अपने हाथों अंकित मंजरी को इस प्रकार दिखाती हुई गर्व कर रही है यह उचित नहीं है, दूसरी कोई भी इस प्रकार के सौभाग्य का पात्र बन सकती थी यदि हाथ की कँपकँपी बीच में विघ्न न पैदा कर देती।''[1] पहली का प्रेम केवल प्रेम का बाह्य प्रदर्शन है। मंजरी का अंकित होना केवल उस प्रेम का उथलापन ही दिखाता है, असली प्रेम तो वहाँ है जहाँ हाथ कँप जाता है, मंजरी का रूप ही बन नहीं पाता। सो, नाना भावों और विभावों के चित्रण मात्र से और राधा और कृष्ण का नाम लेने भर से ही कविता उस श्रेणी की नहीं हो जाती, जहाँ राधा या गोपियों के बहाने भक्त अपने-आपको दलित द्राक्षा के समान निचोड़कर अपने परमाराध्य के चरणों में निछावर कर देता है। वहाँ भावों और हावों के सूक्ष्म भेद भूल जाते हैं। महाप्रभु को किसी आलंकारिक रसाचार्य ने जब मिलन और विरह-संयोग और विप्रलम्भ-की नाना अवस्थाओं और कोटियों का तत्त्व समझाया तो उन्होंने कातर भाव से विज्जका का बताया जानेवाला वह श्लोक पढ़ा जिसमें कहा गया है, ''ऐ सखि, तू धन्य है, जो प्रिय-मिलन के समय की उसकी कही हुई स्तुतियाँ याद रखे हुए है; एक मैं अभागी हूँ कि प्रिय ज्यों ही मुझे स्पर्श करता है त्यों ही, कसम खाकर कहती हूँ, जो कुछ भी याद रह जाय।[2] वस्तुत: बाह्य रूप और परिस्थितियाँ अनडूबे मानस के विकल्प हैं। सूरदास उस विकल्प के आडम्बर से बहुत ऊपर हैं। उन्होंने उस प्रेम-निधि को पाया था जो नए रूपों और आकारों को जन्म दिया करता है। बाल-स्वभाव का वर्णन हो या प्रेमलीला का, सर्वत्र वे गम्भीर हैं। यह जो कान्ता भाव की रति है, वह इस देश के निर्गुण भाव के उपासक भक्तों में भी पायी जाती है। कबीरदास, दादू आदि भक्तों में भी यह भाव है, परन्तु वहाँ समासोक्ति पद्धति से काम लिया जाता है और लौकिक कान्ता-विषयक प्रीति व्यंजना का विषय होती है।

---

1. मा सर्वमुद्वह कपोलतले चकास्ति
   कान्तस्वहस्तलिखिता मम मंजरीति ।।
   अन्यापि कापि सखि भाजन मीदृशानां।।
   वैरीनचेद्भवति वेपथुरन्तराय:।।
2. धन्यासि या कथयसि प्रियसंगमेऽपि
   विश्रब्धचाटु कशतानि रतांतरेषु ।।
   नीचीं प्रति प्रणिहिसे तु करे प्रियेण
   सख्य: शपामि यदि किंचिदपि स्मरामि ।।

कबीरदास प्राय: ऐसे पदों के अन्त में सद्गुरु या सन्तों का नाम सावधानी से ले लेते हैं, ज़िससे आध्यात्मिक प्रीति निश्चित रूप से प्रस्तुतार्थ हो जाती है।[1]

इस विषय के रवीन्द्रनाथ के गानों में कवित्व इतना अधिक होता है कि वहाँ सहृदय के हृदय की चर्वित अनुभूति के अनुकूल लौकिक और अलौकिक दोनों ही भाव प्रस्तुत हैं और दोनों ही व्यंजना के विषय हो जाते हैं। जब वे कहते हैं, ''अरी ओ अभागिन, तुझे कैसी नींद आ गई थी जो प्रियतम के पास आने पर भी जाग नहीं सकी । वह निस्तब्ध रात्रि में आया था, हाथ में उसके वीणा थी, तेरे स्वप्न में उसने गम्भीर रागिणी बजा दी और तू सोती ही रही। हाय जाग के देखती हूँ, दक्खिनी हवा को पागल बनाकर उसका सौरभ अन्धकार में व्याप्त होकर प्रवाहित हो रहा है हाय, क्यों मेरी रात व्यर्थ चली जाती है, उसे नजदीक पाकर भी नहीं पा सकती, क्यों उसकी मालया का स्पर्श मेरे वक्ष:स्थल को नहीं लगने पाता।''[2] तो प्रस्तुतार्थ लौकिक प्रेम भी हो सकता है और अलौकिक भी। किन्तु सारा पदबन्ध सहृदय को एक अलौकिक रसानुभूति कराए बिना विश्रान्त नहीं होता। वैष्णव भक्तों (सगुण मार्गी) का रास्ता दूसरा है, वे भगवान् के साक्षात् विग्रहवान् रूप की लीला गाते हैं और गोपियों के बहाने अपना प्रीति निवेदन करते हैं।

---

1. तु—
   नैहरवा हमकाँ न भावै।
   सांईं की नगरी परम अति सुन्दर जहाँ कोई जाइ न आवै।
   चाँद सुरुज जहाँ पवन न पानी को संदेश पहुँचावै!
   दरद यह सांई को सुनावै!
   आगे चलौं पंथ नहिं सूझै पीछे दोष लगावै!
   केहि विधि ससुरे जाँव मोरी सजनी विरहा जोर जनावै।
   विषै रस नाच नचावै।
   बिन सतगुरु अपनो नहिं कोई जो यह राह बतावै।
   कहत कबीर सुनो भाई साधो सपने न प्रीतम पावै।।
   तपन यह जियको बुझावै ।।
2. से ये पाशे ऐसे बसेछिल तबु जागिनि
   की घूम तोरे पेयेछिल-हतभागिनी!
   एसेछिल नीरव राते वीणा खानि छिल हाते
   स्वपन माझे बाजिये गेल गम्भीर रागिणी
   जेगे देखि दखिन हावा पागल करिया।
   गंध ताहार भेसे बेड़ाय औधार भरिया
   केन आमार रजनी जाय, काछें पेये काछे न पाय
   केन गो तार मालार परश बुके लागिनि।-गीतांजलि

साधारण आदमी पूछ सकते हैं कि भक्त कान्ताभाव से ही परम शक्ति की उपासना क्यों करता है ? भगवान् को प्रिया के रूप में समझकर क्या उपासना नहीं हो सकती? हो सकती है। इस देश में इस प्रकार की उपासना-पद्धति भी अनजानी नहीं है, पर भक्त जिस कारण से अपने को भगवान् की कान्ता समझने में आनन्द अनुभव करता है, वह उपेक्षणीय नहीं है। आगम शास्त्रियों का विश्वास है कि भगवान् ने लीला के लिए जब सृष्टि उत्पन्न करनी चाही तो अपने को उन्होंने द्विधाविभक्त किया। इसमें एक ओर तो नारायण हुए और दूसरी ओर उनकी शक्ति लक्ष्मी। शक्ति निषेधव्यापाररूपा होती है, क्योंकि, वह भगवान् की उस इच्छा का रूप है जिसके द्वारा वे 'कुछ' के अभाव को अनुभव करते हैं। स्त्री में इसी शक्ति का प्राधान्य है। इसलिए स्त्री निषेधव्यापाररूपा या अपने-आपको समर्पण करके ही सार्थक होती है। भक्ति में इसी निषेधाव्यापार का आत्म-समर्पण भाव सेवक में स्वामी के लिए, माता-पिता में सन्तान के लिए और मित्र में मित्र के लिए भी होता है, फिर भी कान्त के लिए आत्मसमर्पण की भावना चरम सीमा पर पहुँचती है। यही कारण है कि भक्त कान्ताभाव के भजन को इतना श्रेष्ठ समझता है।

यह ध्यान में रखने की बात है कि लौकिक प्रीति होने पर प्रेम जड़ोन्मुख होता है और इसलिए कान्ताभाव में जडासक्ति ही चरम रूप में विद्यमान होती है। लौकिक प्रीति का विषय होने पर यह प्रेम शृंगाररस का विषय होता है और सब प्रेमों के नीचे पड़ जाता है, परन्तु जब यह चिन्मुख होता है अर्थात् भगवद्विषयक होता है, इसका नाम उज्ज्वल रस होता है। यही श्रेष्ठ रस है। जिन लोगों में आत्मसमर्पण की भावना का प्राधान्य नहीं है, वे इस रास्ते को नहीं अपनाते। परन्तु भक्ति भगवान् के प्रति अनन्यगामी एकान्त प्रेम का ही नाम है और उसमें ऊपर बताए हुए किसी-न-किसी प्रकार के आत्मसमर्पण का मार्ग ही स्वीकार करना पड़ता है। सूरदास में वात्सल्य, सख्य और मधुर भावनाओं का बड़ा ही उत्तम परिपाक हुआ है। हमने अपनी अन्य पुस्तकों में विस्तृत रूप से इन बातों की चर्चा की है। यहाँ हम अधिक कुछ न कहकर भक्त कवियों की राधिका के उस प्रेम की चर्चा करना चाहते हैं जो उनकी अपनी विशेषता है। इस प्रेम के पूर्ण को दिखाने का हम समय न पा सकेंगे। परन्तु उस विरहरूप को कुछ अधिक विस्तार के साथ ही दिखाने का प्रयत्न करेंगे, जिससे साधक भक्त अपनी कातर मनोवांछा बार-बार प्रकट कर सका है। इसीलिए वह भक्तकवि को समझने में सबसे बड़ा सहायक है।

राधिका का स्वरूप

यदि विशुद्ध काव्य की दृष्टि से देखें तो राधिका विशुद्ध गीतिकाव्यात्मक पात्र हैं। इस गीतिकाव्य का उत्तम विकास चण्डीदास के पदों में हुआ है। चण्डीदास की राधिका परकीया नायिका हैं और उनका मिलन क्षणिक और उत्कण्ठापूर्ण होता है। परन्तु सूरदास की राधिका न केवल स्वकीया नायिका हैं बल्कि उनका प्रेम चिरसाहचर्यजन्य और उत्कण्ठाहीन है। मुझे आचार्य नन्दलाल बसु ने बताया था कि कला में इस प्रकार देखा गया है कि गीतिकाव्यात्मक मनोरागों का आश्रय करके महाकाव्यात्मक शिल्प का निर्माण हुआ है। ताजमहल ऐसा ही महाकाव्यात्मक शिल्प है, जिसका मूल मनोराग गीतिकाव्यात्मक या लिरिकल है। 'सूरसागर' भी इसी प्रकार का महाकाव्यात्मक शिल्प है, जिसका मूल मनोराग लिरिकल या गीतिकाव्यात्मक है। हिन्दी में एक ऐसे समालोचकों का दल पैदा हुआ है जो हर काव्य में महाकाव्य या प्रबन्धकाव्य का गुण खोजता है और न पाने पर अफसोस प्रकट करता है। ऐसे समालोचकों की लपेट से सूरदास भी नहीं बचे हैं। ये लोग एकदम भूल जाते हैं कि काव्य के प्रतिप्राद्य के भीतर गीतिकाव्यात्मकता हो सकती है और उस प्रतिपाद्य को लेकर महाकाव्य की रचना उपहासास्पद प्रयत्न हो सकता है। सूरदास ने यदि राधिका के प्रेम को लेकर गीतिकाव्य की रचना न करके प्रबन्धकाव्य की रचना की होती, तो असफल हुए होते। परन्तु मैंने शुरू में ही आपसे बताया है कि गीतिकाव्यात्मक मनोरागों पर आधारित विशाल महाकाव्य ही 'सूरसागर' है। वर्णन-नैपुण्य और भाषागत माधुर्य के प्रवाह में पड़ा हुआ सहृदय यह भूल ही जाता है कि सूरदास ने राधिका और श्रीकृष्ण के प्रेम का एक ऐसा सम्पूर्ण चित्र खींचा है जो गीतिकाव्यों के भीतर से महाकाव्य के रूप में प्रकट हुआ है। 'सूर-साहित्य' में विस्तारपूर्वक मैंने इस विषय की चर्चा की है। अन्य भक्तकवियों की भाँति उन्होंने राधिका और कृष्ण को एकाएक नहीं मिला दिया। यही कारण है कि पूर्वराग की वह व्याकुल वेदना 'सूरसागर' में नहीं मिलेगी जो चण्डीदास या विद्यापति की पदावलियों में प्राप्य है। परन्तु इसमें एक विशेष प्रकार की वेदना है जो

सूरदास की अपनी विशेषता है। राधिका और कृष्ण एक ही साथ खेलते-खाते बड़े होते हैं, फिर भी पूर्वराग की एक विचित्र वेदना दोनों ही अनुभव करते हैं। यह कुछ ऐसी चीज है जिसे कोई आलंकारिक बता नहीं सका। इस विषय में हम आगे विस्तारपूर्वक विचार करेंगे। यहाँ प्रकृत प्रसंग है राधिका का स्वरूप। संक्षेप में श्रीराधिका भगवान् की ह्लादिनी शक्ति हैं। सत्-चित् और आनन्द-स्वरूप परब्रह्म की ह्लादिनी शक्ति ही उसकी विशेषता है। सत्-चित्-सत्ता और चैतन्य तो जीव में भी पाये जाते हैं, ब्रह्म की विशेषता उनका आनन्दमय रूप है। राधा उसी आनन्दमयता को रूप देनेवाली ह्लादिनी शक्ति हैं। इसलिए राधिका और गोपियों में श्रेष्ठ हैं। मध्यकाल के भक्तों ने अपने में गोपियों का या कृष्ण सखाओं का अभिमान करके—अपने को गोपी या गोपाल समझ करके—भगवान् से प्रीति करने की साधना की थी, पर राधिका-रूप का अभिमान करने का दावा बहुत कम भक्तों ने किया। यह दुर्लभ साधना बहुत ही महान् मानी गई। बंगाल के श्रीचैतन्यदेव ने, कहते हैं, इसी महाभाव की साधना की थी।

यह साधना कठिन क्यों है? क्योंकि राधिका रूप, गुण, शील और औदार्य की ऐसी परिपूर्ण मूर्त्ति हैं कि प्राकृत मनुष्य के लिए उनका अभिमान लगभग असम्भव है। फिर भी राधा देवी के गुणों का बखान करके और भगवान् के साथ की गई उनकी लीलाओं का स्मरण करके भक्त उस महिमा का किंचित् अनुभव करता है। भक्त कवियों ने राधा की लीलाओं का खूब वर्णन किया है।

परन्तु भक्त वस्तुत: विरह की अवस्था में ही भगवान् की लीलाओं का ठीक-ठीक अनुभव कर सकता है। यही उसकी साधकावस्था में सम्भव है। संयोगावस्था तो सिद्धावस्था की बात है। विरह में ही भक्त साधकावस्था के अनुभव प्राप्त करता है।

आगे की पंक्तियों में राधिका की बातें बताई जा रही हैं। यह भक्त-कवियों की सहानुभूति का ही एक रूप है।

'गीतगोविन्द' की विरहिणी राधा

भक्तकवि जयदेव का 'गीतिगोविन्द' एक अद्भुत रचना है। सैकड़ों वर्षों से वह भक्तों का कण्ठहार रहा है। राधारानी के जिस प्रेममय हृदय का चित्रण इस ग्रन्थ में पाया जाता है, वह अतुलनीय है। सुदूर प्रवास का वर्णन इस ग्रन्थ में नहीं हुआ है। नहीं हुआ है, यही खैर है। नहीं तो जिस उद्दाम प्रेममयी राधिका का दर्शन पुस्तक का प्रथम पृष्ठ खोलते ही होता है, उसकी जो दशा सुदूर प्रवास के वियोग में दिखाई पड़ती उससे हृदय टूक-टूक हो जाता । राधिका के पूर्वराग और मान के समय जो प्रेम दिखाई देता है वह कोई बाधा नहीं मान सकता। शुरू में देखते हैं, वसन्त में वासन्ती कुसुमों के समान सुकुमार अवयवों से उपलक्षिता राधा गहनवन में बारम्बार श्रीकृष्ण का अन्वेषण करके थक-सी गई हैं। फिर भी विराम नहीं, खोज जारी ही है। कन्दर्पज्वर-उत्कट प्रेमपीड़ा की चिन्ता से वे अत्यधिक कातर हो उठी हैं। सखी उनसे धीरे-धीरे सरल वाक्यों में भगवान् का गुणगान कर रही हैं :

वसन्ते वासन्तीकुसुमसुकुमाररैरवयवै-
र्भमन्तीं कान्तारे बहुविहितकृष्णानुसरणाम्
अमन्दं कन्दर्पज्वरजनितचिन्ताकुलतया
चलद्बाधां राधा सरसमिदमूचे सहचरी ।

सहचरी ने श्रीकृष्ण की जिस लीला का वर्णन किया, वह किसी भी युवती को हताश कर सकती थी। वसन्त का सरस समय है, समय-मारुत ललित लवंगलता के परिशीलन से कोमल हो गया है, कुंजकुटीर में भौंरों का झुण्ड गुंजार कर रहा है, कोकिल कूज रहे हैं, ऐसा है वह देश और ऐसा है काल। विरहियों के लिए दुरन्त, दारुण । भगवान् गोप-ललनाओं के साथ केलि-क्रीड़ा में रत हैं :

ललितलवंगलतापरिशीलनकोमलमलयसमीरे,
मधुकरनिकरकरम्बितकोकिलकूजतिकुंजकुटीरे ।
विहरति हरिरिह सरसवसन्ते।
नृत्यति युवतिजनेन समं सखि विरहिजनस्य दुरन्ते ।

सखी और आगे बढ़ती है। बताती है, यह वसन्त का समय सचमुच दारुण है। विरहिणी पथिक-बधू के हृदय में एक ही साथ हर्ष और काम का उद्‌बोधन हुआ है, वह रो रही है। भ्रमरयूथ से घिरे हुए पुष्पों से मौलसिरी के वृक्ष भरे हुए हैं, तमाल के नए किसलयों ने कस्तूरी के सौरभ को वश में कर लिया है, लाल पलाश-पुष्पों को देखकर जान पड़ता है कि ये युवक-युवतियों के हृदय विदीर्ण करनेवाले मनसिज के रक्तविलिप्त नख हैं; नागकेसर के श्वेतपटल-शोभित पीले-पीले फूल मदनमहीपति के सुवर्णदण्डयुक्त छत्र की छवि धारण किए हैं; पाटल-पुष्पों पर मिली हुई भौंरों की टोली देखकर अनुमान होता है कि कामदेवता का तूणीर (तरकस) है: संसार को विगलित और लज्जित देखकर ही मानो तरुण (नया) करुण का श्वेत पुष्प हँस रहा है; विरहियों को बेधने के लिए कुन्त (भाले) के समान मुँहवाले केतकपुष्पों ने दिशाओं को विषम कर दिया है, माधवी के परिमल से वसन्तकाल ललित और नवमालती तथा जातीपुष्पों से शोभित हो गया है; तरुणों के अकारण बन्ध, मुनिमन के मोहक तरुण रसालवृक्ष इस वसन्तकाल में हिलती हुई माधवीलता के आलिंगन से पुलकित हैं। ऐसे समय में समीपवर्त्ती यमुनाजल से पवित्र और शीतल वृन्दावन में भगवान् युवतियों के साथ खेल रहे हैं :

उन्मदमदनमनोरथपथिकवधूजनजनितविलापे।
अलिकुलसंकुलकुसुमसमूहनिराकुलबकुलकलापे । विह. ।।
मृगमदसौरभरभसवसंवदनवदलमालतमाले ।।
युवजनहृदयविदारणमनसिजनखरुचिकिंशुकजाले । विह. ।।
मदनमहीपतिकनकदण्डरुचिकेसरकुसुमविकासे ।।
मिलितशिलीमुखपाटलिपटलकृतस्मरतूणविलासे ।। विह. ।।
विगलितलज्जितजगदवलोकनतरुणकरुणकृतहासे ।
विरहिनिकृन्तनकुंतमुखाकृतिकेतकिदन्तुरिताशे । विह. ।।
नाधविकापरिमलललिते वनमालिकयातिसुगन्धौ ।।
मुनिमनसामपि मोहनकारिणि तरुणाकारणबन्धौ ।। विह.।।
स्फुरदतिमुक्तलतापरिरम्भणमुकुलितपुलकितचूते ।
वृन्दावनविपिने परिसरपरिगतयमुनाजलपूते । विह. ।।
श्रीजयदेवभणितमिदमुदयति हरिचरणस्मृतिसारम् ।
सरसवसन्त समयवनवर्णनमनुगतमदनविकारम् । विह.।।

सखी ने आगे चलकर 'अनेकनारीपरंभसंभ्रमस्फुरन्मनोहारि विलास लालसं' भगवान् को दिखाते हुए जो कुछ कहा, उससे किसी भी प्रेमिका

की प्रेम लालसा शिथिल पड़ सकती थी। भगवान् का रूप सचमुच ईर्ष्या का उद्वेलक था—उनका नील कलेवर चन्दन से चर्चित था, उस पर पीत वस्त्र लहरा रहा था, इन दोनों के ऊपर वनमाला बहार दे रही थी, गण्डस्थल पर लटके हुए मणिकुण्डल केलि के वेग से हिल रहे थे। इस प्रकार हँसते हुए श्यामसुन्दर मुग्ध व्रजांगनाओं के साथ केलि कर रहे थे:

चन्दनचर्चितनीलकलेवरपीतवसनवनमाली;
केलिचलन्मणिकुण्डलमंडितगण्डयुगस्मितशाली।
हरिरिह मुग्धवधूनिकरेविलासिनिविलसतिकेलिपरे ।

राधिका ने और भी सुना—सबको अनुरंजित करके आनन्द देते हुए, नीलकमल की श्रेणी के समान सुन्दर अंगों से अनंगोत्सव-समारोह में लगे हुए, स्वच्छन्द भाव से ब्रजललनाओं द्वारा आलिंगित मुग्ध माधव इस वसन्त में साक्षात् शृंगार की भाँति क्रीड़ा कर रहे हैं:

विश्वेषामनुरंजनेन जनयन्नानन्दमिन्दीवर-
श्रेणीश्यामलकोमलैरूपनयन्नङ्गैरनङ्गोत्सवम्;
स्वच्छन्दं ब्रजसुन्दरीभिरभित: प्रत्यङ्गमालिङ्गित:
शृङ्गार: सखि मूर्त्तिमानिव मधौ मुग्धो हरि: क्रीडति।

इतना पर्याप्त था। अपने प्रेम का पराभव देखकर राधिका ठिठक गईं। वे उलटे पाँव लौट आईं। पर हाय! इस लौटने में जो कसक थी, जो टीस थी, उसे क्या किसी ने देखा ? अपना सर्वस्व लेकर चली हुई, पर प्रेम-सिंहद्वार से लौटती हुई, प्रणयिनी के हृदय को किसने समझा है ? राधा का सारा हृदय-सौन्दर्य यहीं फूट पड़ा है। पारखी जयदेव ने उसे देखा था। पास ही एक लताकुंज था, मधुव्रतों की मण्डली उस पर गुंजार कर रही थी, उसी में छिपी हुई दीन राधिका सखी से बोली। उनका हृदय बैठ चुका था। जिसे एकमात्र अपना ही धन समझ रखा था, उसे गोपवधुओं से समावृत देखकर वे कातर हो उठी थीं। फिर भी बोलीं:

क्वचिदिपि लताकुंजे गुंजन्मधुव्रतमंडली;
मुखरशिखरे लीना दीनात्युवाच रह: सखीम् ।

राधिका ने जो कुछ भी कहा, यह मानिनी प्रणयिनी के योग्य नहीं है। उसमें एक कातरता है, उसमें एक दुर्बलता है। कातरता का कारण प्रियसमागम की उत्कट लालसा है और दुर्बलता का कारण प्रेम की अनन्यता। वे कहती हैं:

हे सखि, रास में विलास करते हुए, नर्म केलि से मुसकुराते हुए भगवान् को मेरा मन स्मरण कर रहा है। कैसे थे वह सुन्दर श्याम ।

वे मोहन वंशी बजा रहे थे, जिसकी ध्वनि अधर-सुधा के संचार से और भी मधुर हो उठी थी; दृगंचल और मौलिदेश चंचल हो रहे थे। इसलिए कपोल पर लटके हुए आभूषण भी हिल रहे थे :

सच्चरदधरसुधामधुरध्वनिमुखरितमोहनवंशम् ।
चलितदृगंचलचंचलमौलिकपोलविलोलवतंसम् ।
रासे हरिमिह विहितविलासम्
स्मरति मनो मम कृतपरिहासम् ।

चन्द्राकार चिह्नों से खचित सुन्दर मयूरपक्ष के मण्डल से उनका केश वेष्टित था, प्रचुर इन्द्रधनुष में अनुरंजित सान्द्र स्निग्ध मेघ की भाँति उनका वेश बड़ा ही प्रियदर्शन था:

चंद्रकचारुमयूरशिखण्डकमं डलवलयितकेशम्।
प्रचुरपुरंदरधनुरनुररंजितमेदुरमुदिरसुवेशम् ।। रासे. ।।

गोपवधूटियों के मुखचुम्बन में उन्होंने उनको लोभ प्राप्त करा दिया था, उनके बन्धुजीव पुष्पों के समान लाल-लाल मधुराधर-पल्लवों पर मुस्कुराहट की शोभा उल्लसित हो रही थी :

गोपकदम्बनितम्बवतीमुखचुम्बनलंभितलोभम् ।
बन्धुजीवमधुराधरपल्लवमुल्लासितस्मितशोभम्।। रासे. ।।

विपुल रोमांच से कण्टकित भुजपल्लवों द्वारा उन्होंने अनेक गोपांगनाओं का आलिंगन किया था, उनके हाथों, चरणों और हृदय-देश पर जो मणियों के अलंकार थे उनकी किरणों से अन्धकार नष्ट हो रहा था :

विपुलपुलक भुजपल्लववलयितबल्लवयुबतिसहस्त्रम्।
करचरणोरसि मणि-गण भूषणकिरणविभिन्नतमिस्त्रम्।

उनके ललाट पर का चन्दन मेघ-पटल पर चलते हुए चन्द्रमा की शोभा का तिरस्कार कर रहा था, केलिविशेष से उनके हृदय की कठोरता प्रकट-सी हुई जा रही थी :

जलदपटलचलदिन्दुविनिन्दकचन्दनतिलकललाटम्।
पीनपयोधरपरिसरमर्दननिर्दयहृदयकपाटम् । रासे ।।

मणि-निर्मित मकर-से मनोहर कुण्डल से उनका गण्डस्थल सुशोभित था, वे पीत वस्त्र धारण किए हुए थे। मैं उनकी सहज उदारता इसी से अनुमान कर सकती हूँ कि मुनिगण, मनुष्य, देवता और राक्षसों का परिवार भी उनका अनुगत है :

मणिमयमकरमनोहरकुण्डलमंडितगंडमुदारम्।
पीतवसनमनुगतमुनिमनुजसुरासुरवरपरिवारम् । रासे. ।।

विशद कदम्ब-तरु के नीचे सम्मिलित जनों के कलिकलुष का वे शमन कर रहे थे और मुझे भी तरंगित प्रेमदृष्टि और मन से रमण कर रहे थे:

विशदकदम्बतले मिलितं कलिकलुषभयं शमयन्तम्।
मामपि किमपि तरंगदनंगदृशा मनसा रमयन्तम् । रासे. ।।

यह सब जानकर भी राधिका अत्यन्त कातरतापूर्वक सखी से प्रार्थना करती हैं कि मुझे कृष्ण से मिला दे :

सखि हे केशिमथनमुदारं रमय मया सह।
मदनमनोरथभावितया सविकारम्।

क्या हुआ अगर वे बहु-वल्लभ हैं, क्या हुआ अगर वे हमारे प्रेम की चिन्ता नहीं करते-हम तो उन्हीं की हैं। उनके बिना कोई गति नहीं। ब्रजसुन्दरीगण से आवृत हों, तो भी मैं उन्हें देखकर प्रसन्न हूँगी:

गोविंदं ब्रजसुंदरीगणवृतं पश्यामि हृष्यामि च।

यहाँ राधिका के हृदय की दुर्बलता है। इस दुर्बलता के कारण ही उनका प्रेम इतना वेगवान् हो सका है। इसी कातरता की आँच में तपकर यह सोना निखर पड़ा है।

भगवान् भी राधिका को न पाकर उदास हो गए थे। उनका विरह भी बड़ा मर्मभेदी है। यमुना तीर के वानीर निकुंज (वेत्रवन) में वे चुपचाप बैठे थे। राधिका की सखी वहीं जाकर उनकी प्रियतमा का वर्णन करती है:

हे माधव, वह तुम्हारे विरह से कातर है। वह भावना से तुम्हीं में लीन हो गई है—छिप गई है। शायद उसे मनसिज के वाणों से डर लगता है :

सा विरहे तव दीना ।
माधव मनसिजविशिखभयादिव भावनया त्वयि लीना ।

वह चन्दन की निन्दा करती है, अधीर भाव से चन्द्रमा की किरणों से दु:ख पा रही है। मलय पर्वत से, जहाँ पर सर्पों का वास है, आई हुई हवा को विष की तरह समझती है। उसके हृदय पर अनवरत प्रेम के देवता के वाणों की वर्षा हो रही है। उसी हृदय में तुम्हारा निवास है। इसीलिए अपने विशाल हृदय को सजल नलिनी-दल के जाल से घेरकर कवच बना रही है। उसका विचार है कि ऐसा करके वह तुम्हें उन वाणों के आघात से बचा लेगी। वह विशेष विलास-कला के लिए मनोहर-कुसुम-शयनों की रचना कर रही है। पर इसलिए नहीं कि उससे आराम मिलेगा। उस विरहिणी को आराम कहाँ? ये

कुसुमशयन तो उसके लिए वाणशय्या के समान हैं। तथापि यह इनकी रचना कर रही है। इस दु:ख की तपस्या यह तुम्हारे परिरम्भ (आलिंगन) सुख की प्राप्ति के लिए कर रही है :

अविरलनिपतितमदनशरादिव भवदवनाय विशालम्;
स्वहृदयमर्मणि वर्म करोति सजलनलिनदलजालम्।
कुसुम विशिखशरतल्पमनल्पविलासकलाकमनीयम्;
व्रतमिव तव परिरंभसुखाय करोति कुसुमशयनीयम् ।

उसके मुखकमल के विलोचनों से सदा जलधारा चला करती है, देखकर जान पड़ता है मानो राहु के दाँतों से दलित चन्द्रमण्डल से अमृत की धारा झर रही हो। एकान्त में कस्तूरी से आपका चित्र बनाती है, उसमें आप कुसुम-शर के रूप में चित्रित होते हैं, नीचे मकर का चित्र बनाती है और आपके हाथ में नई आम्र-मंजरी का वाण दे देती है। इस प्रकार आपको प्रणाम किया करती है:

वहति च चलित विलोचनजलधरमाननकमलमुदारम्;
विधुमिव विकटविधुन्तुददन्तदलनगलितमिवधारम् ।
विलिखति रहसि कुरंगमदेन भवन्तमसमशरभूतम्;
प्रणमति मकरमधो विनिधाय करे च शरं नवचूतम् ।

माधव, आप दुराव अर्थात् दुर्लभ हैं, फिर भी ध्यान की तन्मयता से वह आपको सामने ही कल्पना करके विलाप करती है, हँसती है, विषाद करती है, चलती है, आनन्दित होती है। पद-पद पर कहती है— हे माधव, मैं तुम्हारे चरणों पर पड़ी हूँ; तुम्हारे विमुख होने पर अमृत का निधि यह चन्द्रमा भी मेरे शरीर में दाह उत्पन्न करता है :

ध्यान लयेन पुर: परिकल्प्य भवन्तमतीव दुरापम्;
विलपति हसति विषीदति रोदिति चंचति मुंचति तापम्।
प्रतिपदमिदनपि निगदति माधव! तब चरणे पतिताहम्;
त्वयि विमुखे मयि सपदि सुधानिधिरपि तनुते तनुदाहम् ।

इसी मार्ग के अगले गान से राधिका का विरहोन्माद स्पष्टतर हो उठा है। वे अपने वक्ष:स्थल पर के पुष्पहार को भी अपने कृश शरीर की भाँति ही भार समझ रही हैं; सरस घन-चन्दन-पंक को सशंक भाव से विष की तरह देख रही हैं: मदनाग्नि से तपे हुए की तरह गर्म-गर्म दीर्घ श्वास ले रही हैं; जलकण से भरे, नालहीन नलिन के समान नयनों को इधर-उधर फेंक रही हैं;

सायंकाल कपोल तल पर से हाथ नहीं हटातीं, इस प्रकार आभा ही दिखाई देनेवाला उनका मुँह स्थिर नवीन चन्द्रमा की तरह दिखाई देता है। नयनगोचर पुष्पशय्या को भी अग्नि की तरह देखती हैं और सकाम भाव से कृष्ण-कृष्ण जप रही हैं, क्योंकि उन्हें विरह-वेदना से मरण की आशंका हो गई है।

स्तनविनिहितमपि हारमुदारम्;
सा मनुते कृशतनुररि भारम् ।
राधिका विहे तव केशव
माधववामन विष्णो ।
सरसमसृणमपि मलयजपंकम् ।
पश्यति विषमिव वपुषि सशंकम् ।। रा. ।।
श्वसितपवनमनुपमपरिणाहम्
मदनदहनमिव वहति सदाहम् ।। रा. ।।
दिशि दिशि किरति सजलकणजालम् ।
नयननलिनमिव विगलितनालम् ।। रा. ।।
त्यजति न पाणितलेन कपोलम् ।
बालशशिनमिव सायमलोलम् ।। रा. ।।
नयनविषयमपि किशलयतल्पम् ।
कलयति विहितहुताशविकल्पम् ।। रा. ।।
हरिरिति हरिरिति जपति सकामन् ।
विरहविहितमरणेव निकामम् ।। रा. ।।
श्रीजयदेवभणितमिति गीतम् ।
सुखयतु केशवपदमुपनीतम् । रा. ।।
राधा का प्रेमोन्माद बड़ा करुणाजनक है:
सा रोमांचित सीत्करोति विलपत्युत्कम्पते ताम्यति;
ध्यायत्युद्भ्रमति प्रमीलति पतत्युद्याति मूर्च्छंत्यपि ।

भगवान् की दशा भी वैसी ही थी। वे बारम्बार दीर्घ श्वास ले रहे थे, उत्सुकता के साथ बारम्बार चारों ओर देख रहे थे, कभी कुंज से बाहर निकल आते, फिर कुछ गुनगुनाते हुए भीतर घुस जाते, विरहदु:ख से खिन्न हो रहे थे। एक बार शय्या-रचना करते थे, फिर व्याकुल भाव से चारों ओर से देखने लगते थे—राधिका जैसी कान्ता के प्रिय श्रीकृष्ण विरह-वेदना से क्लान्त हो उठे थे :

विकिरति मुहु: श्वासानाशा: पुरो मुहुरीक्षते
प्रविशति मुहु: कुंजुं गुंजन्मुहुर्बहु ताम्यति;
रचयति मुहु: शय्यां पर्याकुलं मुहुरीक्षते
मदनकदनक्लान्त: कान्ते प्रियस्तव वर्तते ।।

यह प्रिय संवाद था। पर हाय! राधिका में इतनी शक्ति थी कि वे प्रिय को प्रसन्न करने के लिए जा सकें । चिरकाल से अनुरक्त राधिका विरह की मार सहकर इतनी अशक्त हो गई थीं कि उनके लिए प्रिय के पास जाना भी असम्भव था।

सखी मनसिज-मन्द गोविन्द से राधिका की दशा का वर्णन करती है :

पश्यति दिशि दिशि रहमि भवन्तम्;
त्वदधरमधुरमधूनि पिवन्तम् ।
नाथ हरे जय नाथ हरे सीदति राधा वासगृहे ।

हे नाथ, हे हरे, राधा वासगृह में कष्ट पा रही है। भावना से, अपने मधुर अधर-मधु को पान करते हुए आपको एकान्त से चारों ओर देख रही है :

त्वदभिसरणरभसेन वलन्ती।
पतति पदानि कियन्ति चलन्ती ।। नाथ हरे. ।।

तुम्हारे पास आने के उत्साह से चल पड़ती है, पर कुछ ही पग चलकर गिर पड़ती है। हे नाथ, राधा वासगृह में कष्ट पा रही है।

राधिका के कष्ट पाने का अनुमान सहृदय पाठक स्वयं ही कर सकते हैं। जीवन का एकान्त आराध्य उनके वियोग में क्षीण हो रहा है और सारी शक्ति बटोरकर भी वे अभिसरण नहीं कर पातीं। सचमुच यह बड़ी कष्टकर अवस्था है। इसी बीच विरहिणियों का शत्रु चन्द्रमा आकाश के एक छोर पर दिखाई दिया। सखी राधिका का सन्देश लेकर माधव के पास गई थी। उनके आने में कुछ विशेष देर नहीं हुई, पर विरही के लिए समय का छोटे-से-छोटा अंश भी कल्प के समान होता है और फिर 'दिक् सुन्दरी-बदन-चन्दन-बिन्दु' इन्दु भी आ उपस्थित हो तो कहना ही क्या है। राधिका हताश भाव से कातर हो उठीं :

'जान पड़ता है सखियों ने मुझे धोखा दिया। कथित समय तो बीत गया पर भगवान् तो नहीं आए। हाय! मेरा यह अमल यौवन व्यर्थ ही गया। मैं किसकी शरण जाऊँ, सखियों ने मुझे धोखा दिया !'

कथित समयेऽपि हरिरहह न ययौ वनम् ।
मम विफलमेतदनुरूपमपि यौवनम् ।।
यामि हे कमिह शरणंसखीजनवचनवंचिता ।।

'जिसके अनुगमन के लिए रात में मैंने गहन व्रत का अनुष्ठान किया, उसी ने मेरे इस हृदय को मदन-वाणों से विद्ध कर दिया। मुझ अभागिनी का जिसका आवास प्रियशून्य है, मरना ही अच्छा है, मूर्च्छित हो-होकर कहाँ तक मैं विरहाग्नि का ताप सहूँ ?'

यदनुगमनाय निशि गहनमपि शीलितम् ।
तेन मम हृदयमिदमसमशरकीलितम् ।। यामि. ।।
मम मरणमेव वरमिति वितथकेतना
किमिति विषहामि विरहानलमचेतना ।। यामि. ।।

'हाय! यह वसन्त की मधुर रात्रि मुझे विकल कर रही है, कोई अन्य पुण्यशीला रमणी भगवान् के समागम का सुख अनुभव कर रही है। हाय, ये मेरे मणिनिर्मित अलंकार भगवान् की विरह अग्नि को धारण करने के कारण दोषमय हो गए हैं।'

मामहह विधुरयति मधुरमधुयामिनी ।
कापि हरिमनुभवति कृत सुकृतकामिनी ।। यामि. ।।
अहह कलयामि बलयादिमणिभूषणम् ।
हरिविरहदहनवहनेन बहुदूषणम् ।। यामि. ।।

'अति विकट है यह मदनवाण की लीला, जिसके कारण यह माला मुझ कुसुम कोमल शरीरवाली के हृदय में चोट कर रही है। हाय! मैं तो इस विषयवन की (भयावनी) वेत्र-लताओं का कुछ भी विचार न कर यहाँ ठहरी हुई हूँ, पर भगवान् मुझे मन में भी नहीं याद करते '

कुसुमसुकुमारतनुमतनुशरलीलया।
स्त्रगपि हृदि हन्ति मामपिविषमशीलया । यामि. ।।
अहमिह निवसामि नगणितवनवेतसा ।
स्मरति मधुसूदनो मामपि न चेतसा ।। यामि. ।।

'तो क्या भगवान् किसी अन्य गोप-ललना की ओर चले गए ? या साथियों ने उन्हें कला-केलि से अटका तो नहीं रखा ? कहीं वे गहन तिमिराकुल वन में भटक तो नहीं रहे हैं? रास्ते में ही क्लान्त होकर चलने में मेरे कान्त असमर्थ तो नहीं हो गए? क्या बात है जो वे इस पूर्वनिर्धारित मंजुल वंजू (वेत्र)-लता के कुंज में नहीं आए।'

तत्किं कामपि कामिनीमभिसृत: किं वा कलाकेलिभि-
र्बद्धा बंधुभिरन्धकारिणि वनोपान्ते किमुद्भ्राम्यति ।
कांत: क्लांतमना मनागपि पथि प्रस्थातुमेवाक्षम:
संकेतीकृतमंजुवञ्जुललताकुञ्जेऽपि यन्नागत: ।

जयदेव ने जिस विरहिणी का चित्र खींचा है, उसमें विलासिनी ब्रज-सुन्दरी का रूप रह-रहकर स्पष्ट झलक आता है। कवि की प्रतिज्ञा भी विलास-कलावती हरिप्रिया के चित्रण की ही है। पहला पन्ना खोलते ही कवि अपना काव्य पढ़ने के लिए निमन्त्रण देते समय दो शर्तें रखता दिखाई देता है। 'यदि हरिस्मरण में मन सरस हो, और यदि विलास-कला में कुतूहल हो, तब मधुर कोमलकान्त पदावली जयदेव की सरस्वती को पढ़ो।'

यदि हरिस्मरणेसरसं मनो
यदि विलासकलासु कुतूहलम् ।
मधुर कोमलकांतपदावली
शृणु तदा जयदेवसरस्वतीम् ।

अगर इन दोनों में से कोई एक भी शर्त पूरी न हो, तो जयदेव की सरस्वती का आनन्द उठाना असम्भव है। जयदेव की विलासिनी राधा और श्रीकृष्ण की विलास-कला वस्तुत: आधी नहीं रहेगी अगर राधिका को एकान्त प्रेम-निर्भर भक्त के रूप में न देखा जाय। भगवान् की प्राप्ति के लिए जयदेव की राधा इतनी व्याकुल हैं कि वे सभी कारण जो सांसारिक रमणियों की विरक्ति के साधन हैं, उन्हें प्रेम के मार्ग विचलित नहीं कर सकते। यह कुसुम-कोमल शरीर विरह-ताप को अधिक सहन कर ही नहीं सकता। राधा कहती है :

नायात: सखि निदयो यदि शठस्त्वं दूति किं दूयसे।
स्वच्छंदं बहुवल्लभ: स रमते किं तत्र ते दूषणम् ।।
पश्याद्य प्रियसंगमाय दयितस्याकृष्यमाणं गुणै: ।
उत्कण्ठार्त्तिभरादिव स्फुटदिदं चेत: स्वयं यास्यति ।।

क्षण-भर के विलम्ब में भी जो चित्त उत्कण्ठार्त्ति के बोझ से फट पड़ता है, उसको सुदूर प्रवास के वियोग की अवस्था कल्पना से भी परे है। इसीलिए कहते हैं कि इस मृणाल-तन्तु को जयदेव ने प्रखर ग्रीष्म के ताप में न रखकर अच्छा ही किया है— अच्छा ही किया है ।

विद्यापति की विरहिणी राधा

प्रथम दर्शन में ही विद्यापति आश्चर्यचकित-से दिखाई देते हैं। छूटते ही बोल उठते हैं—'वह देखो! राधिका का वह अपार रूप देखो। इस पृथ्वीतल पर न जाने विधाता ने किस लावण्य का सार ला उपस्थित किया है।'

देख देख राधा रूप अपार ।
अपरूप के विहि आनि मिलावल खितितले लावनिसार ।।

विद्यापति इस रंगिणी के चरणतल पर सौ-सौ लक्ष्मियों को निछावर कर सकते हैं। 'ऐ मन, इस चरण-कमल की अभिलाषा किए रह, अगोरता रह उनके कृपा कटाक्षों को ।'

कत कत लखिमी चखतल नेउ छय रंगिनि हेरि विभोरि।
करु अभिलाषा मनहि पद पंकज अहनिसि कोर अगोरि ।

सचमुच ब्रज-लाड़िली का यह सौन्दर्य ऐसा ही है। 'शैशव और यौवन दोनों मिल गए हैं, आँखों ने कान का रास्ता ले लिया है, वचन में चातुरी आ गई है, रह-रहकर मन्दस्मिति बिखर रही है—पृथ्वी पर आसमान का चाँद प्रकाशित हो गया है ।'

शैशव यौवन दुहु मिलि गेल।
श्रवनक पथ दुहूँ लोचन लेल।
वचनक चातुरी लहु लहु हास।
धरनिए चाँद करल परगास।

विद्यापति इस अपूर्व वय:सन्धि का वर्णन करते थकते ही नहीं, और सच पूछिए तो वह है ही ऐसा-

किछु किछु उत्पति अंकुर भेल।
चरन चपल गति लोचन लेल ।
अब सब खन रहु आँचर हात ।
लाजे सखिगन ना पुछय बात।

* * *

अब भेल यौवन बंकिम दीठ ।
उपजल लाज हास भेल मीठ ।

यही कुसुम-कोमल बाल-किशोरी जब व्रजचन्द के नवानुराग में कातर हो उठती है, सहृदय का हृदय पिघल जाता है। माधव पहले से ही राधिका की ओर आकृष्ट हैं, राधिका भी उनकी ओर आकृष्ट होती हैं। पहली बार श्रीकृष्ण की रूप-माधुरी देखकर वे मुग्ध हो जाती हैं—'क्या बताऊँ सखी, उस कान्हा का रूप। इस सपने के सरूप को पतियायेगा कौन-किसे यकीन होगा । नए बादल के समान शरीर, पीत वस्त्र सौदामिनी की रेखा के समान झलक रहा था। श्यामल वर्ण था, कुञ्चित केश। जान पड़ता था, काजर में मदन ने ही अपना सुन्दर वेश साज रखा था ।'

कि कहब हे सखि कानुक रूप।
के पतियायत सपन सरूप।
अभिनव जलधर सुन्दर देह।
पीतवसन पर दामिनि रेह।
सामर झामर कुटलहि केश।
काजरे साजल मदन सुवेश ।।

राधिका की बड़ी इच्छा थी कि वे कान्ह को देखें। अवसर आया और उन्होंने देखा। पर हाय, मुग्धा राधिका को क्या मालूम था कि यह देखना विषम वेदना का कारण हो जायगा। अबोधा राधिका! वे समझ ही न सकीं कि क्या कहना चाहिए, क्या सुनना चाहिए। सावन की झड़ी के समान दोनों नयन बरसने लगे। हृदय निरन्तर धड़कने लगा। हाय, राधिका ने भगवान् को देखा ही क्यों ? अब तो मन दूसरे के हाथ चला गया। न जाने कैसा चोर है वह मोहन। देखनेवाली का चित्त ही चुरा ले गया कि राधिका जितना ही भूलना चाहती हैं, उतना ही वह नहीं भूलना चाहता। विद्यापति आश्वासन देकर कहते हैं कि हे वरनारि! मुरारि मिलेंगे।

कानु हेरब छल मने बड़ साध।
कानु हेराइत भेल परमाद।
ता धरि अबोध मुगुध हम नारि।
कि कहि कि सुनि किछु बुझइ न पारि।
सावन घन सम झरु दुनियान।
अविरत धस-धस करय परान।

काँ लागि सजली दरसन भेल।
रभसे आपन जिउ पर हाथे देल।
न जानिय किय करु मोहन चोर।
हेरइत प्रान हेरि लई गेल मोर।

इसके बाद राधिका ने भगवान् को सैकड़ों बार देखा। दही बेचते समय रास्ते में भगवान् के दर्शन हुए और वे चित्रलिखित-सी खड़ी हो गईं। न दही की सुधि रही न आँचल की। यमुना पुलिन की संकीर्ण पगडण्डियों पर आँखें चार हुईं और वे 'नयन तरंगें जनु गेलहु सनाइ' !- अटूट मुग्धा ! वे फिर भी पूछती हैं, 'कौन यकीन करेगा कि ऐसा सचमुच हो जाता है । सारे नगर में क्या ऐसा कोई भी आदमी है, तो राधिका की इस बात का विश्वास करे कि उस दिन वृक्ष-तले जब कृष्ण मिले थे, तो वे नयन-तरंगों से नहा-सी गई थीं और देखते-सुनते उनका हृदय उन्होंने हर लिया था ।'

तरु तर भेटल तरुन कन्हाइ।
नयन तरंगें जनि गेलहु सनाइ ।।
के पतियाएत नगर भरला।
देखइत सुनइत हृदय हरला ।।

'निष्ठुर सखियाँ विश्वास ही नहीं करतीं, कब किसने दूसरे का दुःख बाँट लिया है?

निठुर सखी विश्वास न देइ।
परक वेदन पर बाँटि न लेइ ।

अन्त में एक दिन भगवान् मिले। यह विचित्र दशा थी। राधिका के मुँह से सुनना ही ज्यादा अच्छा होगा। उनके कहने से जान पड़ता है कि उस दिन उन्होंने मुख झुका लिया था, अपनी चोर आँखों को रोक रखा था; फिर भी वे प्रियतम की ओर दौड़ पड़ी थीं, जैसे चकोर चाँद की ओर दौड़ पड़ते हैं। एक बार फिर जबर्दस्ती उन्होंने उन आँखों को नीचे की ओर झुका लिया था और सारी शक्ति लगाकर प्रियतम के चरण में बाँध रखा था। मधुपान करके भौंरा उड़ तो नहीं सका, मगर उसके पंख अवश्य फड़फड़ाए थे । माधव ने मधुर वाणी से कुछ कहना चाहा था, कहा भी था, राधिका ने अनुभव किया कि आनन्द का इतना गुरु भार वे सँभाल न सकेंगी, उन्होंने कान बन्द कर लिया था—मगर कर न सकी थीं। पंचशर उनके विरुद्ध था। शरीर से पसीना तरतर चूने लगा था, रोमांच से देह-यष्टि कण्टकित हो गई थी, कञ्चुकी दरक उठी थी, हाथ काँपने लगे थे, शब्द गायब हो गए थे :

अवनत आन कए हम रहिलहु बारल लोचन चोर।
पिय मुखरुचि पिवए धाओल जनि से चाँद चकोर ।
नतहु सओ हठे हठिमोजे आनत धएल चरन राखि ।
मधुक मातल उड़इ न पायए तइओ पसारए पाँखि।

राधिका के प्रथम मिलन का यह विषम अनुभव था। इसके बाद बहुत दिनों तक फिर प्राणप्यारे का दर्शन नहीं हुआ। वियोग की वे घड़ियाँ असह्य थीं, मगर नवानुरागिणी की लज्जा उसे सँभालती रही। कुछ सखियों के उद्योग से, कुछ अपनी तपस्या के फल से, कुछ नटनागर की आकुलता से शीघ्र ही दोनों प्राणी मिले और यमुना का केलि-पुलिन धन्य हो गया। मगर राधिका इस विलासविभ्रम में भी अन्त तक मुग्धा किशोरी ही बनी रहीं। यही इसका उत्तम अंश है।

पनघट पर युगल मूर्त्ति को देखकर यमुना उद्वेल हो उठी है, कदम्ब-तले देखकर वनस्थली आत्म-विस्मृति में डूब जाती है, गोकुल की अँधेरी गलियाँ काले प्रकाश से चमक उठती हैं, चन्द्रमा को अपना रूप सार्थक जान पड़ता है, वसन्त अपनी नवीनता का सच्चा आनन्द पाकर धन्य हो जाता है, वर्षा अपनी प्रफुल्लयौवना देह-यष्टि से लोट-पोट हो जाती है, शरद् कास-हास से तरंगित हो जाती है—दुनिया में जो जहाँ है, वह वहीं अपना जन्म सफल मान लेता है—ऐसी है वह राधा-माधव की प्रेमकेलि। अकस्मात् एक दिन राधिका सुनती हैं कि प्रियवियोग प्राय: निश्चित है। राधिका व्याकुल हो उठती हैं:

''हाय सखी, बालम विदेश जीतना चाहते हैं। (जाना चाहते हैं", कहना तो अमंगलसूचक शब्द है; राधिका इसका प्रयोग नहीं कर सकतीं।) कैसे रोकूँ, मैं कुलकामिनी हूँ, उनको रोकना तो अनुचित है। तू ही समझा देना बहन, यह विदेश का समय नहीं है। वह निष्ठुर मेरा दु:ख तो समझेगा नहीं; समझा दे सखी, कि कुछ दिन यहीं रहे।''

मगर राधिका की हृदय-व्यथा क्या सखी कह सकेगी ? कुलकामिनी राधिका को संकोच छोड़ना पड़ा। भगवान् के पास स्वयं ही गईं और बोलीं :

''प्यारे, अगर विदेश जाना ही चाहते हो, तो मेरा उपदेश सुनो। यदि भौंरे गूँजने लगें, यदि कोकिल पञ्चम तान छेड़ दे, तो अनुमान कर लेना कि वसन्त आ गया है, वरन् अपने कान मूँद लेना। उस समय, प्यारे, अपना प्रण रखना और मुझ प्यासी को भी जल देना।

''प्यारे, जब तुम घर से बाहर रास्ते के उस वन में पहुँचोगे उसी समय मुझे भूल जाओगे। हीरा, मणि-माणिक्य, मैं कुछ भी नहीं चाहती, प्यारे, मैं तो तुम्हीं को चाहती हूँ।"

मगर कृष्ण ने सुना नहीं । वे चलने को तैयार बैठे थे। उस विदाय-रात्रि का वर्णन विद्यापति नहीं कर सकते। राधिका कान्ह के मुख को देखकर फूटकर रो पड़ीं, आँखों से झर-झर, झर-झर अश्रु-धारा झड़ पड़ी! भगवान् ने चलने की अनुमति माँगी और विधुवदनी राधिका हरि-हरि कहकर मूर्च्छित होकर गिर पड़ी। व्याकुल प्रियतम ने क्या-क्या कहकर प्रबोध नहीं कराया? पर हाय, मर्म की पीड़ा भी उन प्रबोध-वाक्यों से दूर हो सकती थी? अन्त में माधव ने कहा कि 'मैं अब मथुरा नहीं जाऊँगा।' इस पर राधिका को चेतना हुई। सावधानी से कान्ह के दोनों हाथों को राधिका ने अपने कोमल हाथों में लिया और सिर पर रखा। तब समझाकर वर नागर कृष्ण ने कहा कि 'मैं मथुरा नहीं जाऊँगा।' प्रियतम के इस आश्वासन से प्रिया आश्वस्त हुईं और दीर्घ नि:श्वास छोड़कर बैठ गईं। जिस प्रकार भगवान् ने राधिका का प्रबोध किया, वह विद्यापति कह नहीं सकते :

कानमुख हेरइते भावनी रमणी।
फुकरइ रोयत झर-झर नयनी।
अनुमति माँगिते वर विधुवदनी।
हरि-हरि शबदे मुरछि पड़ धरनी।
आकुल कत परबोधेइ कान।
अब नहिं माथुर करब पयान
इह वर शबद पशल जब श्रवने।
तब विरहिनी धनी पावल चेतने।
निज करे धरि दुहुँ कानुक हाथ।
यतने धरल धनि आपन माथ।
बुझिये कहये वर नागर कान।
हम नहिं माथुर करब पयान।

राधिका, तुम भूल रही हो। किसी ससीम ने असीम को रखा है। काया ने प्राण को रोक रखने के लिए अनादि काल से अनन्त प्रयत्न किया है, पर प्राण ने कब सुना है?

प्राण कहे सुनु काया मेरी, तुम हम मिलन न होय ।
तुम सम मीत बहुत हम कीना, संग न लीना कोय ।।—कबीर

हे जगद्वन्धे, हम तुम्हारे विरह दु:ख की गम्भीरता का अनुमान करने में भी असमर्थ हैं, तुम वह ध्रुवतारा हो जिसका अनुसरण करके अनन्त काल तक राहगीर अपना रास्ता तय करेंगे, पर प्रेम के सर्वग्रासी प्रभाव में पड़कर तुम अपना ही रास्ता न पा सकीं।

हाय, किस गम्भीर दुःख में मग्न है यह सारा आकाश, यह सारी पृथ्वी। जितनी दूर चलो एक आवाज सुन पड़ेगी, 'मैं तुम्हें नहीं जाने दूँगी!' धरणी के इस प्रान्त से लेकर नीलाभ्र के उस प्रान्त तक एक ही अनाद्यन्त आवाज ध्वनित हो रही है, 'नहीं जाने दूँगी।' सबका यही कहना है, 'नहीं जाने दूँगी।' वह दीपशिखा आयुःक्षीण होकर 'अब बुझी, तब बुझी' की अवस्था तक पहुँच गई है, फिर भी अन्धकार से न जाने कौन सारी शक्ति लगाकर खींचता हुआ कह रहा है, 'नहीं रे, नहीं जाने दूँगी ।'

इस अनन्त चराचर में स्वर्ग से मर्त्य तक सबसे पुरानी बात, सबसे गम्भीर क्रन्दन यही है, 'नहीं जाने दूँगी, नहीं जाने दूँगी।' फिर भी जाने देना होता है। फिर भी जानेवाला चला जाता है । अनादिकाल से यही होता चला आ रहा है। प्रलय समुद्रवाही इस सृजनस्रोत में, व्यग्र बाहु फैलाए हुए, जलती आँखों से 'नहीं जाने दूँगी, नहीं जाने दूँगी' कहते-कहते, हू-हू करके तीव्र वेग से इस विश्व-तट को आर्त्त कलरव से पूर्ण कर सभी चले जाते हैं। सामने की लहर से पीछे की लहर चिल्लाकर कहती है, 'नहीं जाने दूँगी, नहीं जाने दूँगी।' मगर कोई नहीं सुनता, कोई जवाब नहीं देता :

की गभीर दुःखे मग्न समस्त आकाश
समस्त पृथिवी। चलितेछि जतदूर
शुनितेछि एकमात्र मर्मान्तिक सूर
'जेते आमि दिब ना तोमाय।' धरनीर
प्रान्त हते नीलभ्रेर सर्वप्रान्ततीर
ध्वनितेछे चिरक[illegible] अनाद्यन्त रवे
'जेते नाहि दिब, जेते नाहि दिब' सबे
कहे 'जेते नाहि दिब'। तृण क्षुद्र अति
तारेओ बाँधिया वक्षे माता वसुमति
कहिछेन प्राणपने 'जेते नाहि दिब'।
आयुक्षीण दीपमुखे शिखा निब-निब
आँधारेर ग्रास हते के टानिछे तारे
कहितेछे शतबार 'जेते दिब ना रे'
ए अनन्त चराचर स्वर्ग मर्त्य छेये
सब चेये पुरातन कथा सब चेये
गभीर क्रन्दन 'जेते नाहि दिब'। हाय,
तबू जेते दिते हय, तबू चले जाय।

चलितेछे एमनि अनादि काल हतें।
प्रलय समुद्रवाही सृजनेर स्रोते
प्रसारित व्यग्रबाहु ज्वलन्त आँखिते
'दिब ना दिब ना जेते' डाकिते डाकिते
हु हु करे तीव्र वेगे चले जाय सबे
पूर्ण करि विश्वतट आर्त्त कलरवे
सम्मुख उर्म्मिरे डाके पश्चातेर ढेव
'दिब ना दिब ना जेते' नाहि सुने केउ,
नाहि कोनो साड़ा।। -रवीन्द्रनाथ

राधिका की सारी आशा-आकांक्षाओं की उपेक्षा करके भगवान् भी चले गए। कृष्ण राधिका के विरह को अनुभव न कर सके। काश, राधिका की इच्छा पूरी हो जाती और मरकर दूसरे जन्म में कृष्ण होतीं, और कृष्ण राधिका होते, तो सम्भव था कि वे उस विरहिणी की व्यथा अनुभव करते ।

'कल ही शाम को प्रिय ने कहा था कि मैं मधुरा जाऊँगा, मैं अभागिनी समझ ही नहीं सकी; नहीं तो साथ ही योगिनी बनकर चली जाती। हाय! मेरा हृदय कितना दारुण है, जो प्रिय के बिना अब तक फट नहीं गया।'

कालि कहल पिया ए साँझहिरे
जायब मोये मारुअ देश।
मोय अभागिनी नहि जानल रे
सँग जइतउँ जोगिन वेश ।
हृदय बड़ दारुण रे पिया बिनु
बिहरि न जाय।

पर हाय, कृष्ण नहीं माने चले ही गए। उस समय राधा की अवस्था विद्यापति के शब्दों में :

एक शयन सखि सूतल रे
आछल बालमु निसि भोर।
सून सेज हिया सालय रे
पियारे बिन घर मोयें आजि ।
विनति करउ सहेलिनि रे
मोहि देह अगिहर साजि

राधिका के इस प्रथम बिछोह की घड़ियाँ बहुत दारुण हैं। इसी बिछोह के लिए राधिका ने क्षण-भर के लिए भी भगवान् को दोषी नहीं ठहराया। उनके

प्रियतम विदेश चले गए, कोई भी कुशल-सन्देश नहीं दे रहे हैं। इसके लिए राधिका किसकी निन्दा करें ? यह उन्हीं का अभाग्य है, प्रिय का दोष नहीं। श्रीकृष्ण-जैसे प्रिय ने भी पूर्व-प्रीति बिसार दी है। राधिका की समझ में यही बात आती है कि जब विधि वाम होता है, तो सब विपरीत हो जाते हैं। मर्म की वेदना मर्म ही जानता है, दूसरे का दुःख दूसरा नहीं जानता ।

हमर नागर रहल दूर देश।
केउ नाहिं कह सखी कुशल सन्देश ।
ए सखि काहि करब अपतोस।
हमर अभागि पिया नहिं दोस।
पिया बिसरल सखि पुरुब पिरीत।
जखन कपाल वाम सब विपरीत।
मरमक वेदन मरमहि जान।
आनक दुःख आन नहिं जान।

राधिका कहती है—'इतने दिनों तक हर्ष था, अब सब दूर हो गया। रंक का धन खो गया और उसके लिए सारा संसार सूना हो गया । न जाने निर्दय विधाता ने किस दोष के लिए यह दुःख दिया है। जी में आता है, विष खा लूँ, पर आत्महत्या तो पाप है! मेरा जीवन मरण के समान जान पड़ रहा है और मरण परम सुहावना। मेरा दुःख कौन पतियायेगा—किसे इसका यकीन होगा।'

एक दिन हृदये हरख छल आवे सब दूर गेल रे ।
राँकक रतन हेरायल जगते ओ सून भेल रे।
विहि निरदय कोन दोसें दहु देल दुख मनमथ रे।
मन कर गरल गरासिय पाप आतम बध रे ।
जीवन लाग मरन सम मरन सोहावन रे।
मोर दुख के पतिआएत सुनह विरहि जन रे ।
विद्यापति कह सुन्दरि मन धीरज धरु रे।
अचिर मिलत तोर प्रियतम मन दुख परिहरु रे।

फिर भी राधिका ने आशा त्यागी नहीं। हाय, मगर यह आशा क्या कभी पूर्ण होगी? आँखें तो रोज ही भगवान् के लिए दौड़ा करती हैं, मगर वे कहाँ आए ? शिव, शिव ! जीव भी तो नहीं जाता, आशावश उलझा हुआ है। मन में आता है कि वहीं उड़ जायँ, जहाँ भगवान् को पाया जा सके और उस प्रेम के स्पर्श-मणि को पाकर हृदय में लगा लें। सपने में भी संगम हुआ था, रंग

भी बढ़ाया था, मगर विधाता ने उसे भी नष्ट कर दिया—नींद ही खुल गई। फिर भी विद्यापति कहते हैं कि 'हे सुन्दरी, धैर्य धरो, प्रियतम शीघ्र ही मिलेंगे, मनोरथ पूर्ण होगा।'

लोचन धाए फेधायज हरि नहिं आयल रे।
शिव शिव जिवओ न जाय आसे अरुझाएल रे।
मन करि ताहाँ उड़ि जाइअ जाहाँ हरि पाइअ रे।
पेम परसमनि जानि आनि उर लाइअ रे।
सपनहु संगम पाओल रंग बढ़ाओल रे।
से मोर विहि विघटावल नींद ओ हेराओल रे।
भनइ विद्यापति गाओल धनि धइरज कर रे।
अचिरे मिलत तोहिं बालम पुरत मनोरख रे।

'हे काले बादल, कमल सूख गया, भौंरा अब नहीं आता। प्यासा पथिक पानी भी नहीं पाता। सरोवर दिन-पर-दिन छिछला होता जा रहा है। समय की उपेक्षा करके अगर तुम बरसे ही तो क्या और न बरसे ही तो क्या ? दिन में दीपक की कौन-सी जरूरत पड़ेगी ? असमय की वर्षा व्यर्थ है, समय का एक चुल्लू पानी मूर्च्छित को जिला सकता है।'

कमल सुखायल भमर नहिं आव।
पथिक पियासल पानी न पाव ।।
दिन दिन सरोवर होइ अगारि!
अबहु नइ बरसइ मही भरि वारि ।।
यदि तोहें बरसव समय उपेखि।
की फल आओब दिवस दिप लेखि।।
भनइ विद्यापति असमय बानी।
मुरुछल जिवए चुरू एक पानी।

'हाय, न जाने माधव कब तक मथुरा में रहेंगे ? कब वाम विधाता का प्रकोप दूर होगा? दिन लिखते-लिखते तो नख घिस गए, गोकुल का नाम भी भूल गया! हे हरि! यह संवाद मैं किससे कहूँ ? नेह का सुमिरन करते-करते तो देह क्षीण हो गई। अब कौन-सी साध बच रही है? पहले तो मैं ही प्यारी स्त्री थी, अब दर्शन में भी सन्देह आ उपस्थित हुआ है। भौंरा भी तो सब कुसुमों में रमता हुआ भी कमलिनी का स्नेह नहीं छोड़ता। मगर यह आशा लेकर कहाँ तक प्राण बचाऊँ, वह तो अभी से प्रयाण करना चाहता है। फिर भी विद्यापति कहते हैं कि हे सुन्दरी, धैर्य धरो, कृष्ण मिलेंगे।'

कत दिन माधव रहब मथुरापुर कबे घुचब विहि वाम ।
दिवस लिखि-लिखि नखर खोआएल बिसरल गोकुल नाम।
हरि-हरि काहे कहब इह संवाद।
सुमरि सुमरि नेह खीन भेल मुझ देह जीवने आछय किए साध।
पुरुब पियारि नारि हम आछल अब दरशनहुँ सँदेह।
भमर भमए भमि सबहु कुसुमे रमि न तजय कमलिनि नेह।
आश नियर करि जिउ-कत राखब अबहि से करत पयान।
विद्यापति कह धरैज धर धनि मिलब तुरतहि कान।

'हे सजनी, तू जाकर भगवान् से समझाकर कह। प्रेम-बीज का अंकुर रोपकर उसे तुमने मरोर डाला। वह किस उपाय से बचेगा ? जल में जैसे तेल का बिन्दु फैल जाता है, वैसे ही तुम्हारा अनुराग फैलता है और बालू में जैसे पानी गायब हो जाता है, वैसे ही तुम्हारा दिया हुआ सोहाग।'

सजनी कानुक कहबि बुझाइ ।
रोपि पेमक बीज अंकुरे मोड़लि बाँचव कोन उपाइ।
तेलबिन्दु जस आनि पसारिये ऐसन तुम अनुरागे।
सिकता जल जस खनहि सुखाये तैसन ताहार सोहागे।

'कौन है जो राधिका की पत्रिका ले जायगा ? हाय, इस सावन के महीने में हृदय का दु:ख सहा नहीं जाता। इस धारासार वर्षा के कठिन ऋतु में पिया बिना भवन में अकेली मैं नहीं रह सकती। कौन है, सखी, जो दूसरे का दु:ख पतियाये ? हरि मेरा मन हरकर मथुरा लेते गए। उन्होंने गोकुल छोड़कर मथुरा में वास कर कितना अपजस लिया ? फिर भी विद्यापति कहते हैं कि हे सुन्दरी, धीरज धरो, तुम्हारा मनभावन इसी कातिक में आ रहा है।'

के पतिया लय जायत रे मोर पियतम पास।
हिय नहिं सहय असह दुख रे भेल सावन मास ।।
एकसरि भवन पिया बिनु रे मोरा रहली ना जाय।
सखि अनकर दुख दारुन रे जग के पतिआय ।।
मोर मन हरि हरि लय गेल रे अपनो मन गेल।
गोकुल तेजि मधुपुर बस रे कत अपजस लेल ।।
विद्यापति इहि गावल रे धनि धरु पिय आस।
आवत तोर मनभावन रे एहि कातिक मास ।।

* * *

हम धनि तापिनि मन्दिरे एकाकिनी दोसर जन नहिं संग ।
बरिखा परबेश, पिया गेल दूर देश, रिपु भेल मत्त अनंग ।।

वसन्त आया, चला गया; वर्षा आई, निकल गई; शरद् शुरू हुई, समाप्त भी हो गई; शिशिर और हेमन्त आए भी, चले भी गए। अब फिर वसन्त, फिर ग्रीष्म, फिर वर्षा, फिर शरत्। राधिका के प्रिय नहीं आए। अन्त में सखी भगवान् के पास गई। बोली :

'हे माधव, वह कमलमुखी दिन-रात नयनाश्रु की नदी में स्नान किया करती है। एक बार अगर वह तुम्हारी रूप-सुधा को भर आँख पी ले, तभी जी सकेगी। मुक्त कवरी उलटकर वक्ष:स्थल पर लटक रही है, मानो स्वर्णगिरि पर चामरी चर रही है। तुम्हारा गुण गिनते-गिनते उसे नींद नहीं आती। वह सुन्दरी मुख नीचा किए कितना रो रही है । विद्यापति कहते हैं कि हे वर कान्ह! सुनो, मैं समझ चुका कि तुम्हारा हृदय पाषाण का है।'

लोचन नीर तटिनि निरमाने
ततहिं कमलमुखि करति सिनाने।
बेरि एक माधव तुअ राइ जीवइ
जओ तुअ रूप नयन भरि पीवइ।
फुअल कबरी उलटि उर परइ
जनि कनयागिरि चामरि चरइ।
तुअ गुन गनइते नींद न होइ
अवनत आनने धनि कत रोइ।
भनइ विद्यापति सुन वर कान
बुझल तुअ हिया दारुन पसान।

सखी ने राधिका की विरह-वेदना नाना भाँति से कह सुनाई। प्रेममय भगवान् सुनकर बेहोश हो गए। अन्त में सखा ने जो कहा वह विद्यापति के शब्दों में ही सुनिए :

माधव, देखल वियोगिनि वामे।
अधर न हास विलास सखी सँग, निस दिन जपे तुअ नामे ।
आनन सरद सुधाकर समतसु, बोल मधुर धुनि बानी ।
कोमल अरुन कमल कुम्हलायल, देखि मन अइतहु जानी।
हृदय हार भार भेल सुवदनि, नयन न होय निरोधे।
सखि सब आय खेलावल रंग करि, तसु मन किछुअ न बोधे।
रगड़ल चानन मृगमद कुंकुम सभ ते जलि तुअ लागी।

जनि जल हीन मीन जक फिरइछ, अहनिस रहइछ जागी।
दूति उपदेश सुनि-सुनि सुमिरल, तइछन चलला धाई।
मोदवती पति राघव सिंह गति, कवि विद्यापति गाई।
और माधव ने क्या कहा ?

माधव ने कहा—'ओह वह रामा! उसे क्या भूला जा सकता है ? हाथ पकड़कर जब मैंने मथुरा जाने की अनुमति माँगी, वह उसी दम मूर्च्छित होकर गिर पड़ी। गद्गद स्वर में, टूटे अक्षरों से उस श्रेष्ठ रामा ने जो कुछ कहा था, उसे सुनकर भी जो मैं चला आया सो इस कठिन कलेवर के कारण। मगर चित्त तो वहीं रह गया। उसके बिना न रात अच्छी लगती है, न दिन। अन्य रमणियों के साथ राज-सम्पद के होते हुए भी मैं बैरागी हूँ।'

रामा हे से किय बिसरल जाइ।
करे धरि माथुर मनुमति मगइते, ततहि पड़ल मुरछाइ।
किछु गदगद से लहु लहु आखरे, जे किछु कहल वर बामा।
कठिन कलेवर तजि चलि आयल, चित्त रहल सोइ ठामा।
से बिनु राति दिवस नहि भावइ, ताहि रहल मय लागी।
आन रमनि संगे राज सम्पद, मोजे आछिय जैसे बिरागी।

सखी ने राधिका से आकर बताया कि माधव दो-चार दिन में आनेवाले हैं। ये दो-चार दिन राधिका के कैसे कटे, यह बता सकना कठिन है। हृदय धन के भविष्यत् मिलन के भावोल्लास, नए-नए मनसूबे, नई-नई कल्पनाएँ राधिका के ही योग्य हैं। एक बार वे सोचती हैं, भगवान् के स्वागत के लिए मोतियों का चौक पूरेंगी; फिर सोचती हैं, मान कर लेंगी, कुछ भी नहीं बोलेंगी।

'ज्यों ही रसिकराज आँगन में आएँगे, मैं जरा-सा हँसकर लौट जाऊँगी, प्रिय आवेश में आकर आँचल पकड़ लेंगे।'

आँगने आवब जब रसिया
पलटि चलब हम ईषत् हँसिया
रम नागरि रमनी
कतबहु जुगुति मनहिं अनुमानी
आवेशे आँचर पिया धरबे
जावब हम यतन बहु करबे।

आज बहुत दिनों के बाद माधव राधिका के घर आए हैं। वसन्त ने जितना दारुण दु:ख दिया था, यह सब प्रियतम का मुख देखकर दूर हो गया।

'भगवान् की कृपा से मेरे हृदय की सारी साध मिट गई। सरस आलिंगन से शरीर पुलकित हो गया। अधरसुधा के पान से विरह-ज्वर दूर हो गया। अब कोई व्याधि नहीं है, समुचित औषध मिलने से कभी व्याधि रहती है ?'

कि कहब हे सखि आनन्द ओर
चिर दिने माधव मन्दिरे मोर
दारुन वसंत जत दुख देल
पिय मुख हेरइत सब दुख गेल
जतहुँ अछल मोर हृदयक साध
से सब पूरल हरि परसाद
रभस आलिंगने पुलकित भेल
अधरक पाने विरह दूर गेल
भनहि विद्यापति आर नहीं आधि।
समुचित औषधे ना रहे बेयाधि।।[1]

'आज मैंने सौभाग्य से रात काटी। प्रिय मुखचन्द्र देखा। आज मेरा जीवन और मेरा यौवन, दोनों सफल हुए। दसों दिशाएँ आज निर्द्वन्द्व हैं। आज मेरा घर, घर है, देह, देह । आज ब्रह्मा मेरे अनुकूल है। सब सन्देह टूट गया ।

आजु रजनी हम भागे गमावल
पेखल पिय मुख चंदा।
जीवन यौवन सफल करि मानल
दश दिश भेल निरदंदा ।।
आजु मझु गेह गेह करि मानल
आजु मझु देह भेल देहा।
आजु विहि मोहे अनुकूल होयल
टूटल सब सन्देहा ।।

'ऐ सखी, तू मेरा अनुभव क्या पूछ रही है ? वही प्रीति है, वही अनुराग है जो तिल-तिल नूतन हो, क्षणे-क्षणे यन्नवतामुपेति। मैंने सारे जीवन उस रूप को देखा; पर नयन तृप्त नहीं हुए! जो मधुर बोल बराबर सुनती रही, वह श्रुति-पथ के लिए अब भी नए हैं, वे अब भी श्रुति-पथ को स्पर्श नहीं कर सके । कितनी मधुयामिनियाँ आनन्द से काट दीं, पर समझ न सकी कि केलि

---

1. इस पद को गाते-गाते एक बार महाप्रभु चैतन्यदेव व्यकुल भाव से बेहोश हो गए थे—'व्याकुल होइया प्रभु भूमि ते पड़िला' ('चैतन्य चरितामृत') यह उनके प्रिय पदों में से एक है।—लेखक

क्या चीज है । लाख-लाख युग तक हृदय में धारण किए रही, पर हृदय जुड़ा नहीं सका । विदग्ध तो कितने ही हैं जिन्होंने रस का अनुमोदन किया है, पर अनुभव किसी ने नहीं देखा। विद्यापति कहते हैं कि हृदय जुड़ा जाता यदि करोड़ों में एक भी अनुभव करता ।

सखि की पूछसि अनुभव मोय !
सेहो पिरीत अनुराग बखानिअ,
तिले तिले नूतन होय।
जनम अवधि हम रूप निहारनु
नयन न तिरपति भेल।
सेहो मधुर बोल श्रवनहिं सुनल
श्रुति पथे परश न गेल।
कन मधु यामिनि रभसे गमाओल
न बुझल कैसन केल।
लाख-लाख युग हिय-हिय राखल
तइयो हिय जुड़ल न गेल।
कत बिदगध जन रस अनुमोदइ
अनुभव काहु न देखि।
भनइ विद्यापति हृदय जुड़ाइत
मिलय कोटि में एक ।

विद्यापति की राधिका आरम्भ से अन्त तक मुग्धा किशोरी है। क्या पूर्वानुराग, क्या मिलन, क्या मान और क्या वियोग—सर्वत्र उनकी शिकायत है कि कोई उनके प्रेम को पतियाता नहीं, कोई उनका दु:ख बाँट नहीं लेता। हालाँकि राह-घाट, गली-कूचे, सर्वत्र उन्हीं के प्रेम की चर्चा चल रही है। इस राधिका में प्रेम का वह रूप शुद्ध भाव से फूट उठा है, जो प्रेम-पात्र के अतिरिक्त और किसी को नहीं देखता । विद्यापति ने राधिका की जिस प्रेममयी मूर्त्ति की कल्पना की है उसमें विलास-कलावती किशोरी का रूप स्पष्ट ही प्रधान है; पर सर्वत्र उस विलास के पीछे यह भावना छिपी हुई है कि प्रिय इससे प्रसन्न हों। राधिका का रूप भगवान् के लिए है, यौवन भगवान् के लिए है, प्रेम भगवान् के लिए है, विलास भी भगवान् के लिए है—एक शब्द में उन्होंने भगवान् की सन्तुष्टि के लिए ही विलास-कलावती का रूप धारण किया है। अगर भगवान् किसी अन्य रूप से सन्तुष्ट होते और राधिका को यह खबर लग गई होती, तो वे निश्चय उस 'अन्य रूप' को ही अपनातीं।

चण्डीदास की राधा में मानस-सौन्दर्य अपनी चरम सीमा तक पहुँचता है। विद्यापति की राधा में शरीर-सौन्दर्य भी उसी प्रकार अपनी परिणति पर पहुँचता है। मगर यह कहना कि विद्यापति की राधिका में शरीर-सौन्दर्य ही प्रधान है, अन्याय है। यद्यपि यह बात होती भी तो विद्यापति की साधना में रत्ती-भर न्यूनता नहीं आती। असल बात यह है कि राधिका की सारी शरीर-चेष्टाओं के भीतर भगवान् को सन्तुष्ट करने की भावना है। यह बात अस्वीकार नहीं की जा सकती कि आराध्य की सन्तुष्टि के लिए अपना सर्वोत्तम भेंट कर देना मानस-सौन्दर्य की पराकाष्ठा है।

चण्डीदास की विरहिणी राधा

चण्डीदास बंगाल के प्रेमी वैष्णव कवि हो गए हैं। वे बंगाल के सूरदास हैं। उनका निवास-स्थान विवाद का विषय बन गया है, पर वह सम्भवत: उस वीरभूमि जिले के निवासी थे, जो उनके सैकड़ों वर्ष पहले के प्रसिद्ध कवि जयदेव की शायद जन्मभूमि है और सैकड़ों वर्ष बाद के श्रेष्ठ कवि रवीन्द्रनाथ की कर्मभूमि है। चण्डीदास चैतन्यदेव के भी पूर्ववर्त्ती हैं। हिन्दी पाठकों को यहाँ चण्डीदास की विरहिणी राधा का परिचय दिया जा रहा है। इन गानों की तन्मयता ने महाप्रभु चैतन्यदेव को मूर्च्छित कर दिया था।

चण्डीदास की पदावली में राजा वृषभानु की नगरी में ही प्रथम बार नवल किशोरी की मधुर मूर्त्ति दिखाई पड़ती है। वे सखियों के साथ, कितने रंगों में यमुना स्नान करने जाती हैं, अंग के सौरस से भौंरे उनकी ओर दौड़ पड़ते हैं और झनकार करते फिरते हैं, उस अपूर्व सौन्दर्य के सामने उनके शरीर पर के नाना आभरण और मणियों की किरणें भी म्लान जान पड़ती हैं। श्रीकृष्ण के मन में यह बिजली-सी बरनवाली किशोरी सदा जगी रहती है :

सखीगन संगे जाय कत रंगे यमुना सिनान करि।
अंकेर सौरभे भ्रमरा धावये झंकार करये फिरि।
नाना आभरण मणिर किरण सहजे मलिन लागे।
नवीन किशोरी बरन बिजुरी सदाउ मने ते जागे।

एक दिन एक घटना हो गई। राधिका माता तथा संखियों के साथ खिड़की पर बैठी थीं, नीचे सुबल आदि गोप-बालक खेल रहे थे। सुबल ने श्रीकृष्ण-मूर्त्ति दिखाई और राधिका मूर्च्छित हो गईं। इस मूर्च्छा को दूर करने के लिए क्या-क्या उपाय नहीं किए गए। पर सब व्यर्थ । मूर्च्छा किसी तरह न छूटी। सुबल बाजीगर बनकर गए और श्रीकृष्ण का अमृततुल्य नाम कानों में सुना दिया। बात-की-बात में किशोरी फिर प्रकृतिस्थ हो गईं। यहीं उस स्वर्गीय प्रेम का जन्म होता है, जिसकी तुलना संसार में नहीं है।

इसके बाद राधिका की प्रेम-विह्वल अवस्था देखने ही योग्य है। एक दण्ड में सौ बार घर से बाहर निकलती हैं, फिर भीतर जाती हैं— चित्त महा उद्विग्न हो गया है। कदम्ब के वन की ओर देख-देखकर दीर्घ श्वास लेती हैं :

घरेर बाहिरे दण्डे शतबार तिले-तिले आसे जाय
मन उचाटन निश्वास सघन कदम्ब कानने चाय

मगर राधिका को हो क्या गया? साड़ी का आँचल सदा ही चंचल रहता है। संवरण नहीं कर पातीं; बैठी हुई रह-रहकर चौंक पड़ती हैं, गहने खिसक जाते हैं :

राइ एमन केव वा हइल।
सदाइ चंचल वसन अंचल संवरण नाहि करे।
बसि थाकि-थाकि उठाये चमक भूषण खसिये पड़े।

राधिका की अवस्था सचमुच बड़ी उद्वेगजनक है। हाय, उनके अन्तर में यह कौन-सी व्यथा जगी रहती है। एकान्त में बैठी रहती हैं, जब देखो तब कपोल हथेली पर पड़े हुए हैं, सदा ध्यानमग्न होकर मेघ की ओर टकटकी लगाए रहती हैं। नील वस्त्र छोड़कर राँगा वस्त्र पहनने लगी हैं, आहार छोड़ दिया है, जान पड़ता है योगिनी हो गई हैं :

आगो राधार कि हल अन्तरे व्यथा
बसिया विरले थाकइ एकले न शुने काहारो कथा।
सदा धेयाने चाहे मेघ पाने ना चले नयन तारा
विरति आहारे राँगा वास करे जेन योगिनीर पारा।

सभी काली चीजें उनके निकट महत्त्वपूर्ण हो गई हैं। सजल श्यामल मेघ और नृत्यमग्न मयूरों को देखकर उनकी टकटकी बँध जाती है। अपने ही भौंरे-से काले केशों को खोलकर देखती और नि:श्वास लेती हैं, सारा मन और प्राण कृष्णमय हो गया है।

कितना मधुर है वह श्याम नाम। हाय मेरी सजनी, किसने सुनाया था यह मधुर नाम। कानों से होकर यह मर्म में प्रवेश कर गया और मेरे मन और प्राणों को व्याकुल कर दिया। न जाने कितना मधु है इस श्याम नाम में, जिसे मुँह छोड़ ही नहीं सकता । नाम जपते-जपते उसने मुझे अवश कर दिया। बता सखि, उसे मैं कैसे पा सकूँगी।

सइ केवा शुनाइल श्याम नाम !
कानेर भितर दिया मरमे पशिल गो आकुल करिल मोर प्राण
ना जानि कतेक श्याम नामे आछे गो बदन छाड़िते नाहि पारे
जपिते-जपिते नाम अवश करिल गो केमने पाइब सइ तारे।

कृष्णरूप राधिका के हृदय में इस तरह अंकित हो गया है कि उसे किसी प्रकार हटाया नहीं जा सकता। प्रेम की ऐसी तन्मयता, ऐसी गम्भीरता, ऐसी विशुद्धता और ऐसी दृढ़ता दुर्लभ है। राधिका ने प्रेम किया, पर कृष्ण नहीं मिले। न सही, पर राधिका को तो जो होना था, हो चुकी। अब तो लौट चलने का रास्ता नहीं है।

राधिका और कृष्ण की प्रेम-लीला से यमुना का कदम्ब-कानन उल्लसित हो उठा है, पर उसमें रह-रहकर राधिका का मक्खन-सा मुलायम हृदय प्रेम-वैचित्र्यवश सशंक हो उठता है।

राधा और श्रीकृष्ण का यह प्रेम सचमुच अदृष्ट-पूर्व है। सहज ही एक-दूसरे का प्राण एक-दूसरे से बँध गया है। दोनों ही दोनों की गोद में विच्छेद की आशंका से रो रही हैं—एक क्षण भी न देखने से मर-से जाते हैं :

एमन पिरीति कमु देखि नाइ शुनि
पराणे-पराणे बाँधा आपनि आपनि
दुहुँ कोड़े दुहुँ काँदे विच्छेद भाविया
तिल आध न देखिये जाय जे मरिया।

यह मोम की पुतली मान भी नहीं कर सकती। यदि संयोगवश किसी दिन मान की नौबत आ भी गई तो क्षण-भर में गलकर पानी हो गई—'अपना सिर मैंने अपने हाथों काट लिया। मैंने मान किया ही क्यों ? हे सखि, वह श्याम सुनागर, नटवर-शेखर किधर निकल गया ? दिन-रात तप-व्रत करके भी जिस कानू (कन्हैया) को नहीं पाया जा सकता वही अमूल्य धन मेरे पैरों पड़ा था, मैंने उसे पैरों से ठेल दिया।'

आपन सिर आमि आपन हाते काटिनु काहे करिनु हेन मान।
श्याम सुनागर नटवर शेखर काँहा सखि करिल पयान
तप बरत कत करि दिन यामिनी यो कानू को नाहि पाय
हेन अमूल्य धन मझु पाय गड़ायल कोपे भुँइ ठेलि नु पाय ।

'सखी, मेरा हिया जुड़ा गया। श्याम अंग के शीतल पवन का स्पर्श पाकर मेरा हृदय ठण्डा हो गया। सखियों, तुम यमुना जल में आकर स्नान करो ताकि मेरे मनभावन के सभी अमंगल दूर हो जायँ।'

सइ जुड़ाइल मोर हिया,
श्याम अङ्गेर शीतल पवन ताहार परश पाइया।
तोरा सखीगन करइ सिनान आसिया यमना नीरे ।।
आमार बंधुर जत अमंगल सकल पाउब दूरे।

जिस प्रेम-प्रतिमा का संयोग ही इतना करुण है, उसके वियोग की कल्पना भी कष्टदायक है। राधिका ने जब कहा था—'जिसे जो इच्छा हो, मुझे बुरा-भला कह ले, पर मैं इस श्यामरूपी स्निग्ध धन को नहीं छोड़ सकूँगी':

बले बलुक मोरे मन्द आछे सत जन
छाडिते नारिब मुइ श्याम चिकन धन

उस समय क्या उन्हें मालूम था कि इस 'श्याम चिक्रन धन' को भलीभाँति ही छोड़ना पड़ेगा ।

आज वृन्दावन की लीला का अन्तिम दिन है। भगवान् आज मधुपुरी को पयान करनेवाले हैं। सखी ने आकर राधिका को खबर दी। राधिका ने विश्वास ही नहीं किया। गलत बात है, अपनी एकान्त-निर्भर प्रियतमा को छोड़कर क्या भगवान् जा सकते हैं। राधिका के हृदय ही में वे रहते हैं। वे जब छाती चीरकर उन्हें बाहर निकाल देंगी तभी तो कृष्ण बाहर जायँगे :

ए बुक चिरिया जबे वाहिर करिया दिब
तबे त श्याम मधुपुरे जाबे

किन्तु हाय, इस विश्वासपरायण के सारे विश्वास को कुचलकर भी जब मनभावन मथुरा को जाने लगे तो राधिका के ऊपर जैसे वज्रपात हो गया। दौड़कर गईं। बोलीं, 'प्यारे, सच बताओ, क्या सचमुच जा रहे हो ? क्या कुछ भी दया नहीं है तुम्हारे ?'

बन्धू, उलटि कहत एक बोल।
निश्चय मथुरा जावे कि ना पारा
दया कि नाहिक तोर ?

पर निष्ठुर कान्ह जाने पर ही तुले रहे। राधिका छिन्नाश्रया लतिका की भाँति मुरझा गईं। एक वयस्क गोप-रमणी ने कुछ साहस के साथ राधा का हाथ पकड़ा और निष्ठुर प्रियतम से बोली, 'सोचो तो भला, ऐसी नवीन किशोरी कुमारिका को किस पर छोड़े जाओगे ? इस कच्ची उम्र में प्रेम बढ़ा इसके हृदय में आघात करके कैसे जा सकोगे ?'

एमन कुमारी नवीन किशोरी राखिया जाइवे कोथा ।
अलप बियसे प्रेम बाढ़ाइया एरे दिया हिय व्यथा।

मगर निष्ठुर कृष्ण रुके नहीं, चले ही गए। उस समय वह सोने की पुतली पृथ्वी पर लुढ़क पड़ी। नि:श्वास के झोंकों से नाक के मोती हिलने लगे। जिसका विरह क्षण-भर के लिए भी असह्य था, वह अब सुदूर मथुरा नगरी

में रहने लगा। इस निदारुण विच्छेद-वेदना से मर्माहत राधिका की अवस्था देखकर पत्थर भी पिघल सकता है। जिसके मुँह से कृष्ण का नाम सुन लेती हैं, उसी के पैरों पर लोटने लगती हैं—कुछ समाचार शायद सुना दे। बड़ी हृदयद्रावक होती है वह अवस्था जब हम देखते हैं कि वह सोने की पुतली धूल में लोट रही है 'सोनार पुतुल जेन भूलाते लोथाय।'

हाय, अब राधिका किसके कोमल शरीर में अगुरुचन्दन चुआ देंगी । पिया के बिना उनका हृदय फटा जाता है। किसके मुँह में वे ताम्बूल और कर्पूर देंगी । कौन है जिसके साथ रहकर वे रात को छलेंगी ।

अगुरु चंदन चुया दिव कार गाय
पिया बिनु मोर हिया फाटिया जे जाय ।।
ताम्बूल कर्पूर आमि दिब कार मुखे ।
रजनी बंचिब आमि कारे लये सुखे ।।

'ऐ सखि, साल बीतने को आया, माधवीलता प्रस्फुटित हो गई, कोकिला कुहू-कुहू करने लगी, भ्रमरियाँ गुंजार करने लगीं, पर प्यारे की तो कोई खबर नहीं मिली।'

वरष बहिया गेल वसंत आवल फुटल माधवीलता।
कुहु कुहु करि, कोकिल कुहरे गुञ्जये भ्रमरी यता !

हाय रे दारुण विधाता! राधा क्या अब जिएँगी? तूने गुणनिधि भगवान् को उनसे छुड़ा दिया। यह मृणाल-तन्तु क्या यह ताप सह सकता है ? वह मरेंगी। अब क्या वह मुखचन्द्र उन्हें फिर दिखाई देगा ? वे दुख-द्वन्द्व मिटेंगे ? क्या फिर उनके श्यामसुन्दर उन्हें मिलेंगे, उनकी गोद में बैठेंगे ? क्या वह वंशी फिर सुन पड़ेगी—वृन्दावन की ओर जाने का अवसर फिर मिलेगा ? हाय अब चन्दन घिसकर राधा किसे तिलक करेंगी, किसके गले वह माला देंगी ।

हाय रे दारुण विधि। छाड़ाइले गुन निधि ।।
एत कि सहिते पारि। विरहे ए तनु मरि ।।
आर कि हेरब मुखचंद्र। भाड्ब सकल दंद।।
पुन हरि मिलब मोर। पियारे करब निज कोड़ ।।
बाँशी की सुनब काने। जाब वृन्दावन पाने।
घसिया चंदन माला। कारे दिब आर गला ।।

राधिका मृत्यु-शय्या पर पड़ी हैं। किसी ने श्याम नाम सुना दिया। वे चौंककर उठ गईं। विरह-विधुरा उस प्रेम लतिका की अन्तिम आकांक्षा भी श्याम के आनन्द के लिए ही है—'देखो, मेरी मर्म-सखियाँ, बड़ी गलती हुई

जा रही है। हाय, मैं तो मर जाऊँगी मगर कृष्ण की लगाई हुई उस मालतीलता की खबरदारी कौन करेगा ? देखो, मेरे मरने पर उसे सींचती रहना, झाड़ू देकर उसके आलबाल को साफ करती रहना। मैं तो जीते-जी प्रियतम को भेंट न सकी, पर वह किसी तरह पिया को मिल जाय।'

शुन गो मरम सखि बड़ परमाद देखि ए तनु तेजिब आमि जबे।
कृष्णेर मालतीलता सेंचि ताहे सर्व्वथा निति ताहा मार्ज्जन करिबे ।।
तेजिब परान जबे तोमा नेह विमूरत? भाजइ रविर तापे ।
राखिह जतन करि जीते ना भेटल हरि जेन पिया राखि कोनों रूपे ।।

राधिका की सखियों ने आश्वासन दिया। कुछ चिन्ता नहीं सखि, हम कृष्ण को बुला लाएँगी। उस समय उस एकान्त-निर्भर भक्त की प्रार्थना बड़ी ही करुण है। हमें समझ में नहीं आता कि चण्डीदास के इन पदों में से किसे उद्धृत करें, किसे छोड़ें। राधिका की कातरता चण्डीदास ही कह सकते थे। वे कहती हैं :

''सखि, कानू के पैर पकड़कर कहना। उस सुख के समुद्र को तो दैव ने सुखा दिया, तृषा से मेरा प्राण जा रहा है।''

''सखि, कानू का हाथ पकड़ लेना। पहले वर माँग लेना कि अपनी समझकर मेरी बात का उल्लंघन न कीजिए।''

''सखि, शयन में, स्वप्न में मन-ही-मन मैने जो साध की थी, विधाता ने सब बरबाद कर दी।''

''सखि, मैं अबला हूँ। विरहाग्नि हृदय में दुगने वेग से जल रही है। इसीलिए सहन नहीं कर पाती।''

''सखि, कानू का मन तौल लेना और जैसा कहने से वह आदमी आ सके वही कहना।''

सखि, कहिबि कानुर पाय।
से सुख-सायर दैबे सुखायल तियाषे परान जाय ।।
सखि, धरिबि कानुर कर।
आपन बलिया बोल ना ते जब मागिया लइवि वर ।।
सखि जतेक मनेर साथ शयने स्वप्ने करिनु भावने
विहि से करल बाद सखि, आमि से अबला हाय
विरह आगुन हृदये द्विगुन सहन नाहिक जाय।
सखि, बुझिया कानुर मन।
जेमन करिले आइसे से जने द्विज चण्डीदास भन।

प्राणवल्लभा किशोरी सखी की इस दारुण अवस्था से विकल होकर जो सखी कृष्ण के पास गई, उसने निष्ठुर काले को खरी-खरी सुना दी। चोट खाई हुई व्याघ्रिणी की तरह गरजकर उसने कृष्ण को फटकारा : 'धिक्कार है तुझे ऐ काले! किसने तुझे यह कुबुद्धि दी! किसने कहा था तुझे प्रेम करने को, यदि तेरे मन में यही थी । धिक्कार है प्यारे! लाज नहीं आती, तू स्नेह का लेश भी नहीं जानता, जो एक देश में आग लगाकर दूसरे को जलाने आया है ?'

धिक् धिक् धिक् तोरे रे कालिया के तोरे कुबुद्धि दिल।
केवा सेधे छिल पिरीत करिते मने यदि एत छिल।
धिक् धिक् बन्धु लाज नाहि वास ना जाने लेहेर लेश।
एक देश एलि अनल ज्वालाये ज्यालाइते आर देश ?

इसी सखी के साथ ही चण्डीदास की अन्तरात्मा भी क्रोध से फुफकार उठी है। वह कहते हैं कि 'मानसिक वेदना से प्राण फटा जा रहा है, तुम्हारी सोने की प्रतिमा तो धूल में लोट रही है और तुम्हारी खाट पर बैठी है यह कुब्जा!'

चण्डीदास भने मनेर वेदने कहिते परान फाटे
तोमार सोनार प्रतिमा धूलया गड़ागड़ि कुबुजा बसिल खाटे !

'कोई कितना ही प्रेम क्यों न करे, राधिका की तरह कोई प्रीति नहीं कर सकता। राधानाथ के बदले कोई तुम्हें कुब्जानाथ नहीं कहेगा।'

जतेक तोमारे पिरीत करुक तेमन पिरीति हबे ना।
राधानाथ बिने कुबुजार नाथ केह त तोमारे कबे ना !

डाँट-फटकार के बाद सखी जरा नरम पड़ती है और राधिका की दशा सुनाती है:

'प्यारे कृष्ण, तुम इतनी दूर चल आए हो। यह किशोरी राधा तुम्हारे विरह में आधी हो गई है। तुम क्यों इतने निठुर हो गए हो? वह चम्पकवर्णी सुन्दरी, जिसके निखरे वर्ण के सामने लाख-लाख सोने की चमक मात है—ऐसी उस राधिका का मुखचन्द्र म्लान है। रात को कदम्ब के तले जाकर भूमि में लोटती हुई वह विरहिणी 'पिया-पिया' की रट लगाती रहती है, नयनों की स्खलिता वारिधारा से उसका शरीर और उस पर का नीला वस्त्र बराबर भींगा करता है; उस खंजनाक्षी की आँखें रोते-रोते अरुणवर्ण हो गई हैं। कौन जाने वह जिएगी या नहीं । उसकी दशम-दशा आ पहुँची है। हे कमलनयन! परिस्थिति बड़ी विकट है, परन्तु चलो। यदि राधा से काम है, तो देरी न करो,

उस सुन्दरी विरहिणी को देख आओ। मैं ठीक जानती हूँ, उसका प्राण तुम्हारे दर्शनों की आशा से ही बचा है।'

बन्धु कानाइ तोमार चरित एत दूर !
से हेन किशोरी राधा तो बिनु हइया आधा तुमि केन एतेक निठुर।
चम्पकवरणी धनी लाख वान हेम गनि से राधा मलिन मुख चाँदे।
गिया निप तरुमूले लोटाइया भूमि तले निशि दिशि पिया बलि काँदे ।
खलित नयन जले से अंग भासिया चले तिते अंग निलेर बसन।
खंजननयनी राइ काँदिया आकूल ताइ देखि जेन अरुण बरन।
जीये कि ना जीये राइ कहिल तोमार ठाँइ परदशा आसि उपजिल।
बड़इ कठिन देखि शुनइ कमल आँखि तुरित गमने तुमि चल।
आछे यदि राइए काज तुरित सेखाने साज देख गिया धनी विरहिनी ।
तुया दरसन आशे तेंइ से परान आछे चण्डीदास भाल मते जानि ।

यह अमोघ अस्त्र था। प्रिया की इस दारुण अवस्था पर कमलनयन की आँखें छलछला आईं। बार-बार वे राधा का समाचार पूछने लगे। वे कैसे उठती हैं, कैसे बैठती हैं, कैसे रोती हैं, कैसे रात काटती हैं— सखी ने सब सुनाया। श्याम गद्‌गद हो गए। आँखों से वारिधारा झड़ने लगी :

पीत-बसन धरिया सघन, मुछत नयन लोर !

भगवान् ने सखी से कहा कि 'मैं जरूर राधिका के दर्शनार्थ वृन्दावन जाऊँगा।' सखी ने इसे अहोभाग्य समझा। भगवान् ने गद्‌गद कण्ठ से अपनी हृदय कथा कह सुनाई। बताया, जब बैठते हैं तब भी राधिका को देखते हैं, गाते हैं तब भी राधा को देखते हैं, हरएक गुण में राधिका ही नजर आती है। भोजन में भी राधिका, गमन में भी राधिका—जब देखो, राधिका ही साथी है।

बसिते राधिका गाइते राधिका गुणेते राधिका देखि ।
भोजने राधिका गमने राधिका सदाइ राधिका साथी।

आज राधिका का सोहाग लौट आया है। आज कुदिन भी सुदिन हो आया है। माधव आज राधिका के मन्दिर में पधारेंगे। आज चिकुरराशि स्फुरित हो रही है, बसन स्खलित हो रहे हैं। पुलक और यौवन से शरीर भर गया है। बायाँ अंग फड़क रहा है, बाईं आँख बार-बार नाच रही है, आनन्द-कम्प से हृदय पर का हार हिल रहा है। आज प्रात:काल काकों की भीड़ लग गई है। आनन्दोल्लास से एक-दूसरे से सट-सटकर, बाँट-बाँटकर आहार खा रहे हैं। प्रियतम के आगमन का शकुन पूछने पर उड़कर शकुन-स्थल पर बैठ रहे

हैं, मुख का ताम्बूल स्खलित हो रहा है— सारे सुलक्षण उपस्थित हैं, आज विधाता राधिका के अनुकूल हैं :

सइ, कानि कुदिन सुदिन भेल।
माधव मन्दिरे तुरिते आओब कपाल कहिया गेल।
चिकुर फुरिछे वसन खसिछे पुलक यौवन भार।
वाम अंग आँखि सघने नाचिछे दुलिछे हियार हार ।
प्रभात समये काक कोलाकुलि आहार बाँटिया खाय ।
पिया आसिवार नाम शुधाइते उड़िया बसिल ताय ।।
मुखेर ताम्बूल खसिया पड़िछे देवेर माथार फूल।
चण्डीदास वले सब सुलक्षण विहि भेल अनुकूल ।।

चण्डीदास की प्रेमविह्वला राधा मानो प्रेम के उस शुद्ध सात्त्विक अंश से बनाई गई है जिसमें केवल आत्मसमर्पण का वेग रहता है। इस राधिका का प्रेम शृंगारमय नहीं है, विलासप्रवण नहीं है, यहाँ तक कि यह केवल मिलन के लिए भी लालायित नहीं है। मिलन होकर भी क्या होगा अगर प्रियतम को अपना सर्वस्व-अपना सर्वोत्तम-न दे सकीं। राधिका के पास है ही क्या ? खिलता हुआ वपु:कमल, उमड़ता हुआ हृदय ? अगर इन्हें भी भगवान् न ले सके तो व्यर्थ है मिलन का भार।

जोयारेर पानि नारीर यौवन गेले ना फिरिबे आर।
जीवन थाकिले बँधुरे पाइब यौवन मिलन भार ।।
यौवनेर गाछ न फुटिते फूल भ्रमरा उड़िया गेल।
ए भरा यौवन विफले गोयाँनु बंधु फिरे नांहि एल।।

आत्मसमर्पण का वेग जहाँ इतना प्रबल हो वहाँ मान कैसा। चण्डीदास की राधा सचमुच मान नहीं कर पातीं। जिसने क्षणिक वियोग के मान को कुछ महत्त्व नहीं दिया, उससे सुदूर प्रवास के वियोग में मान की आशा नहीं की जा सकती। राधिका विरहविह्वल होकर कभी-कभी सखियों से कह उठती हैं—'जा सखी, जान आओ, प्रीतम आएँगे कि नहीं। वे आएँ या न आएँ, मैं ही उस निष्ठुर के पास चली चलूँगी।'

जाओ सहचरी जानिह सबाह बंधुया आसे न आसे।
निठुरेर पाश आमि जाइ चलि कहे द्विज चण्डीदासे ।।

यह वह भावना नहीं है जिसमें कहा गया है कि 'मान घटे ते कहा घटिहै सखि प्रान-पियारे को दर्शन पैये'-क्या हुआ अगर मान घटेगा, प्राणप्यारे के दर्शन तो मिल जायँगे। नहीं, यह वह भावना है, जिसमें यह लालसा छिपी है,

कि 'मैं रहूँ या न रहूँ, मुझे दु:ख हो या सुख, प्राणप्यारे को मैं अपना सर्वोत्तम दे सकूँ—वे मेरा सर्वोत्तम पा सकें।'

इसलिए बहुत दिनों के बाद नन्दनन्दन राधिका के घर लौटे तो राधिका ने अभिमान से मुँह नहीं फेर लिया, बड़री अँखियान के छलकते जलकणों से ताकती हुई कर्त्तव्य-मूढ़ नहीं हो गईं। विथुरे केशपाश से चरण पोंछ लिया; सुवासित जल से दोनों चरण धो लिये और सुखमय पलँग पर बैठा दिया। कस्तूरी और अगुरु से सुवासित चन्दन की कटोरी लेकर मन के साध के अनुसार श्याम-अंग में लेप करने लगी। नाना सुशोभन पुष्पों की माला गले में डाल दी और निर्बाध भाव से उस मधुर रूप को देखने लगीं। एक क्षण भी नष्ट नहीं होने दिया। कृष्ण के पूर्णिमा के चाँद के समान मुख के रूपामृत को राधिका चकोरी की भाँति निर्निमेष भाव से पान करने लगीं:

केशपाश दिया चरण मुछाये विचित्र पालङ्के लइ।
अति सुवासित वारि ढालि राधा धोयल चरण दुइ ।।
मृगमद भरि चंदन कटोरि अगोर तिमिर ताय।
मनेर मानसे सुनागरी राधा लेपिछे श्यामेर गाय ।।
नाना फूलदाम अति सुशोभन गले पराइल राधा।
रूप निरीक्षण करे छन छन तिलेक नाहिक बाधा ।।
कानुर श्रीमुख जेन शशधर जेमन पूर्णिमार शशी ।
राई से चकोर पाइ निरन्तर पिबइ अमृत-राशि ।।

और इसके बाद भगवान् से जो कुछ उन्होंने कहा, उसे चण्डीदास की वाणी ही व्यक्त कर सकती है।

'प्यारे, तुम्हें अब न छोड़ूँगी। मन में आया है, तुम्हें मर्मस्थल में छिपा रखूँगी। लोग हँसेंगे, हँसे! जाति जायगी जाय; पर मैं न छोड़ूँगी। गुणनिधे, अगर तुम चले गए तो फिर तुम्हें कहाँ पाऊँगी? आँख पलटने का भी विश्वास नहीं हो रहा है, कहाँ तुम्हें रखूँ कुछ समझ नहीं रही हूँ, शान्ति नहीं मिलती। मरण की दशा तो उत्पन्न हो चुकी है, अब कहाँ जुड़ाऊँगी?

'हाय प्यारे, किससे कहूँ, कौन विश्वास करेगा उन यातनाओं का जिन्हें मैंने सहा है? तुम्हारे लिए इतना सह सकी, नहीं तो अब तक अनर्थ हो गया होता।'

बँधू छाड़िया ना दिख तोरे
मरम जे खाने राखिब से खाने हेन मोर मने करे ।।
लोक हासि हउ जाय जात जाउ तबु ना छाड़िया दिब।
तुमि गेले यदि शुन गुणनिधि आर कोथा तुया पाब।।

आँखि पालटिते नाहि परतीते थुइते सोयास्ति नाइ।।
एखन मरण दशा उपजल जुड़ाब कोनबा ठाँइ।।
काहारे कहिब केवा पित्याइब आमार यातना पत।
तोमार कारणे एतेक सहिये नहे परमाद हत ।।

राधिका ने आगे कहा, 'प्यारे, बहुत दिन बाद आए हो। अगर मैं मर गई होती तब तो दर्शन न हो सकते। जीवनधन, अबला हूँ, इसीलिए सह सकी, पत्थर होती तो कबकी गल गई होती। इसी अल्प-वयस् में, मेरे प्यारे, मैंने अनेक कष्ट पाए हैं। मुझे इसका दु:ख नहीं। अपने दु:ख को मैं दु:ख नहीं समझती। तुम्हारा सुख ही मेरा सुख है। तुम मथुरा नगरी में सकुशल रहे तो!'

मथुरा नगरी ते छिले त भालो ?

'प्यारे, और मैं क्या कहूँ ? जन्म-जन्म में, जीवन और मरण में तुम्हीं मेरे प्राणपति होओ। अनेक पुण्यफल से गौरी की आराधना करके मैंने तुम्हें पाया है। न जाने किस शुभ क्षण में तुम्हारे दर्शन हुए थे, हाय उसी के आनन्द में मरी-सी जा रही हूँ। विधाता ने बड़े शुभ क्षण में तुम्हारे जैसे निधि को मुझसे मिलाया था। तुम्हें प्राणों से सौगुना अधिक मानती हूँ। दूसरों के प्राण दूसरे हैं, पर मेरे प्राण तुम्हीं हो। तुम्हारे चरणों को शीतल समझकर मैंने शरण ली है। गर्वित गुरुजन न जाने क्या-क्या कहते रहते हैं, तुम्हारे कारण मैं यह सब सहा करती हूँ। दोनों कुल में हँसी हुई। चण्डीदास कहते हैं कि हे नागर, राधा की आरति की लाज रख लो। तुम प्रीतिरस के चूड़ामणि हो, उसे रस से रसमय कर रखो।'

बन्धु, कि आर बलिब आमि।
जनमे जनमे जीवने मरणे प्राणनाथ हओ तुमि ।।
बहु पुण्यफले गौरी आराधिये पेयेछि कामना करि ।
ना जानि कि क्षणे देखा तब सने तँइ से पराने मरि ।।
बड़ शुभ क्षणे तोमाहेन निधि विधि मिलायल आनि ।
पराण हइते शत-शत गुण अधिक करिया मानि ।।
आनेर आछये आन जत जन आमार परान तुमि ।
तोमार चरन शीतल जानिया शरन लइयाछि आमि ।।
गुरु गरबित तारा बले कत से सब गौरव बासि ।
तोमार कारणे एतना सहिये दुकुले हइल हासि ।।
कहे चण्डीदास शुन सुनागर राधार आरति राख।
पिरीति रसेर चूड़ामनि हये रसे जे रसिया राख ।।

'प्यारे, तुम्हीं मेरे प्राण हो। देह, मन, कुल-शील आदि सर्वस्व मैंने तुम्हें समर्पण कर दिया है! हे काले, तुम अखिल विश्व के नाथ हो, योगियों के आराध्य धन हो। हम अति हीन गोप-ग्वालिनें तुम्हारा भजन-पूजन नहीं जानतीं। तन-मन प्रीति-रस में ढालकर तुम्हारे चरणों को सौंप दिया है। तुम्हीं मेरे पति हो, तुम्हीं मेरी गति हो, मेरे मन को दूसरा नहीं भाता। मुझे लोग कलंकिनी कहते हैं, मुझे इसका दु:ख नहीं, तुम्हारे लिए गले में कलंक का हार पहनने में भी सुख है।'

बंधु तुमि से आमार प्रान।
देह मन आदि तोहारे सँपेछि कुशलीत जाति मान ।।
अखिलेर नाथ तुमि हे कालिया योगीर आराध्यधन।
गोप गोयालिनी हाम अति हीना ना जानि भजन पूजन ।।
पिरीतिरसे ते ढालि तनु मन दियाछि तोमार पाय।
तुमि मोर पति तुमि मोर गति मन नाहि आन भाय ।।
कलंकी बलिया डाके सब लोके साहाते नाहिक दुख।
तोमार लागिया कलङ्केर हार गलाय परिते सुख ।।

'मैं सती हूँ या असती, तुमसे कुछ छिपा नहीं है; मैं भला-बुरा कुछ नहीं जानती। मेरे लिए तो पाप और पुण्य दोनों ही समान हैं, चाहिए तुम्हारे चरण ही।'

सती वा असती तोमाते विदित भाल मन्द नाहि जानि।
कहे चण्डीदास पाप पुण्य सम तोमार चरन खानि ।।"

राधिका के आत्म-समर्पण के इस पवित्र रूप के सम्बन्ध में कुछ टिप्पणी करना व्यर्थ है—ढिठाई है।

सूरदास की राधिका

सूरदास ने राधिका के जिस रूप का चित्रण किया है, उसकी तुलना शायद ही किसी अन्य भक्त के चित्रण से की जा सके। चिरसाहचर्य और बाल्य-सख्य को भूमिका के ऊपर प्रतिष्ठित यह राधिका अपना उपमान स्वयं ही है। इस प्रेम का कोई पटतर नहीं है। बाललीला के समय ही एक दिन श्रीकृष्ण ब्रज की गलियों में खेलने निकल पड़े। उस दिन उन्होंने नीलवस्त्रसमावृता राधिका को देखा। वे यमुना के तीर पर छोटी-छोटी बालिकाओं के साथ खेलने आई थीं। सूरदास के श्याम उन्हें देखते ही रीझ गए; नैन से नैन मिले और ठगोरी पड़ गई- नैन-नैन मिलि परी ठगोरी।[1] संस्कृत के कवि ने एक प्रकार की ठगोरी का वर्णन किया है, जिसमें श्यामसुन्दर को देखते ही राधिका कुछ ऐसी ठगी गई थीं कि खाली बर्तन में ही दही मथने लगी थीं और उधर श्यामसुन्दर ऐसे भूले कि गाय के भ्रम में बैल को दुहने बैठ गए थे।[2] यह ठगोरी और तरह की थी। इसमें कहीं झिझक या संकोच का लेश भी नहीं था, सो श्याम ने देखा और परिचय पूछा, 'क्यों जी, तुम कौन हो, किसकी लड़की हो ? तुम्हें तो ब्रज की गलियों में कभी खेलते नहीं देखा।' राधिका

---

1. खेलन हरि निकसे ब्रज होरी।
   कटि कछनी पीताम्बर ओढ़े हाथ लिये भौंरा चकड़ोरी।
   मोर मुकुट कुण्डल स्रवनिन पर दसन दमकि दामिनि छबि छोरी।
   गए श्याम रवि तनया के तट अंग लसत चंदन की खोरी।
   औचक ही देखी तहँ राधा नयन विशाल भाल दिये रोरी।
   नील वसन फरिया कटि पहिरे बेनी सीस रुचिर झकझोरी।
   संग लरिकनी चलि इत आवति दिन थोरी अति छवि तन गोरी।
   सूर श्याम देखत ही रीझे नैन-नैन मिलि परी ठगोरी।
2. राधा पुनातु जगदच्युतदत्तचित्ता
   मंथानभाकलयति दधरिक्तपात्रे।
   यस्या मुखाम्बुजसमर्पितलोलदृष्टि-
   र्देवोऽपि दोहनधिया वृषभं दुदोह ।।

ने उत्तर में कहा, 'क्यों हम आवें ब्रज की गलियों में हम तो अपनी ही पौर पर खेलती रहती हैं; सुना है नन्द का ढोटा बड़ा चोर है, किसी का दही चुरा लेता है, तो किसी का मक्खन ले भागता है' श्याम ने हँसते हुए कहा, 'भला मैं तुम्हारा क्या चुरा लूँगा जो तुम खेलने नहीं आतीं । तुम तो दही बेचने जाती नहीं। चलो न खेलने चलें। हमारी तुम्हारी जोड़ी अच्छी रहेगी।' सूरदास के श्याम रसिक-शिरोमणि हैं। भोली राधिका बातों में भूल गई। बिचारी को पता नहीं चल सका कि दही से भी बड़ी चोंज—उनका हृदय-इस अजीब चोर ने बातों-ही-बातों में हर लिया :

बूझत श्याम कौन तू गोरी।
कहाँ रहति काकी है बेटी, देखी नहीं कहूँ ब्रजखोरी।
काहे को हम ब्रज तनि आवति, खेलत रहति आपनी पौरी ।
सुनत रहति श्रवनन नंद ढोटा, करत रहत माखन दधि चोरी।
तुम्हरो कहा चोरि हम लैहैं, खेलन संग चलौ मिलि जोरी।
सूरदास प्रभु रसिक शिरोमणि, बातनि भुलइ राधिका गोरी।

यह प्रथम दर्शन था, पर प्रेम की उलझन यहीं शुरू हो गई। राधिका मन-ही-मन उलझ गई। उन्हें अब घर अच्छा नहीं लगता, चित्त नए खेल के साथी के लिए व्याकुल हो जाता है। माता से बराबर दोहनी माँगती रहती हैं, उद्देश्य है खरिक में नए साथी से मिलना।[1] अब उन्हें भगवान् के बिना कहीं अच्छा नहीं लगता, एक साथ छाया की भाँति लगी रहती हैं। गुरुजन इस नयनमनहारी जोड़ी को देखकर उल्लसित होते हैं। कभी वृषभानु का और कभी नन्द का घर इस युगलमूर्त्ति के पवित्र हास्य से उद्भासित होता रहता है। खरिक में भी राधाकृष्ण, यमुना तट पर भी राधाकृष्ण, ब्रज की गलियों में भी राधाकृष्ण, जहाँ देखो वहाँ राधाकृष्ण। यशोदा ने राधिका को देखा और आनन्द से गद्गद होकर पूछ बैठीं :

---

1. नागरि मनहिं गई अरुझाइ।
   अति विरह तन भई व्याकुल पर न नेकु सुहाइ ।
   श्यामसुन्दर मदनमोहन मोहिनी-सी लाइ।
   चित्त चंचल कुँअरि राधा खान पान भुलाइ।
   कबहुँ विलपति कबहुँ विहँसति सकुचि बहुरि लजाइ।
   जननि सो दोहनी माँगति बेगि दै री माइ ।
   सूर प्रभु को खरिक मिलिहौं गए मोहि बुलाइ।

नाम कहा है तेरो प्यारी।
बेटी कौन महर की है तू, कहि सु कौन तेरी महतारी।
धन्य कोख जेहि तोको राख्यो, धन्य घरी जिहिं तू अवतारी ।
धनि पितु मातु धन्य तेरी छवि, निरखति यों हरि को महतारी।

राधिका का परिचय पाकर यशोदा माता ने उन्हें अच्छी तरह सँवार दिया,[1] बोलीं, 'जा अब श्याम के संग खेल'[2]। इस प्रकार बालकाल से ही राधिका और कृष्ण का प्रेम सहज स्वाभाविक रूप में विकसित होता है, तथापि दोनों के मन में एक-दूसरे के लिए एक विषम उत्सुकता रात-दिन बनी रहती है। राधिका शुरू से ही तद्गतचित्ता होकर भगवान् से प्रेम करती हैं। वे मन-ही-मन अपने अन्तर्यामी श्याम से कहती हैं कि ''तुम साक्षी हो, मैं तुम्हारे सिवा और किसी को नहीं जानती, माँ-बाप तो कुलमर्यादा को ही ध्यान में रखते हैं, वे तुम्हें क्या जानें ?'

राधा विनय करति मन-ही-मन, सुनहु श्याम अन्तर के यामी।
मातुपिता कुल-कानिहि मानत, तुमहि न जानत हैं जगस्वामी !

यह विलास कलावती की प्रार्थना नहीं है, यह भक्त की कामना है जो अपने आराध्य के अतिरिक्त और किसी को नहीं मानना चाहता। यह एकान्त प्रेम है, यह प्रेम आकस्मिक नहीं है, दीर्घकाल के साहचर्य से उत्पन्न यह प्रेम अपना उपमान आप ही है। भवभूति ने राम और सीता के प्रेम में दीर्घ साहचर्यजनित इस गाढ़ता का दर्शन पाया था,[3] सूरदास ने राधिका के प्रेम में उसी प्रेम की पराकाष्ठा देखी थी :

मन मधुकर पद कमल लुभान्यो।
चित्त चकोर चंद्रनख अँटक्यो, इक टक पल न भुलान्यो ।।

---

1. जसुमति राधा कुँअरि सँवारति ।
   बड़े बार श्रीवंत सीस के प्रेम सहित लै लै निरवारति ।
   माँग पारि बेनीहिं सँवारति गूँथी सुन्दर भाँति।
   गोरे भाल-बिंदु चंदन मनो इन्दु प्रात रवि कांति।
   सारी चौर नई फरिया लै अपने हाथ बनाइ।
   अंचल सों मुख पोंछि अंग सब आपुहि लै पहिराइ।
   तिल चाँवरि बतासे मेवा दिये कुँअर की गोद।
   सूर श्याम राधा तन चितवत जसुमति मन मन मोद।।
2. खेलो जाइ श्याम सँग राधा।
   यह सुनि कुँवरि हरख मन कीन्हों मिट गई अन्तर बाधा।।
3. किमपिकिमपि मंदमंदमासत्तियोगादविरलितकपोल जल्पतोरक्रमेण ।
   अशिथिलपरिरंभव्यापूतेकैकदोष्णोरविदितगतयामा रात्रिरेव व्यरसीत् ।।

और,

श्याम सखि नीके देखे नाहीं।
चितवत ही लोचन भरि आए बार-बार पछिताहीं ।
कैसेहू करि इक टक राखति नैकहि में अकुलाहीं ।
निमिष मनो छवि पर रखवारे ताते अतिहि डराहीं ।

प्रेम-वैचित्र्य

राधिका के मुख से ही इस प्रेम का इतिहास श्रवणीय है, और कौन उस अजीब दु:ख को समझ सकता है ? जब से भगवान् के साथ उनका परिचय हुआ है, तभी से वे चेरी की भाँति साथ-साथ रही हैं, पर प्रेम की प्यास कहाँ मिटी।

सुनु री सखी, दसा यह मेरी।
जब तें मिले श्यामघन सुन्दर संगहि फिरत भई जनु चेरी।
नीके दरस देत नहि मोकों अंगन प्रति अनंग की टेरी।
चपला तें अतिही चंचलता दसन दमक चकचौंध घनेरी।
चमकत अंग, पीतपट चमकत, चमकति माला मोतिन केरी।
'सूर' समुझि विधना की करनी अति रस करति सौंह मुँह तेरी ।।

यह प्रेम-वैचित्र्य का चरम निदर्शन है। प्रिया के अति निकट रहने पर भी प्रेमोत्कर्ष के कारण प्रेमी को वियोग-कथा की जो अनुभूति होती है, उसे प्रेम-वैचित्र्य कहते हैं। प्रेम का उत्कर्ष ही इसका करण है। रूप गोस्वामिपाद ने इसके उदाहरण में बताया है कि श्रीकृष्णचन्द्र के सामने होते हुए भी तीव्रानुरागवश वियोग-व्यथा की आशंका से राधिका हतबुद्धि हो गई थीं, उन्हें चक्कर आ गया। दाँतों में तिनका दबाते हुए बोलीं, 'हे सखि, मेरे प्रिय को दिखाओ।' उन्होंने कुछ ऐसी चेष्टा की कि स्वयं श्रीकृष्ण भी विस्मित हो रहे :

आभीरेन्द्रसुते स्फुरत्यपि पुरस्तीव्रानुरागोत्थया
विश्लेषज्वरसम्पदा विवशधीरत्वन्तमुद्घूर्णिता ।
कान्तं मे सखिदर्शयेति दशनैरुद्धूर्णशापांकुरा
राधा हन्त तथा व्यचेष्टत यथा कृष्णोऽप्यभूद्विस्मित: ।।

परन्तु मेरा विश्वास है कि गोस्वामिपाद को सूरदास के पदों से परिचय होता (सूरदास कुछ परवर्त्ती हैं), तो ये सूरदास से ही कोई पद उद्धृत करते। शायद वे इस पद को उद्धृत करते :

राधेहि मिलेहु प्रतीति न आवति ।
यदपि नाथ विधुवदन विलोकति दरसन को सुख पावति ।
भरि-भरि लोचन रूप परमनिधि उर में आनि दुरावति।
विरह-विकल मति दृष्टि दुहूँ दिसि सचि सरधा ज्यों धावति।
चितवत चकित रहति चित अन्तर नैन निमेष न लावति ।
सपनों आहि कि सत्य ईश बुद्धि वितर्क बनावति ।
कबहुँक करति विचारि कौन हौं को हरि केहि यह भावति।
सूर प्रेम की बात अटपटी मन तरंग उपजावति ।।

या फिर इस पद को उद्धृत करते :

यद्यपि राधिका हरि संग।
हाव-भाव कटाच्छ लोचन करत नाना रंग।
हृदय व्याकुल धीर नाहीं वदन कमल विलास।।
तृषा में जल जाल सुनि ज्यों अधिक अधिकहिं प्यास ।
श्याम रूप अपार इत-उत लोभ पटु विस्तार ।
'सूर' मिलत न लहत कोऊ दुहुँनि बल-अधिकार ।।।

या फिर और कोई पद उद्धृत कर लेते। 'सूरसागर' में उन्हें उत्तम-से-उत्तम उदाहरण मिल जाते। यह वैचित्र्य अत्यन्त सहज और अत्यन्त सुकुमार है। सचमुच ही ब्रजराजकुँवर और राधारानी का यह अपूर्व प्रेम लोकोत्तर ही है। जब युगलमूर्त्ति का मिलन होता है, सारी वनस्थली चकित-सी होकर निर्निमेष भाव से शोभा के इस अपार समुद्र को देखा करती है और इस मिलन-संगीत को गाते-गाते सूरदास जैसे रुकना ही नहीं जानते।

राधा का प्रेमभाव

प्रेम के इस स्वच्छ और मार्जित रूप का चित्रण भारतीय साहित्य में किसी और कवि ने नहीं किया। यह सूरदास की अपनी विशेषता है। वियोग के समय राधिका का जो चित्र सूरदास ने चित्रित किया है, वह भी इस प्रेम के योग्य है। वियोग के समय राधिका के मिलन-समय की मुखरा लीलावती, चंचला और हँसोड़ राधिका वियोग के समय मौन, शान्त और गम्भीर हो जाती हैं। उद्धव से अन्यान्य गोपियाँ काफी बक-झक करती हैं। पर राधिका वहाँ जाती भी नहीं। उद्धव ने श्रीकृष्ण से उनकी जिस मूर्त्ति का वर्णन किया है, उससे पत्थर भी पिघल सकता है। उन्होंने राधिका की आँखों को निरन्तर बहते देखा था, कपोल-देश वारि-धारा से आर्द्र था, मुखमण्डल पीत हो गया

था, आँखें धँस गई थीं, शरीर कंकाल-शेष रह गया था। वे दरवाजे से आगे न बढ़ सकी थीं। प्रिय के प्रिय वयस्य ने जब सन्देश माँगा तो वह मूर्च्छित होकर गिर पड़ीं। प्रेम का वही रूप जिसने संयोग में कभी विरहाशंका का अनुमान नहीं किया, वियोग में इस मूर्त्ति को धारण कर सकता है। वास्तव में सूरदास की राधिका शुरू से आखिर तक सरल बालिका हैं। उनके प्रेम में चण्डीदास की राधा की तरह पद-पद पर सास-ननद का डर भी नहीं है और विद्यापति की किशोरी राधिका के समान रुदन में हास और हास में रुदन की चातुरी भी नहीं है। इस प्रेम में किसी प्रकार की जटिलता भी नहीं है। घर में, वन में, घाट पर, कदम्ब तले, हिंडोरे पर-जहाँ कहीं भी इसका प्रकाश हुआ है वहीं पर अपने-आपमें ही पूर्ण है, मानो वह किसी की अपेक्षा नहीं रखता और न कोई उसकी खबर रखता है। राधिका के इस रूप का परिचय पाने के लिए हमें कुछ और भी पदों को देखना होगा। मैंने अपनी पुस्तक 'सूर-साहित्य' में इस बात की कुछ विस्तृत चर्चा की है। यहाँ यथासम्भव संक्षेप में कह रहा हूँ।

सूरदास जब अपने प्रिय विषय का वर्णन शुरू करते हैं तो मानो अलंकारशास्त्र हाथ जोड़कर उनके पीछे-पीछे दौड़ा करता है। उपमाओं की बाढ़ आ जाती है, रूपकों की वर्षा होने लगती है। संगीत के प्रवाह में कवि स्वयं बह जाता है। वह अपने को भूल जाता है। काव्य में इस तन्मयता के साथ शास्त्रीय पद्धति का निर्वाह विरल है। पद-पद पर मिलनेवाले अलंकारों को देखकर भी कोई अनुमान नहीं कर सकता कि कवि जान-बूझकर अलंकारों का उपयोग कर रहा है। पन्ने पर पन्ने पढ़ते जाइए, केवल उपमाओं और रूपकों की घटा, अन्योक्तियों का टाठ, लक्षणा और व्यञ्जना का चमत्कार—यहाँ तक कि एक ही चीज दो-दो, चार-चार, दस-दस बार तक दुहराई जा रही है, फिर भी स्वाभाविक और सहज प्रभाव कहीं भी आहत नहीं हुआ। जिसने 'सूरसागर' नहीं पढ़ा, उसे यह बात सुनकर कुछ अजीब-सी लगेगी, शायद वह विश्वास ही न कर सके, पर बात सही है। काव्य-गुणों की इस विशाल वनस्थली में एक अपना सहज सौन्दर्य है। वह उस रमणीय उद्यान के समान नहीं जिसका सौन्दर्य पद-पद पर माली के कृतित्व की याद दिलाया करता है, बल्कि उस अकृत्रिम वन-भूमि की भाँति है जिसका रचयिता रचना में ही घुल-मिल गया है।

राधा और कृष्ण के इस मिलन-सुख के भीतर अचानक दुःख का दर्शन हुआ। कंस के दूत अक्रूर एकाएक किसी भयानक धूमकेतु की भाँति उदित हुए। बिना पूर्णिमा के ही चन्द्रमा पर ग्रहण लग गया- 'बिनु परबहिं उपराग

आजु हरि, तुम है चलन कह्यो।' जिसने जहाँ सुना वह वहाँ व्याकुल हो रहा। ब्रज की युवतियों की तो मत पूछिए। वे चित्रलिखित-सी हो रहीं, जो जहाँ थी, वहीं उसकी पलकों में टक लग गई, इन्द्रिय व्यापार-रुद्ध हो रहे, सभी स्तब्ध, सभी हतचेतन । सूरदास ने राधिका की दशा की ओर इशारा-भर कर दिया है। वे जानते थे कि ब्रजलाड़िली के चित्त पर इस आकस्मिक उल्कापात का जो फल हुआ था, वह वर्णन के अतीत है। 'सूरसागर' में इस प्रसंग में जितने पद आए हैं, वे विवश व्याकुलता के निदर्शक हैं। भगवान् जा रहे हैं, उन्हें रोक सकना असम्भव है और फिर भी उनके बिना जीवन का भार हो जाना निश्चित है। विवश राधिका भीतर-ही-भीतर कटके रह जाती हैं, उनका हृदय इतना गम्भीर है कि वे अपना विरह पीकर रह जाती हैं, उसे भगवान् के निकट नहीं होने देतीं। भगवान् सबको रुलाते-कलपाते जब चल्तने को तैयार हो ही जाते हैं तब भी राधिका कर्म को दोष देकर भीतर-ही-भीतर मसोसकर रह जाती हैं :

चलत हरि धृग जु रहे ऐ प्रान।
कहाँ वह सुख अब सहहुँ दुसह दुख डर करि कुलिस समान।
कहाँ वह कंठ श्याम सुन्दर भुज, करति अधर रसपान ।
अँचवत नयन-चकोर सुधा विधु देखहु मुख छवि आन।
जाको जग उपहास कियो तब छाँड्यो सब अभिमान ।
'सूर' सुनिधि हम तें है बिछुरत कठिन है करम-निदान।

श्याम का रथ चल पड़ता है—'सखी री, वह देखो रथ जात' हाय, हाय, राधिका की उन विवश आँखों की कल्पना भी कितनी हृदय-वेधक है । उनकी आँखें पीछे ही लौट आना चाहती हैं, प्राणेश्वर के रथ के साथ आगे बढ़ना नहीं चाहतीं। उनका मन तो उस माधुरी मूर्त्ति के साथ चला गया, शरीर ब्रज में लौटकर क्या करेगा भला । कहीं राधिका हवा हो सकतीं और रथ की पताका को आसमान में उड़ा सकतीं । काश, वे धूल हो जातीं और चरणों में लिपट जातीं। पर हाय, यह कहाँ हो सका ? वह रूप और माधुर्य की पुत्तलिका ब्रजबाला मूर्च्छित होकर पृथ्वी पर गिर पड़ी :

पाछेही चितवत मेरो लोचन आगे परत न पाँइ।
मन लै चली माधुरी मूरति कहा करौं ब्रज जाइ।
पवन न भई पताका अम्बर रथ के भई न अंग।
धूरि न भई चरन लपटती जाती तँह लो संग।
ठाढ़ी कहा करौं मेरी सजनी जेहि विधि मिलहिं गोपाल।
सूरदास प्रभु पठै मधुपुरी मुसकि परी ब्रजलाल ।।

अब पछतावा हो रहा है! जब मोहन चलने लगे तो फेंट क्यों नहीं पकड़ ली। राधिका तो लाज से गड़ी जाती थीं, पर क्या यशोदा माता को इतना भी नहीं करना था। उनके बिना राधिका का यह वियोगविधुरा शरीर तो कौड़ी के मोल का भी न रहा। लाजवश उस समय जो निष्क्रियता आ गई, वह आज हृदय को बेधे डालती है :

तब न विचारी यह बात।
चलत न फेंट गही मोहन की अब ठाढ़ी पछितात।
निरखि निरखि मुख रही मौन ह्वै थकित भई पलपात।
जब रथ भयो अदृष्ट अगोचर लोचन अति अकुलात ।
सबै अजान भई वही अवसर धिगहि जसोमति मात।
सूरदास स्वामी के बिछुरे कौड़ी भरि न बिकात ।।

तथा,

अब वै बातैं इहाँ रहीं।
मोहन मुख मुसकाइ चलत कछु काहू नाहिं कही।
सखि सुलाज बस समुझि परसपर सनमुख सबै सही।
अब वै सालति हैं उर महियाँ कैसेहुँ कढ़ति नहीं।

प्रथम विछोह की यह व्याकुलता अपार है। रात तारे गिनते-गिनते कट जाती हैं, पापी हृदय वज्र से भी कठोर होकर उस दारुण विरह की मार को सहा करता है, मृत्यु और जीवन की रस्साकशी का वह दृश्य बड़ा ही मर्मवेधक है।[1] श्याम को भूलना भी कठिन है। चण्डीदास ने ठीक ही कहा है

---

1. उदाहरणार्थ,

आजु रैनि नहिं नींद परी ।
जागत गनत गगन के तारे रसना रटत गोविन्द हरी।
वह चितवनि वह रथ की बैठनि जब अक्रूर की बाँह गही।
चितवति रही ठगी-सी ठाढ़ी कहि न सकत कछु काम दही।
इतनैं मन व्याकुल भयो सजनी आरज पंथहुँ तै विडरी।
सूरदास प्रभु जहाँ सिधारे किती दूर मथुरा नगरी।।

और,

हरि बिछुरत फाट्यो न हियौ ।
भयो कठोर वज्र तें भारी रहि कै पापी कहा कियौ।
घोरि हलाहल सुनि मेरी सजनी औसर तोहि न पियौ।
मन-सुधि गई सँभारत नाहिन पूर दाँव अक्रूर दियौ।
कछु न सुहाई गई सुधि तब तै भवन काज को नेम लियौ।
निसि दिन रटत सूर के प्रभु बिन मरिबो तब न जात जियौ।

कि श्याम की प्रीति की यह स्मृति भी दारुण है और भूलने से भी प्राण फटने लगता है। वह शंखवणिक् के उस करात (आरी) की भाँति है जो आते भी काटता है, जाते भी काटता है—

श्यामेर पिरीत स्मिरित विषम, भुलिते परान फाटे-
शाँख-वणिकेर करात येमनि आसिते जाइते काटे!

बहुत दिन हो गए, 'बिनु गोपाल बैरिनि भई कुंजैं!' भगवान् ने एक पाती भी नहीं लिखी। राधा ने बड़े प्रयत्न से प्रियतम की मूर्त्ति बनाई, सजल मेघ के समान शरीर पर विद्युत् की भाँति पीताम्बर सजा दिया। स्कन्धदेश को उन्नत, कटि को क्षीण, भुजाओं को विशद, कपोल-नासिका-नेत्र-केश सभी को यथोचित चित्रित किया—चित्र इतना सुन्दर उतरा कि जान पड़ा अब बोला तब बोला! पर हाय, इसी भ्रम ने सबकुछ माटी कर दिया, सारी तन्मयता भंग कर दी, उस कमनीय मुख के मृदु वचन सुनने के लिए वे आतुर भाव से व्याकुल हो उठीं :

मैं सब लिखि शोभा जु बनाई।
सजल जलद तन वसन कनक रुचि उर बहुदाम सुहाई।
उन्नत कंध कटि खीन विषम भुज अंग अंग सुखदाई।
सुभग कपोल नासिका नैन छवि अलक लिहित धृति पाई।
जानति होय हलोल लेख करि ऐसेहि दिन विरमाई।
सूरदास मृदु वचन स्त्रवन लगि अति आतुर अकुलाई ।।

जयदेव कवि की राधिका ने चित्र नहीं बनाया था, केवल ध्यानयोग से एक मूर्त्ति कल्पित की थी। तन्मयता के आवेश में उस ध्यानमूर्त्ति को वास्तविक समझकर हँसती, रोती, विलापती, कलपती और आनन्दित होती रहीं और पग-पग पर कह उठतीं—हे माधव, मैं तुम्हारे चरणों पर पड़ी हूँ, तुम्हारे विमुख होने पर अमृत का निधि यह चन्द्रमा भी मेरे शरीर में दाह उत्पन्न करता है :

ध्यानलयेन पुरः परिकल्पय भवन्तमतीवदुरापम्।
विलपति हसति विषीदति रोदिति चञ्जति मुञ्जति तापम् ।
प्रतिपदमिदमपि निगदति माधव तव चरणे पतिताहम्।
त्वयि विमुखे मयि सपदि सुधानिधिरपि तनुते तनुदाहम् ।।

दोनों कल्पनाओं का मौलिक अन्तर लक्ष्य करने योग्य है। सूरदास की राधिका स्वयं नहीं बोलतीं, चित्र के मुख से ही कुछ सुनने की उत्सुक हैं, कलपती हैं। सूरदास की राधिका का वियोग उनको तरल नहीं बना देता । हम आगे चलकर देखेंगे कि वे और भी गम्भीर हो जाती हैं, यहाँ तक कि भगवान् के आने पर भी दौड़कर मिलने नहीं चल देतीं। भगवान् ने जब छोड़

दिया है तो उन्हें इसी में प्रसन्नता होगी, नहीं तो त्याग ही क्यों करते ? राधा अपने सुख के लिए ऐसा कार्य कभी नहीं कर सकतीं जो उनकी प्रसन्नता का परिपन्थी हो। राजा दुष्यन्त ने शकुन्तला का वह चित्र बनाया था जिसमें उसके दोनों नेत्र कानों तक फैले हुए थे, भ्रू लताएँ लीला द्वारा कुञ्चित थीं, अधरदेश उज्ज्वल दसनच्छवि से उद्‌भासित थे, ओष्ठप्रदेश पके हुए कर्कन्धूफल के समान पाटल वर्ण के थे, विभ्रमविलास की मनोहारिणी छवि की एक तरल धारा-सी जगमगा उठी थी, चित्रगत होने पर भी मुख में ऐसी सजीवता थी कि जान पड़ता था, अब बोला तब बोला :

दीर्घापांगविसारिनेत्रयुगलं लोलांचितभ्रूलतं
दन्तान्त: परिकीर्णहासकिरणज्योत्स्नाविलिप्ताधरम्।।
कर्कन्धूद्युति पाटलोष्ठरुचिरं तस्यास्तदेतन्मुखं ।
चित्रेऽप्यालपतीव विभ्रमलसत्प्रोद्भिन्नकान्तिकद्रवम् ।

कवि कालिदास ने लौकिक प्रेम के भीतर स्वर्गीय गाम्भीर्य भर दिया है। उधर कालिदास के यक्ष ने जब अपनी प्रिया का चित्र बनाया था तो उसे प्रणय-कुपित अवस्था ही याद आई थी। वह चित्र के पैरों पड़े जा रहा था कि उसकी आँखों में आँसू आ गए। क्रूर विधाता से उस हालत में भी उन प्रेमियों का मिलन नहीं सहा गया।[1] पर राधिका ने जो चित्र बनाया था, वह सहज भाव का सहज चित्र था। यक्ष प्रिया के चित्र को चित्र ही समझता रहा, पर राधा ने वैसा नहीं समझा। वे उसे साक्षात् प्रिय समझकर उसकी मृदु वाणी सुनने के लिए अधीर हो गईं।

एक पथिक मथुरा जा रहा था। राधिका ने उसे बुलाया, पर जब सन्देश कहने गईं तो 'गद्‌गद कण्ठ हियो भरि आयो वचन कह्यौ न गयो।' कुछ धीरज धारण करके राधिका ने उस पथिक से जो कुछ सन्देश भिजवाया, वह 'सूरसागर' की राधिका के हृदय का सर्वोत्तम निदर्शन है :

नाथ, अनाथन की सुधि लीजै।
गोपी गाइ ग्वाल गोसुत सब दीन मलीन दिनहि दिन छीजै ।
नैन सजल धारा बाढ़ी अति बूड़त ब्रज किन कर गहि लीजै।
इतनी विनती सुनहु हमारी बारकहूँ पतिया लिख दीजै।
चरन कमल दरसन नव नौका करुनासिंधुजगत् जस लीजै।
सूरदास प्रभु आस मिलन की एक बार आवन ब्रज कीजै ।।

1. त्वामालिख्य प्रणयकुपितां धातुरागै: शिलाया-
मात्मानं ते चरणपतितं यावदिच्छामिकर्तुम्।
अस्नैस्ताजन्मुहुरुपचिपैर्दृष्टिरालुप्यते मे
क्रूरस्तस्मिन्नपि न सहते संगमं नो विधाता ।

राधिका की एक ही प्रार्थना है:

बारक जाइबो मिलि माधौ।
को जानै तन झूटि जाइगो सूल रहै जिय साधौ।
पहुनेहु नन्द बबा के आवहु देखि लेउँ पल आधौ।
मिलेही में विपरीत करे विधि होत दस को बाधौ।
जो सुख शिव सनकादि न पावत सो मुख गोपिन लाधौ।
सूरदास राधा विलपति है हरि को रूप अगाधौ ।

उद्धव आए। गोपियों से उनकी जो बातचीत हुई उसमें युग-युगान्तर का सनातन विरह फूट पड़ा है। गोपियों ने प्रेमातिशय्य के कारण क्या-क्या नहीं कहा, बेचारे भौंरे की तो दुर्गति ही कर डाली पर एकान्त प्रेम की पावन प्रतिमा राधा ने क्या कहा? वे उद्धव के पास गईं ही नहीं। चलती बार उद्धव राधिका के घर स्वयं गए और प्रियतम के लिए सन्देश की प्रार्थना की। हाय, राधिका कौन-सा सन्देश दे। जिस गोपाल के साथ गुड़ियों के खेल खेले हैं, ठठोली से पनघट मुखरित हुए हैं, वे ही आज मथुरा के सम्राट् हैं। वे सन्देश चाहते हैं, उन्होंने दूत भेजा है। जो इतने समीप थे, वे आज इतने दूर हो गए हैं। राधिका ने उद्धव को देखा और उनके दोनों विशाल नयन उमग चले।[1]

---

1. उमगि चले दोउ नयन विशाल।
सुनि-सुनि यह संदेश श्यामघन सुमिरि तुम्हारे गुन गोपाल।
आनन वपु उरजनि के अन्तर जलधारा बाढ़ी तेहि काल।
मनु जुग जलज सुमेर श्रृंग तें जाइ मिले सम शशिहिं सनाल।

और,

तुम्हरे विरह ब्रजराज राधिका नैननि नदी बढ़ी।
लीने जात निमेष कूल दोउ एते यान चढ़ी।
गोलकनाउ निमेष न लागत सो पलकनि बर बोरति।
ऊरध श्वास समीर तरंगनि तेज तिलकतरु तोरति।
कज्ल कीच कुचील किये तट अंदर अधर कपोल।
थकि रहे पथिक सुजस हितही के हसतचरण मुख बोल।
नाहिन और उपाय रामपति बिन दरसन जो कीजै।।
आँसू सलिल बूड़त सब गोकुल 'सूर' सुकर गहि लीजै।।

और,

नैन घट घटत न एक घरी।
कबहुँ न मिटत सदा पावस ब्रज लागी रहत झरी।
सब ऋतु मिटी एक भई ब्रज महि चाहे विधि उलटि धरी
'सूरदास' प्रभु तुम्हरे बिछुरे मिटि मरजाद टरी ।।

वे आगे बढ़कर उद्धव का स्वागत करना चाहती थीं, पर चरण उलझ गए, थहराकर गिर पड़ीं :

चलत चरन गहि रह गई, गिरि स्वेद-सलिल रस भीनी।
छूटी बट, भुज फूटी बलया, टूटी लर, फटी कंचुक झीनी।।

और,

कंठ वचन न बोलि आवै हृदय परिहसभीन,
नैन जलि भरि रोइ दीनी ग्रसित आपद दीन !

जिन नयनों की कृपाकोर के लिए किसी दिन नटनागर के नयन प्यासे रहते थे, प्रथम दर्शन में ही जिन नयनों ने गोपाल लाल के नयनों में ठगोरी डाल दी, उन्हीं नयनों से उद्धव को कैसा देखा ? हाय, 'सूरसागर' में प्रतिफलित उस अपार विरह-समुद्र को कौन समझ सकता है ? उद्धव ने क्या देखा ?

नैनन होड़ बदी बरखा सों!
रातिदिवस बरसत झर लाये दिन दूनी करखा सों।
चारि मास बरसे जल खूँटै हारि समुझि उनमानी।
एतेहू पर धार न खंडित इनकी अकथ कहानी।

और,

देखी मैं लोचन चुअत अचेत।
मनहुँ कमल शशि त्रास ईस को मुकुता गनि गनि देत।
द्वार खड़ी एकटक पर जोवति उरधहु श्वास न लेत। इत्यादि।

राधिका की दशा उद्धव ने बड़ी ही करुण भाषा में बताई थी :

रहति रैन दिन हरि हरि हरि रट।
चितवत इकटक मग चकोर लौं जबतें तुम बिछुरे नागर नट।
भरि भरि नैन नीर ढारति है सजल करति अति कंचुकी के पट।
मनहुँ विरह को ज्वरता लगि लियो नेमप्रेम शिव शीश सहस घट।
जैसे यव के अंगु ओस कन पान रहत ऐसे अवधिहि के तट।
'सूरदास' प्रभु मिलौ कृपा करि जे दिन कहे तेउ आए निकट ।।

भक्तों में प्रसिद्ध है कि सूरदास उद्धव के अवतार थे। यह उनके भक्त और कार्य जीवन की सर्वोत्तम आलोचना है। 'वृहद्भागवतामृत' के अनुसार उद्धव भगवान् के महाशिष्य, महाभृत्य, महामात्य और महाप्रियतर थे। वे

सदा श्रीकृष्ण के साथ रहते थे।-शयन के समय, भोजन के समय, राजकाज के समय, कभी भी भगवान् का साथ नहीं छोड़ते थे, यहाँ तक कि अन्त:पुर में भी सदा साथ-साथ रहते थे। केवल एक बार उन्होंने भगवान् का साथ छोड़ा था और वह उस समय जब गोपियों का समाचार लेने के लिए भगवान् ने ही उन्हें वृन्दावन भेजा था। कहते हैं, इस बार उन्हें भगवत्संग से दूना आनन्द मिला था। उनके तीन काम थे: भगवान् की पद-सेवा, उनके साथ हास-विनोद और क्रीडा के समय साथ-साथ रहना। पहले कार्य में इतने तन्मय रहते थे कि अबोध लोगों को भ्रम हो जाता था कि वे पागल हो गए हैं। सूरदास के जीवन का भी यही परिचय है। केवल एक बार उन्होंने 'सूरसागर' में भगवान् का साथ छोड़ा है, 'भ्रमर गीत' में निश्चय ही उन्हें भी दूना आनन्द मिला था। इस प्रवाद का साहित्यिक अर्थ बड़ा ही अर्थपूर्ण है। उद्धव के मुख से 'सूरसागर' में जो कुछ कहवाया गया है वह कल्पना-विलास नहीं है, प्रत्यक्ष अनुभूत सत्य है। मैं आपको यहाँ फिर एक बार याद दिला दूँ कि विरह के प्रसंग में साधक भक्त अपने-आपको ही खोलकर रख देता है।

परन्तु राधिका का चित्र अब भी अधूरा है। मैं अपने पाठकों को प्रभास क्षेत्र में ले जाना चाहता हूँ। आज बहुत दिनों के बाद आनन्दकन्द भगवान् गोपियों और गोपालों को कृतार्थ करनेवाले हैं। आज राधिका के भाग्य फिरे हैं—'अंचल उड़त, मन होत गहगहो, फरकत नैन खये ।' राधिका ने यह शुभ संवाद सुना। उनकी आँखों में पानी भर आया। श्यामसुन्दर तो आ गए, पर उनके दर्शन क्या भाग में बदे हैं? कौन जाने ? उन्होंने इच्छापूर्वक राधिका का त्याग किया है, खुशी होगी तो फिर ग्रहण करेंगे, पर राधिका दौड़कर उनके प्रेम को अपमानित नहीं करेंगी। पर हाय, मन तो नहीं मानता :

राधा नैन नीर भरि आये
कब धौं मिले श्यामसुन्दर सखि यदपि निकट हैं आये ।

भगवान् लाव-लश्कर के साथ आए हैं, दास-दासियों की इतनी घटा, वस्त्राभूषणों की ऐसी छटा ब्रजवासियों के निकट अत्यन्त अपरिचित हैं। गुड़ियों के खेलवाले कृष्ण ये नहीं हैं, ये महाराज हैं। उनकी अभ्यर्थना करने के लिए ब्रज की गोपियाँ खड़ी हो गईं। राधिका भी अपनी मर्मव्यथा के भार से दुबकी हुई एक तरफ खड़ी हो गईं। महाराजाधिराज श्रीकृष्ण अपनी पट्टमहिषी के साथ धूमधाम से निकले और गोपियों के सामने आए। महारानी

रुक्मिणी से न रहा गया, पूछ बैठीं 'प्रिय इनमें को वृषभानु किशोरी?' जिस राधिका का नाम लिये बिना भगवान् कोई काम ही नहीं कर सकते—'जाके गुन गन गुथति माल कबहूँ उर में नहिं छोरी'—उस वृषभानुलली को देखने की उत्सुकता रुक्मिणी सँभाल नहीं सकीं; बोली 'नेक हमें दिखरावहु अपने बालापन को जोरी।' भगवान् ने रुक्मिणी को दिखाया—'वह देखो जुवतिन में ठाढ़ी नील वसन तन गोरी।'

अन्त में भगवान् राधा को मिले। राधिका उस विशाल ऐश्वर्य को देखकर रुद्धवाक् हो गई—'सूर देखि वा प्रभुता उनकी कहि नहि आवे बात।' श्रीकृष्ण ने समझा, रुक्मिणी ने भी समझा। वे उन्हें अपने घर लिवा गईं और बहन की तरह बगल में बैठ गईं। तब जाकर सूरदास के 'प्रभु तहाँ पधारे जहाँ दोऊ ठकुरानी।' और फिर,

राधा माधव भेंट भई।
राधा माधव माधव राधा कीट भृंग गति ह्वै जु गई ।।
माधव राधा के रंग राते राधा माधव रंग गई।
माधव राधा प्रीति निरन्तर रसना कहि न गई।।

परन्तु बरसाने की उस मुखर बाला के मुँह से एक बात नहीं निकली। आनन्द का यह गम्भीर समुद्र किंचिन्मात्र चंचल नहीं हुआ, भगवान् के चले जाने पर केवल पछताके रह गई :

करत कछु नाहीं आज बनी।
हरि आये हौं रही ठगी-सी जैसे चित्तवनी।
आसन हरषि हृदय नहि दीनो कमलकुटी अपनी।
न्यवछावर उर अरध न अंचल जलधारा जु बनी।
कंचुकी तैं कुच कलश प्रकट है टूटि न तरक तनी ।
अब उपजी अति लाज मनहि मन समुझत निज करनी।

'सूरसागर' की यही विरहविधुरा राधिका हैं। इस राधिका के आत्मसमर्पण में एक ऐसा गाम्भीर्य है जो अन्यत्र दुर्लभ है। भगवान् को अपना सर्वस्व दे देंगी, बशर्ते भगवान् चाहें। श्रीकृष्ण को पाना उनका लक्ष्य नहीं है, श्रीकृष्ण का तृप्त होना ही लक्ष्य है। हृदयधन को क्षणभर के लिए भी देख लेने की व्याकुलता से उनका हृदय टूक-टूक हो जाता है, तथापि वे यह नहीं कहतीं कि श्रीकृष्ण उनके साथ वही पुरानी केलि आरम्भ करें। राधिका का शरीर-

मन-प्राण केवल एक ही उपादान से गठित है—उनकी तृप्ति। रह-रहकर मन में प्रश्न उठता है कि क्या महाकाव्य के भीतर से इससे अधिक सुन्दर प्रेममूर्त्ति की रचना हो सकती थी और क्या नाना भाँति के पहाड़ों, नदियों, दु:ख-सुखों, कर्त्तव्य-अकर्त्तव्य के बयाबानों के भीतर घसीटने से राधिका का राधिकात्व ही नहीं नष्ट हो जाता ! क्यों लोग व्यर्थ ही अफसोस किया करते हैं कि सूरदास ने महाकाव्य लिखकर...! इत्यादि ।

दसवीं शताब्दी से समाज में विभेद-सृष्टि का आरम्भ

भक्ति-साधनाओं की चर्चा करते-करते हम कुछ दूर तक चले आए। धार्मिक साधनाओं की ठीक-ठीक जानकारी के लिए उस काल की सामाजिक पृष्ठभूमि की जानकारी आवश्यक है। हमने पहले भी लक्ष्य किया है कि देश में नाना ऐतिहासिक कारणों से छूत-छात और बहिर्विवाह का वर्जन बना हुआ था। परन्तु दसवीं शताब्दी के आरम्भ से इस भेद-विभेद ने बहुत ही कठोर रूप धारण किया। जब तक हमें उस कठोर रूप का ठीक-ठीक परिचय नहीं मिलेगा, तब तक यह समझना कठिन ही होगा कि क्यों हजारों साधु-सम्प्रदाय मध्यकाल में बन गए। वैराग्य का ऐसा विकृत रूप क्यों हुआ ? वस्तुत: जाति-पाँति का शिकंजा इतना कठोर था कि उससे बचने का एक ही उपाय रह गया था—साधु हो जाना। अन्त तक यह उपाय भी बहुत सफल नहीं सिद्ध हुआ। सो, विविध सम्प्रदायों के संघटित होने में जाति-प्रथा की कठोरता का मामूली हाथ नहीं था। यह विचित्र बात है कि जिस समय भारतवर्ष में जाति-पाँति को तोड़नेवाली संस्कृति ने प्रबल प्रताप के साथ आक्रमण करना शुरू किया और अन्त तक इस देश में अपना शासन स्थापित करने में सफलता पाई, उसी समय जाति-पाँति क़ा बन्धन और भी कठोर हो गया। इस विरोधाभास का कारण क्या है ? तत्कालीन ऐतिहासिक परिस्थिति के सिंहावलोकन से ही उसका कुछ कारण समझ में आ सकता है।

गुप्तों के बाद 550 ई. में कान्यकुब्ज में मौखरी शक्तिशाली राजा हुए। बाद में श्रीहर्ष का बहुत सुसंगठित प्रभावशाली राज्य यहाँ स्थापित हुआ। उसके सेनापति भण्डि और उसके वंशजों ने भी इस भूभाग पर शासन किया। पर नवीं शताब्दी के प्रारम्भ में उनकी शक्ति क्षीण हो गई। इन तीन शताब्दियों में कान्यकुब्ज सब प्रकार से समृद्ध और शक्तिशाली राज्य था। जब नवीं शताब्दी में इसके शासक भण्डि एकदम अशक्त हो गए तो भी राजलक्ष्मी कन्नौज छोड़ने को तैयार नहीं थी। उस समय बंगाल में पालों का राज्य था जो पहले कई बार इस राजलक्ष्मी

को अपनी गृहलक्ष्मी रूप में प्राप्त करने का प्रयत्न कर चुके थे। दक्षिण में राष्ट्रकूटों का शक्तिशाली राज्य था जिसका उदय आठवीं शताब्दी के मध्यभाग में हुआ था और लगभग सवा दो सौ वर्षों तक उन्होंने प्रबल प्रताप के साथ शासन किया था। कभी-कभी उनकी तलवार गंगा-यमुना के द्वाबे में भी झनझना उठती थी और कान्यकुब्ज राजलक्ष्मी को वरण करने के लिए तो इन लोगों ने भी कुछ उठा नहीं रखा। उधर पश्चिम भारत के प्रतीहार भी बहुत शक्तिशाली थे और उन्होंने भी कान्यकुब्ज को हथियाना चाहा था। इस प्रकार नवीं शताब्दी में कान्यकुब्ज की राजलक्ष्मी काफी खींचतान में पड़ी थी। सन् 815 ई. में प्रतीहार नागभट्ट ने कान्यकुब्ज पर अधिकार किया और उसी समय से कान्यकुब्ज की राजलक्ष्मी प्रतीहारों की हो रही। नवीं से ग्यारहवी शताब्दी तक भारत की तीन प्रधान राजशक्तियाँ थीं। कान्यकुब्ज के प्रतीहार, गौंड़ के पाल और मान्यखेट के राष्ट्रकूट। इनमें परस्पर प्रतिस्पर्द्धा थी। उधर उत्तर-पश्चिम सीमान्त से मुसलमानों का आक्रमण शुरू जो हो गया था। सिन्ध में उनकी जड़ जम चुकी थी।

सन् 1018 ई. में प्रतीहार राजा राज्यपाल महमूद से पराजित हुआ और उसकी अधीनता भी स्वीकार कर ली। जान पड़ता है कि राजपूत राजाओं ने उसके इस आचरण को पसन्द नहीं किया और कई अधीनस्थ राजाओं ने मिलकर उसे मार डाला और उसके पुत्र को गद्दी पर बैठा दिया। परन्तु प्रतीहारों का सूर्य अस्त हो गया। केन्द्रीय शक्ति के दुर्बल हो जाने के कारण कालिंजर के चन्देल, त्रिपुर या तेवार के कलचुरि और साँभर के चौहान स्वतन्त्र हो गए। इसके बाद का काल राजपूत राजाओं के परस्पर विवाद और एक-एक करके मिटने का काल है। ये राजे परस्पर भी जूझते रहे और मुस्लिम आक्रमण से भी लोहा लेते रहे।

त्रिपुरी के कलचुरियों में कर्ण नाम का अत्यन्त प्रतापशाली राजा हुआ जो सम्भवत: सन् 1038 से 1080 ई. तक राज्य करता रहा। उसने दक्षिण में चोल पाण्ड्यों तक को जीत लिया और उत्तर में उसकी विजय-ध्वजा काशी, कोशल और चम्पारन तक फहराई। त्रिपुरी का ही अपभ्रंश रूप तेवार है। राजा कर्ण के साथ शाण्डिल्य-गोत्रीय 'तेवारी' ब्राह्मण आए जो सरयू-पार में अब भी श्रेष्ठ ब्राह्मण माने जाते हैं। इन ब्राह्मणों की अनुश्रुतियों से जान पड़ता है कि ये भी मूलत: कान्यकुब्ज ब्राह्मण ही हैं। राजा कर्ण ने सरयू-पार में ब्राह्मणों को बहुत भूमि दान दी थी। उसके कुछ दानपत्र गोरखपुर जिले में पाए गए हैं। कर्ण का राज्य इस इलाके में ज्यादा दिन नहीं टिक सका और ऐसा जान पड़ता है कि उसने जिन ब्राह्मणों को दान देकर इधर बसाया था वे आगे चलकर राज्याश्रय

नहीं पा सके। ऐसा जान पड़ता है कि गौड़ राजाओं के अभ्युदय के बाद इनमें से कुछ घर फिर अपने पुराने निवासस्थान की ओर लौट गए।

सन् 1080 ई. में कान्यकुब्ज और काशी तथा कर्ण के जीते हुए आसपास के प्रदेशों पर गाहड़वार-वंशी राजा चन्द्र का अधिकार हो गया। यह बहुत प्रतापशाली राजा था। महमूद के आक्रमण और राज्यपाल के पतन के बाद दिल्ली से लेकर बिहार तक के उस प्रदेश में जिसकी भाषा आज हिन्दी है, घोर अराजकता फैल गई थी। गाहड़वार-वंश के शिलालेखों में गर्वपूर्वक स्मरण किया गया है कि श्री चन्ददेव ने अपने उदारतर प्रताप से प्रजा के अशेष उपद्रव का शमन कर दिया था—येनोदारतरप्रतापशमिताशेषप्रजोपद्रवं—सो, इस वंश के राजाओं को प्रजा ने बड़े प्रेम से सिर-माथे लिया। इस प्रकार कन्नौज, काशी और अवध तथा बिहार का कुछ हिस्सा गाहड़वार राजाओं के हाथ लगभग दो सौ वर्षों तक रहा। इस वंश के सबसे प्रतापशाली राजा गोविन्दचन्द्र (1114-1115 ई.) थे। एक तरफ तो इन्हें दुर्दान्त गौड़ राजाओं से लोहा लेना पड़ता था जो मौका पाते ही कान्यकुब्ज को हड़प लेने को तत्पर रहते थे; इनके पास हाथियों की प्रचण्ड सेना थी। दूसरी ओर महमूद के सेनापतियों से निरन्तर टक्कर लेनी पड़ती थी। गोविन्दचन्द्र के घोड़ों की टाप पंजाब के किनारे से लेकर बंगाल की पश्चिमी सीमा तक निरन्तर सुनाई पड़ती थी। अपनी प्रशस्तियों में उसने अपने को उस भूमि का अधिकारी घोषित किया है, जो उनके निरन्तर दौड़ते रहनेवाले घोड़ों के टाप की मुद्रा से मुद्रित थी?[1] लगभग आधी शताब्दी तक इस प्रबल पराक्रान्त राजा के शासन में उस एकता का सूत्रपात हुआ जिसका आज भी हिन्दी-भाषी जनता उपभोग कर रही है। गोविन्दचन्द्र के काल में कान्यकुब्ज गौरव फिर से प्रतिष्ठित हुआ। इस राजा ने दक्षिण से बुलाकर बहुत-से ब्राह्मणों को भूमिदान दिया था। विक्रमादित्य की भाँति चन्द्र भी संस्कृति के पक्षपाती थे। यद्यपि वे अपने को परम माहेश्वर कहते हैं तथापि उन्होंने विष्णु मन्दिर भी बनवाये और विष्णु के ये भक्त भी थे। परन्तु इस राजा के काल में प्रोत्साहन बराबर संस्कृत भाषा को और ब्राह्मण धर्म को मिलता रहा। जिस प्रकार गौड़ के पाल राजा और गुजरात के सोलंकी देश भाषा तथा मालवा के परमार देश भाषा को प्रोत्साहन दे रहे थे, उस प्रकार का कोई प्रोत्साहन इस दरबार से नहीं मिल रहा था।

---

1. दुर्वारस्फारगौड़द्विरदवरघटाकुंभनिर्वेदभीमों हम्मीरं न्यस्तवैर मुहरिर समरकीडया यो विधते। शश्वत्संचारि वल्गत्तुरंगखुरपुटोल्लेखमुद्रासनाथ क्षोणीस्वीकारदक्ष: स इह विजयते पार्थनाकल्पवृक्ष: ।— 1109 ई. का दानपत्र (एपिग्राफिका इण्डिका, जिल्द 18, पृ. 15)

अब तक दसवीं शताब्दी तक के जितने दानपत्र प्राप्त हुए हैं उनमें ब्राह्मणों के केवल गोत्र और शाखाओं की ही चर्चा है। ऊपर बताया गया है कि कलचुरि राजा कर्ण ने कुछ दिनों के लिए काशी, सरयू-पार और उत्तरी बिहार के चम्पारण भू-भाग पर राज्य किया था। सन् 1077 ई. का एक कलचुरि दानपत्र गोरखपुर जिले के काहल नामक ग्राम में प्राप्त हुआ है, जिसमें प्रथम बार ब्राह्मणों के गोत्र-प्रवर के साथ गाँव के नाम का भी उल्लेख है। यहाँ प्रदेश का नाम नहीं मिलता, सम्भवत: वह बिना निर्देश के भी समझ लिया जाता था। उन दिनों केवल गाँव का नाम मिलता है। सरयूपारी ब्राह्मणों में आज भी गाँव के नाम से परिचय देने की प्रथा है जो सम्भवत: त्रिपुर या तेवार के स्मृति रूप में जी रही है। संवत् 1166 अर्थात् सन् 1109 ई. के गोविन्दचन्द्रवाले दानपत्र में भी गुणचन्द्र को भट्ट ब्राह्मण गांगू का पौत्र रिल्हे का पुत्र और भट्ट कवड़ ग्राम का निवासी बताया गया है। बाद में यह प्रथा खूब तेजी से चल पड़ी। इसके बाद की प्रशस्तियों में देश का नाम भी जुड़ा मिलता है। गुजरात के कुमार पाल की प्रशस्ति (सन् 1151 ई.) में 'नागर' ब्राह्मण का उल्लेख है। गाहड़वालों के दानपत्रों में ठक्कुर और राउत ब्राह्मणों की चर्चा मिलती है। 'राउत' शब्द से ध्वनि निकलती है कि ये ब्राह्मण कभी 'राजपुत्र' का सम्मान पानेवाले थे। महमूद के आक्रमण के पहले गज़नी और कश्मीर में ब्राह्मणों के राज्य थे और पंजाब में ब्राह्मण राजा थे। सम्भवत: ऐसे ही किसी राजवंश के ब्राह्मण 'राउत' कहे जाते होंगे। जो हो, ये उपाधियाँ प्रदेशवाचक नहीं कही जा सकतीं, यद्यपि इनमें भी पुराने गौरव की स्मृति बचाने का प्रयत्न है जो विभेद का एक कारण बना रहा है। इस काल के बाद गोत्र और प्रवर का स्थान गौण हो जाता है और प्रदेशवाची विशेषण प्रधान हो जाता है। सन् 1226 ई. के एक परमार दानपत्र में पण्डित, दीक्षित, द्विवेदी, चतुर्वेदी आवरिथक आदि उपाधियुक्त नाम मिलने लगते हैं (E. 9 IV p, 108, 121) और सन् 1177 ई. के जयचन्द्र के दानपत्र में प्रथम बार ब्राह्मणों के नाम के आगे (E. 9. IV. P. 129) सम्मान-सूचक 'पण्डित' शब्द का व्यवहार पाया जाता है। कई जगह केवल उसका संक्षिप्त रूप पं. मिलता है जो आज भी हिन्दीभाषी क्षेत्रों में प्रचलित है।

इसी समय से ब्राह्मणों के अनेक जातिवाचक विशेषणों का प्रयोग मिलने लगता है। जहाँ पहले गोत्र और प्रवर ही व्यावर्त्तक समझे जाते थे, यहाँ अब देश वाचक, अध्ययन-सूचक, ग्राम्म-निर्देशक और सम्मान-सूचक विशेषणों की चर्चा आने लगती है। परवर्त्ती काल में दुबे, चौबे, मिसिर, सुकुल, उपाध्याय, नागर, गौड़ आदि विशेषणों में इन्हीं विभिन्न अर्थ के विशेषणों का प्रयोग है। ग्यारहवीं-बारहवीं शताब्दी के दानपत्रों में इन विशेषणों का प्रयोग पहले बहुत

थोड़ी मात्रा में मिलता है, बाद में अनिवार्य रूप में आने लगता है। ऊपर जयचन्द्रदेव के जिस दानपत्र की चर्चा की गई है उसमें एक ब्राह्मण के नाम के साथ 'द्विवेदी' उपाधि है। एपीग्राफिका इण्डिका की 19वीं जिल्द (पृ. 353) में छपे एक दानपत्र में एक उपाधि 'कर्णाट द्विवेद ठक्कुर' है जो प्रदेश, विद्या और पूर्ववर्त्ती अधिकार तीनों की सूचना देता है।

इस प्रकार इस काल में पढ़े-लिखे ब्राह्मणों का प्रयत्न यह था कि वे अपनी पूर्ववर्त्ती भूमि की स्मृति बनाए रखें और अपने इर्द-गिर्द की जनता से अपने को विशेष समझते रहें। यही हाल वन क्षत्रिय-राजाओं का भी था जो बाहर से आकर नया राज्य अधिकार कर लेने के बाद स्थानीय लोगों से अपने को भिन्न और श्रेष्ठ मानते थे । उत्तरी भारत पर निरन्तर विदेशी जातियों के हमले होते रहे और राजलक्ष्मी ने पुराने क्षत्रियों का साथ कई बार छोड़ दिया था। ये क्षत्रिय कृषि और कारबार में लग गए थे। आजकल के उत्तर प्रदेश, मध्य प्रदेश और बिहार में बसनेवाली अधिकांश बनिया जातियाँ इन्हीं हारे हुए क्षत्रियों की वंशज है। इन कृषिजीवी और तुलाजीवी जातियों से अपनी भिन्नता बताने के लिए ही 'राजपुत्र' या 'राजपूत' विशेषण का उद्‌भव हुआ। इस प्रकार संयोगवश काशी कान्यकुब्ज की शासक जाति भी अपने को जनता से भिन्न और श्रेष्ठ समझती थी। परिणाम यह हुआ कि नवीं शताब्दी के प्रतीहार राजाओं से आरम्भ करके 12वीं शताब्दी तक शासन करनेवाले गाहड़वार राजाओं तक ने लोक-भाषा और लोक-जीवन की उपेक्षा की। संस्कृत को इस दरबार में पर्याप्त मान मिला और इस काल में काशी भारतवर्ष की सांस्कृतिक राजधानी बनी रही। यहाँ के पण्डितों के लिखे निबन्धग्रन्थ भारतवर्ष के दूसरे प्रदेशों के अधिवासियों के लिए मार्गदर्शक होते रहे। गाहड़वार राजा यद्यपि अपने को 'माहेश्वर' कहते हैं पर वे उतने ही 'वैष्णव' भी थे। वे लक्ष्मी के उपासक थे। उनकी प्रशस्तियों के आरम्भ में लक्ष्मी की स्तुति हुआ करती है। यह स्तुति घोर श्रृंगारी भाषा में है जो उस काल की भक्ति के स्वरूप की सूचना देती है।[1] वस्तुत: ये लोग स्मार्त्त थे। इनके काल से काशी स्मार्त्तों का केन्द्र बनी और 'माहेश्वर' पुरी भी बनी रही। इस प्रदेश के ब्राह्मणों की प्रतिभा का उत्तम रूप हमें संस्कृत साहित्य में मिल जाता है पर देश की साधारण जनता की बोल-चाल की भाषा में क्या लिखा जाता रहा था इसका कोई परिचय नहीं मिलता। इस प्रदेश के बाहर के छिटके-फुटके प्राप्त साहित्य के आधार पर ही कुछ अनुमान किया जा सकता है।

---

1. ओम् परमात्मने नम: ।। अकुण्ठोत्कण्ठवैकुण्ठकंठपीठलुठत्कर: । संरंभ सुरतारंभे स श्रिय: श्रेयसऽस्तु व।

महमूद ने कई बार आक्रमण करके उत्तरी भारत को आतंकित कर दिया था। इसलिए धर्म भीरु ब्राह्मण परिवार उत्तर भारत को छोड़कर ऐसे स्थानों में जाने का प्रयत्न करने लगे, जहाँ उन्हें संरक्षण प्राप्त हो सके और वैदिक यज्ञ-याग की क्रिया निर्विघ्न चलती रहे। राज्यपाल के पराजय के बाद अन्तर्वेद में अराजकता फैल गई थी। इस क्षेत्र के ब्राह्मण सदा उत्तम और पवित्र माने जाते थे। बंगाल के सामन्त या वल्लालसेन ने, जिसका राज्यकाल सम्भवत: 11वीं शताब्दी के अन्त में और 12वीं के आरम्भ में था, कान्यकुब्ज ब्राह्मणों को अपने देश में बसाया, उड़ीसा के केसरी राजाओं ने भी कान्यकुब्ज ब्राह्मणों को अपने राज्य में बसाया। इसी प्रकार गुजरात के राजा मूलराज और दक्षिण के चोल राजाओं के बारे में भी प्रसिद्ध है कि उन्होंने उत्तर के ब्राह्मणों को बुलवाया था। कुछ ब्राह्मण अपनी इच्छा से दूर-दूर जाकर बसे। इस प्रकार इस काल में एक ओर जहाँ देश की राजशक्ति खण्ड-विच्छिन्न होने लगी वहाँ वेदाध्यायी और संस्कृत विद्या के संरक्षक ब्राह्मणों का भी नाना स्थानों में विभाजन होने लगा। नए प्रदेशों में बसे ब्राह्मण अपने को उस स्थान के लोगों से भिन्न समझने लगे और अपने मूल निवास-स्थान की स्मृति बनाए रखने के लिए अपने नामों के साथ अपने प्रदेश के नामों का भी उल्लेख करने लगे। राज्यों के उलट-फेर के साथ इन ब्राह्मणों को स्थान बदलना पड़ता था। इसलिए वे और भी दृढ़ता के साथ अपने मूल वासस्थानों की स्मृति अपने नाम से जोड़े रहना चाहते थे। दक्षिण उन दिनों अपेक्षाकृत अधिक सुरक्षित स्थान था। इसलिए उत्तर के अनेक ब्राह्मण परिवार दक्षिण की ओर चले गए और उधर ही रहने लगे। अवस्था परिवर्त्तन के साथ-साथ इनमें से कुछ फिर उत्तर की ओर आ गए। इनके साथ अपना भेद बताने के लिए उत्तर के पुराने ब्राह्मणों ने और भी नए विशेषण जोड़े। इस प्रकार ब्राह्मणों की अनेक उपजातियाँ और भेदोपभेद बनते गए। क्षत्रिय शक्ति भी निरन्तर विभाजित हो रही थी और इन उच्च वर्णों के इस प्रकार भेदोपभेदजनित सावधानी का असर निचती श्रेणियों पर भी पड़ रहा था। इस प्रकार दसवीं शताब्दी के बाद जाति-पाँति की व्यवस्था तेजी से दृढ़तर होती गई और निरन्तर भेद-विच्छेद की ओर देश को ढकेलती चली गई। इस प्रकार यह एक विचित्र-सी बात है कि जाति-पाँति को तोड़नेवाली संस्कृति के आक्रमण ने इस देश के समाज में जाति-पाँति का भेद-भाव और भी अधिक बढ़ा दिया।

शैव-साधना के पीछे काम करनेवाली राजशक्तियाँ

दसवीं शताब्दी के अन्त तक दक्षिण में जैन धर्म बहुत प्रभावशाली था। पाण्ड्य और चोल राजाओं ने जैन गुरुओं, मन्दिरों और विहारों को दान दिया था। मैसूर के गाँग भी जैन धर्म के अनुयायी थे। जैन पण्डितों की विद्वत्ता और तपस्या ने उन दिनों के दक्षिणी राजाओं को आकृष्ट किया था। लेकिन आठवीं शताब्दी के बाद से ही जैनों का प्रभाव घटने लगा। कहते हैं कि सवंदर नामक शैव साधु ने पाण्ड्य राजाओं के राज से जैन धर्म को उखाड़ दिया और एक दूसरे साधु अप्पर ने 'पल्लव' राजाओं के राज्य से भी जैन धर्म की महिमा कम कर दी। यह आठवीं शताब्दी की बात है। दसवीं शताब्दी के चोल राजा केवल कट्टर शैव ही नहीं हो गए, उन्होंने जैनों पर अत्याचार भी किया। यह विश्वास किया जाता है कि चोलों ने जैनों के दमन के लिए अपनी राजनीतिक शक्ति का उपयोग भी किया। आठवीं शताब्दी के अन्त से दसवीं शताब्दी के अन्त तक दक्षिण के राष्ट्रकूट जैन धर्म के प्रेमी रहे और उनके प्रयत्न से जैन धर्म का बहुत अधिक प्रचार हुआ। मैसूर के गंग राजा तो जैन थे ही। राष्ट्रकूटों का अन्तिम राजा चतुर्थ इन्द्र सुप्रसिद्ध महाराजा कर्ण का पुत्र था और उसकी माता गंग-वंश की राजकुमारी थी। इसलिए इन्द्र बहुत ही धर्मप्रवण राजा हुआ। जब चालुक्यों ने राष्ट्रकूटों पर विजय प्राप्त की तो इन्द्र ने सल्लेखन व्रत के द्वारा अपने जीवन का अन्त कर दिया। इस प्रकार दक्षिणी महाराष्ट्र में दसवीं शताब्दी के अन्त तक जैन धर्म फलता-फूलता रहा। परन्तु पश्चिमी चालुक्य कट्टर शैव थे और उन्होंने जैन प्रभाव को धो-पोंछ देने का प्रयत्न किया। कलचुरियों ने चालुक्यों को परास्त किया और सम्भवत: इस झगड़े के मूल में जैन धर्म का दमन ही प्रधान कारण था क्योंकि कलचुरि सरदार विज्जन कलचुरि स्वयं जैन था। अनुमान किया जा सकता है कि कलचुरियों ने इस क्षेत्र में जैन धर्म को फिर से प्रतिष्ठित करना चाहा होगा। यह सन् 1159 ई.

की बात है। परन्तु उनका राज्य स्थायी नहीं हुआ और शैव धर्म लिंगायत रूप में फिर से इस क्षेत्र में प्रतिष्ठित हो गया।

कर्नाटक में बहुत दिनों से गंग-वंश का राज्य चल रहा था। सन् 1004 ई. में तंजोर के चोलों ने इनसे राज्य छीन लिया। जैसा कि पहले ही बताया गया है कि गंग जैन थे, किन्तु चोल इस काल के कट्टर शैव हो गए थे। अगर चोलों का राज्य स्थायी हो गया होता, तो सम्भवत: इस क्षेत्र से भी जैन धर्म के पैर उखड़ जाते। पर थोड़े दिन बाद ही गंगवाडी में होयसल राजाओं का राज्य हो गया जो जैन धर्म के अनुयायी थे। इस वंश का विश्ववर्धन नामक राजा रामानुज के प्रभाव से वैष्णव धर्म का अनुयायी हो गया और तब से मैसूर में वैष्णव धर्म ने दृढ़तापूर्वक पैर जमा लिया है। इस प्रकार मैसूर में वैष्णव राजा के प्रतिष्ठित होने के कारण, तमिल देश में चोल राजाओं द्वारा दमन किए जाने के कारण और दक्षिणी महाराष्ट्र में लिंगायतों के द्वारा स्थान च्युत किए जाने के कारण दक्षिण भारत में जैन धर्म ने अन्तिम साँस ली। यद्यपि कुछ छिटपुट अनुयायी उसके बाद में भी रह गए। परन्तु बाद में जैन धर्म वहाँ कभी सिर उठाने के काबिल नहीं रह गया । आन्ध्र देश में भी जैनों की परम्परा से ज्ञात होता है कि शैव धर्म ने ही वहाँ जैन धर्म को प्रभावहीन बनाया। पूर्वी चालुक्य राजे परवर्त्ती काल में शैव कवियों के आश्रयदाता बने। इन्हीं कवियों में से सुप्रसिद्ध नन्नय कवि हैं जिसने महाभारत का तेलुगु में अनुवाद किया और पौराणिक शैव धर्म की महत्ता स्थापित की। पूर्व के गंगवंशी राजे भी शैव थे और वारंगल के काकतीयवंशी राजे भी शैव ही थे। इन सब शक्तियों ने दक्षिण में जैन धर्म को प्रभावहीन बनाने में योग किया। ऐसा लगता है कि दसवीं शताब्दी का सबसे प्रभावशाली धर्म शैव मत ही था। दक्षिण से उसने जैन धर्म को एकदम उखाड़ दिया और उत्तर में बचे-खुचे बौद्ध प्रभाव को आत्मसात् कर लिया। उत्तर के नाथपन्थ में अनेक बौद्ध सम्प्रदाय अन्तर्भुक्त हो गए, जिसकी चर्चा हम आगे कर रहे हैं।

इस बात का विश्वास करने के प्रचुर कारण हैं कि मुस्लिम आक्रमण के समय उत्तर भारत में ऐसे अनेक धार्मिक सम्प्रदाय थे जो ब्राह्मण धर्म से दूर पड़ते थे। उन दिनों बौद्ध और कापालिक तो वेद-विरोधी थे ही, शैवों के अनेक मतों को भी वेद विरुद्ध माना जाता था। गोरखपन्थियों में प्रसिद्ध है कि गोरखनाथ के पहले स्वयं गोरखनाथ के चलाए हुए बारह सम्प्रदाय थे और शिवाजी के चलाए हुए बारह या अठारह सम्प्रदाय थे। इनमें से कई को नष्ट करके गोरखनाथ ने छह अपने और छह शिवाजी के सम्प्रदायों को

लेकर बारहपन्थी योगमार्ग का प्रवर्त्तन किया। इस परम्परा से यह स्पष्ट है कि गोरखनाथ के पहले उत्तर भारत में अनेक शैवमत प्रचलित थे जिनमें से केवल छह को गोरखनाथ ने अपने सम्प्रदाय में लेने के योग्य समझा था। अपने 'नाथ सम्प्रदाय' नामक ग्रन्थ में मैंने दिखाया है कि इस जनश्रुति का क्या अर्थ हो सकता है। गोरखनाथ के पूर्व ऐसे बहुत-से शैव, बौद्ध और शाक्त सम्प्रदाय थे, जो वेदबाह्य होने के कारण वैदिक धर्म के अनुयायी नहीं माने जाते थे। जब मुसलमानी धर्म प्रथम बार इस देश में प्रविष्ट हुआ तो देश दो प्रतिद्वन्द्वी धर्मसाधनामूलक दलों में विभक्त हो गया। जो शैवमार्ग और शाक्यमार्ग वेदानुयायी थे, वे बृहत्तर ब्राह्मण प्रधान हिन्दू समाज में मिलते गए और निरन्तर अपने को वेदानुयायी सिद्ध करने का प्रयत्न करते रहे। यह प्रयत्न आज भी जारी है। उत्तर भारत में ऐसे अनेक सम्प्रदाय थे, जो वेदबाह्य हो कर भी वेदसम्मत योग-साधना या पौराणिक देव-देवियों की उपासना किया करते थे। ये अपने को शैव, शाक्य और योगी कहते रहे। गोरखनाथ ने उनको दो प्रधान दलों का पाया होगा। एक तो वे जो योगनार्ग के अनुयायी थे, परन्तु शैव या शाक्य नहीं थे और दूसरे वे जो शिव या शक्ति के उपासक थे; परन्तु गोरक्ष-सम्मत योगमार्ग के उतने नजदीक नहीं थे। इन्हीं दोनों दलों में से कुछ को गोरखनाथ ने अपने बारहपन्थी मार्ग में चुन लिया होगा। वर्त्तमान नाथपन्थ के शाक्त मत भी हैं, लकुलीश पाशुपतों का मत भी है, वैष्णव योगमार्ग और वाममार्गी और कापालिक मत भी है। इनका विस्तारपूर्वक विवेचन मैंने उपर्युक्त पुस्तक के तेरहवें अध्याय में किया है। यहाँ प्रकृत इतना ही है कि दक्षिण भारत की भाँति उत्तर भारत में भी शैवमत उन दिनों सबसे प्रबल धर्म मत था और इनमें भी नाथपन्थी योगियों का प्रभाव सबसे अधिक था।

परन्तु शैव धर्म उत्तर भारत में उतना आक्रामक नहीं हुआ, जितना दक्षिण में था। इसका कारण यह था कि उत्तर भारत पर मुसलमानों के हमले निरन्तर हो रहे थे और वहाँ की साधारण जनता और राजशक्तियों में इस सम्पूर्ण विपरीतधर्मी संस्कृति के प्रति शंका का भाव उत्पन्न हो गया था। इसलिए दक्षिण में जो धर्म मत अत्यन्त आक्रमण रूप में प्रकट हुए वे भी उत्तर भारत में एक साथ बिना किसी विरोध के फलने-फूलने लगे। राजस्थान के अनेक राजवंश शैव धर्म के अनुयायी थे। मेवाड़ के बाप्पा रावल लकुलीश पाशुपत मत के अनुयायी थे। उनके नाम के साथ लगा हुआ 'रावल' शब्द सम्प्रदाय वाचक 'लाकुल' शब्द का ही अपभ्रंश रूप है। इस दरबार में जैनों और वैष्णवों का भी सम्मान होता रहा। इसी प्रकार साँभर के चौहान

और मालवा के परमार भी शैव ही थे। गुजरात के मूलराज प्रसिद्ध शिवभक्त थे। फिर भी राजाओं के दरबार में जैन मुनियों का समादर होता रहा और कभी-कभी गुजरात के किसी राजा ने जैन धर्म की दीक्षा भी ले ली। गुजरात के कुमारपाल के विषय में प्रसिद्ध है कि वे सुप्रसिद्ध हेमचन्द्राचार्य के शिष्य हो गए थे। गुजरात में जैन धर्म भी फलता-फूलता रहा; किन्तु धीरे-धीरे वह केवल व्यावसायिक जाति में ही सीमित रह गया। ग्यारहवीं शताब्दी के आसपास राजस्थान के सभी बड़े दरबारों में जैन मुनियों की पहुँच थी। किन्तु काशी-कन्नौज का गाहड़वाल दरबार कट्टर वेदानुयायी था। वे अपने को माहेश्वर या शैव कहते हैं। किन्तु वे विष्णु के भी उतने ही भक्त थे और अपनी सभी प्रशस्तियों में वे लक्ष्मी और नारायण की वन्दना करते हैं। इस प्रकार जिन प्रदेशों की भाषा आज हिन्दी है; वहाँ ग्यारहवीं-बारहवीं शताब्दी में कट्टर वैदिक मतानुयायी राजाओं का राज्य था और संस्कृत के कवियों और पण्डितों का ही सम्मान था। यद्यपि ये राजा अपने को माहेश्वर ही कहते रहे; पर थे वे वस्तुत: स्मार्त्त। परन्तु इनके सभी विश्वासों में जैनों द्वारा प्राचीन जीव-दया और प्राणि-हत्या से बचने का प्रयत्न प्रभावशाली था। वस्तुत: शैव और वैष्णव धर्मों ने यद्यपि दक्षिण के जैन धर्मों को उखाड़ दिया था तथापि जैनों के इस सिद्धान्त को उन्होंने स्वीकार कर लिया था और परवर्त्ती काल का वैष्णव सम्प्रदाय प्राणि-हत्या से उसी प्रकार बचने का प्रयत्न करता रहा जिस प्रकार जैन धर्म करता रहा।

गुणमय रूप की उपासना

उत्तर भारत के नाथ शैवमत का झुकाव निर्गुण उपासना की ओर था। भक्ति इस साधना में अपरिचित वस्तु है। तुलसीदास ने गोरख को भक्ति का विरोधी बताया था। इस सम्प्रदाय के साधक वर्ण-व्यवस्था और गृहस्थ के मायामुग्ध जीवन पर आक्रमणमूलक उक्तियाँ कह गए हैं। जो लोग हठयोग की साधना नहीं करते, गृहस्थी की चक्की में पिस रहे हैं, कामिनी-काञ्चन के भुलावे में पड़े हुए हैं वे उनकी दया के पात्र हैं, वे चौरासी लाख योनियों में भटकनेवाले संसार-कीट हैं, वे दयनीय हैं। किन्तु वैष्णव-साधकों में एक विशेष प्रकार की मृदुता रही है। उन्होंने किसी को भी कटु बात नहीं कहीं। भक्ति उनकी प्रेरक शक्ति थी और अहिंसा उनका मूलमन्त्र। मन, वचन और कर्म से अहिंसक रहना उनकी साधना की प्रथम प्रक्रिया थी। इन वैष्णवों के दो रूप हैं—एक तो निर्गुण मार्गी, दूसरे सगुण मार्गी। सामाजिक बातों में इनमें मतभेद हैं। इसी बात में वे एक दूसरे पर आक्रमण भी करते हैं। परन्तु धर्म-साधना क्षेत्र में दोनों की प्रेरक शक्ति भक्ति ही है।

दोनों में प्रधान भेद रूपोपासना के विषय में है। दूसरे श्रेणी के अर्थात् सगुण मार्गी भक्त ठोस रूप के उपासक हैं। सूरदास कहते हैं—

सुन्दर मुख की बलि बलि जाउँ ।
लावन-निधि, गुन-निधि, शोभा-निधि,
निरखि निरखि जीवत सब गाउँ ।।
अङ्ग अङ्ग प्रति अमित माधुरी,
प्रगटित रस रुचि ठाउँ ठाउँ ।।
तामें मृदु मुसकानि मनोहर,
न्याय कहत कवि मोहन नाउँ ।।
नैन सैन दै दै जब बोलत,
ता पर हौं बिन मोल बिकाउँ।।
सूरदास प्रभु मदन मोहन छवि
यह शोभा उपमा नहि पाउँ ।।

सूरदास के प्रभु की इस मदन मोहन छवि की उपमा सचमुच संसार में नहीं है। भक्त केवल उस 'कुटिल बिथुरे कच' वाले मुख के ऊपरी सौन्दर्य पर ही इतना अधिक भाव-मुग्ध हुआ हो, यह बात संसार की साधना में अद्वितीय है। यह भाव एकमात्र भारतीय वैष्णव कवियों की साधना में सर्वप्रथम और शायद सबसे अधिक अन्त में, अभिव्यक्त हुआ है। वैष्णव कवियों को दो श्रेणियों में विभक्त किया जा सकता है। एक में वे भक्त हैं जो भक्त या साधक पहले हैं, कवि बाद में। सूरदास और तुलसीदास पहली श्रेणी में आते हैं; देव, बिहारी और मतिराम दूसरी में। सूरदास उपरिलिखित भजन में कहते हैं कि इस 'लावण्यनिधि, शोभानिधि, गुणनिधि' गोपाल को कवि 'मोहन' कहते हैं, यह बात उचित ही है। पर स्वयं सूरदास, कवि की उक्ति तक ही आकर नहीं रुक सकते, वे साधक हैं, वे आगे बढ़ते हैं—नैन सैन दै दै जब बोलत, ता पर हौं बिन मोल बिकाउँ! कवि और साधक वैष्णव यहीं आकर अलग हो जाते हैं। कवि इस रूपातीत को एक नाम देकर, एक मोहक आख्या देकर, अपने कवि-स्वभाव के औचित्य की सीमा तक जाकर रुक जाता है। साधक आगे बढ़ता है और उत्सर्ग कर देता है अपने को उस मनोहारी सैन पर; उस रमणीय बोल पर—सो भी बिना मोल ।

वैष्णव कवियों के इन दो रूपों को न समझने के कारण आज का समालोचक नाना प्रकार की कटूक्तियों से साहित्यिक वातावरण को क्षुब्ध कर रहा है। आज के कार्य-बहुल कार्य में मनुष्य की ललित भावनाएँ खण्ड-भाव से प्रकट हो रही हैं। किसी को इस समय एक समग्र साहित्य को न तो समझने की फुरसत है और न रचना करने की। काव्य में यह लिरिक का युग है, कथा में छोटी कहानी का और चित्रकला में विच्छिन्न चित्रों का, पर इसलिए इन विच्छिन्न चेष्टाओं को विच्छिन्न भाव से देखना तो वास्तविक देखना नहीं है। इस युग की काव्य-चेष्टा को समझने के लिए अतीत युग की काव्य-चेष्टा का ज्ञान आवश्यक है। इस देश का साहित्य समझने के लिए देशान्तर के साहित्य को समझने की जरूरत है—विच्छिन्न काव्य-चेष्टा के वर्त्तमान युग को समझने के लिए देशान्तर और कालान्तर नितान्त आवश्यक हैं। पर प्राचीन युग के साहित्य को समझने के लिए केवल प्राचीनतर साहित्य ही आवश्यक नहीं हैं, आधुनिक मनोवृत्ति का अध्ययन भी आवश्यक है। हमें अगर सूरदास या नन्ददास को समझना है तो उसका प्रधान उपकरण हमारी आधुनिक मनोवृत्ति है। इस मनोवृत्ति से उस युग की मनोवृत्ति का ठीक मेल नहीं भी हो सकता। आज सौन्दर्य और लालित्य का मानदण्ड बदल गया

है। इस मानदण्ड से प्राचीन लालित्य को समझना सब समय सुलभ नहीं हो सकता। इस मनोवृत्ति को लेकर अगर प्राचीन कविताओं का अध्ययन किया जायगा, तो अनर्थ की सम्भावना है। उपनिषद् के एक मन्त्र में कहा गया है। 'आत्मा को जानकर परमात्मा को जानना चाहिए।' इस कथन को बदलकर कहा जा सकता है कि अभिनव मनोवृत्ति को समझकर प्राचीन मनोवृत्ति को समझना चाहिए।

मि. रोसेनकोपे ने सन् 1914 ई. में (Lectures on Aesthetics, London University) कहा था कि 'सन् 1860 ई. में इंग्लैण्ड के सर्वसाधारण का चित्त परियों के रम्य लोक से हटकर सरल सहज कल्पना और मानवता की ओर अग्रसर हुआ है।' इस वाक्तव्य को कुछ बदलकर भारतवर्ष के बारे में भी कहा जा सकता है। कम-से-कम इस शताब्दी में भारतीय चित्त भी कृष्ण और राधिका के विचार-ललित और भाव-मधुर गोलोक से उतरकर सहज मानवगृह की ओर गया है। वस्तुत: आज भारतवर्ष का चित्त भी संसार के अन्य देशों की तरह एक महापरिवर्त्तन की ऊर्मि-प्रत्यूर्मि से आन्दोलित हो उठा है। एक ही साथ इस देश में इतने तरह की विचारधाराएँ आ टकराई हैं कि उनके आवर्त दुर्धर तरंगराजि में भारतीय चित्त कुछ हतबुद्धि-सा हो गया है। यूरोप में चौदहवीं शताब्दों में ही मानव चित्त स्वर्ग से हटकर मर्त्य की ओर अग्रसर हो गया था। मर्त्य की ओर आकर भी वह एक बार विस्मृत परीलोक की ओर धावित हुआ था। बीच में उसे तैयार होने का पर्याप्त अवसर मिला था। परन्तु यह सौभाग्य भारतवर्ष को न प्राप्त हो सका। एक ही साथ इतने वादों की बाढ़ यहँ आई कि आज का नव-शिक्षित समालोचक चकित-थकित की भाँति कर्त्तव्यमूढ़ हो उठा है।

भारतीय समालोचक एक बार टेनिसन-जैसे धार्मिक भावापन्न कवि की कविता से मुग्ध होकर वैष्णव कवियों की ओर प्रश्न-भरी दृष्टि से देखता है, एक बार कीट्स की अस्तमित-तत्त्वानन्दमयी उक्तियों से चकित होकर देव और बिहारी में उस भाव को खोजता है, एक बार बायरन के तत्त्व-गम्भीर आख्यान-काव्यों का आनन्द लेकर कबीर और दादू की ओर दौड़ता है, एक बार ईसाई भक्तों की गलदश्रु-भावुकता से विमुग्ध होकर रसखान और घन आनन्द की ओर ताकता है और अन्त में सर्वत्र निराश होकर क्षुब्ध हो उठता है। नवीन आलोचक इस महाविकट युग के सबसे अधिक रूप के भीतर अरूप की सत्ता खोजने में अपना समय नष्ट करता है। पर हाय, नाना अभिनव वादों के तरंगाघात से जर्जर उसकी चित्त-तरी अधिकाधिक भ्रान्त हो उठती है।

एक बार इंग्लैण्ड में ग्रीक नाटकों के विरुद्ध प्रबल आन्दोलन हुआ था। कहा गया था कि वह असमीचीन और अस्वाभाविक है, अमार्जित और कुरुचिपूर्ण है। पर शीघ्र ही इस भूल का सुधार हुआ, अंग्रेज मनीषियों ने आलोचनात्मक प्रबन्धों से अंग्रेज मस्तिष्क को उस सौन्दर्य का अधिकारी बनाया। ग्रीक नाटकों को ह्यूमेनिस्टिक या मानवीय-रस-मूलक कहा गया था। कहना न होगा कि आज का यूरोपीय साहित्य कम मानवीय नहीं है, पर ग्रीकों के मानव-आदर्श और वर्त्तमान युग के मानव-आदर्श एक ही नहीं हैं। ब्रजभाषा कवियों की रूपोपासना को मानवीय कहा जा सकता है, ब्रज का कवि कभी कृष्ण या राधिका के रूप में अमानव-रस का आरोप नहीं करता। वह केवल एक बार स्वीकार कर लेता है कि उसका प्रतिपाद्य अतिमानव या सुपर-ह्यूमन है, पर इस स्वीकारोक्ति से उसके रसबोध में कहीं भी कमी नहीं आती। वह ईसा मसीह के भावुक भक्तों की भाँति सदा अपने प्रभु को दैवी प्रतीक या दैवी मध्यस्थ नहीं समझता, कहें तो कह सकते हैं कि ब्रज का कवि भी मानवीय है। पर ग्रीक कवि। आज के नाटककार, और ब्रजभाषा के कवि की मानवता की कल्पना में आकाश-पाताल का अन्तर है। तीनों तीन चीजें है— एकदम अलग-अलग ।

ग्रीक नाटकों और मूर्त्तियों के साथ प्राचीन ग्रीक की रीति-नीति, आचार-व्यवहार भाव से जड़ित थे। ग्रीक आर्ट केवल आर्ट के लिए नहीं था, वह ग्रीकों का जीवन था, ग्रीकों का उत्सव था, ग्रीकों का सर्वस्व था। एक अमेरिकन लेखक ने लिखा है कि हम आजकल नाटक को जिस दूरस्थ साक्षी की भाँति देखते हैं, ग्रीक उस तरह उसे नहीं देखते थे। ग्रीक दर्शक अभिनेताओं से इतने पृथक् नहीं होते थे। एक बार कविवर रवीन्द्रनाथ ने नाट्यमंच की आलोचना के प्रसंग में कहा था कि वे जापानी क्सासिकल नाटकों की एक विशेषता देखकर आनन्दित हुए थे। अभिनेता सजकर दर्शकों के बीचोंबीच से होकर रंगमंच की ओर अग्रसर होते थे। यह बात मानो यह घोषित कर रही थी कि अभिनेता दर्शकों से दूर की चीज नहीं हैं। ग्रीक नाटकों में शायद ऐसा नहीं होता था, पर ग्रीक दर्शक निश्चय ही उसे अपने जीवन का एक स्वाभाविक अंग समझता था।

बौद्ध या हिन्दू देवताओं की मूर्त्तियों का अपूर्व कारु-कौशल उस प्रकार का हो ही नहीं सकता, शिल्पकार उसे अपने तन-मन और जीवन से न रचता। ब्रजभाषा के कृष्ण की सारी लीला भी इसी तन-मन और जीवन के ईंट-चूने-गारे से बनी है। कवि ने अपनी मनुष्यता का सुन्दर-से-सुन्दर उपयोग उस

भाव मधुर रुचिर छवि की रचना में किया है। वह एकान्त दूर से निरीक्ष्यमाण चित्र नहीं है, वह अन्तर की प्रेम-स्रोतस्विनी की ठोस जमावट है। वहीं आकर उसकी सारी धारा सार्थक होकर रूपान्तरित हो गई है। वह किसी तत्त्ववाद या व्याख्या की अपेक्षा नहीं रखती, वह अपने-आपमें पूर्ण है; पर आज का नाटक या काव्य या शिल्प न तो उस जीवनमय, किन्तु नित्य-नूतन ग्रीक मानवीयता के साथ मेल रखता है और न इस मनोमय, किन्तु परिवर्त्तनातीत भाव मधुर वैष्णव मानवीयता का सादृश्य रखता है। वस्तुत: आज की ललितकला का कोई एक रूप स्थिर नहीं किया जा सकता। बहुत्वधर्मा, नानामुखी, साक्षि-सापेक्षा इस कला का रूप भविष्य ही निर्णय करेगा।

इसलिए जब सूरदास रूपातीत को 'मोहन' कहना कवि के लिए 'न्याय' बताते हैं तो उनकी बात सहज ही समझ में आ जाती है। यह रूप अन्य रूपों की भाँति आगे बढ़ने का मार्ग नहीं दिखाता, यहाँ आकर सारी गति रुद्ध हो जाती है, सारी वृत्तियाँ मुग्ध हो जाती हैं, सारी चेष्टाएँ व्यर्थता के रूप में सार्थक हो जाती हैं। कवि की सारी सार्थकता इस व्यर्थता में ही है। यह रूप मोहन है। मोहनेवाला, अर्थात् जहाँ जाकर सारी मानसिक वृत्तियाँ शिथिल हो जाती हैं। तुलसीदास एक जगह कहते हैं—

सखि रघुनाथ रूप निहारु।
सरद विधु रवि सुअन मनसिज मान भंजन हारु।
स्याम सुभग सरीर जनु मन-काम पुर निहारु।।
चारु चन्दन मनहुँ मरकत सिखर लसत निहारु।
रुचिर उर उपवीत राजत पदिक गज मनि हारु।।
मनहुँ सुर धुनि नखत मन बिच तिमिर भंजनि हारु।
विगत पीत दुकूल दामिनि-दूति विनिन्दनि हारु।।
बदन सुषमा सदन सोभित मदन मोहनि हारु।
सकल अंग अनूप नहिं कोउ सुकवि बरननि हारु।।
दास तुलसी निरखतहिं सुख लहत निरखनि हारु ।

यहाँ भी कवि के उसी रूप का उल्लेख है। ऐसा कोई कवि नहीं जो उस 'सकल अंग अनूप' का वर्णन कर सके। उसके लिए एक शब्द ही उपयुक्त है और इसका उपयोग वह तब करता है जब उसकी उपमाएँ समाप्त हो जाती है, उत्प्रेक्षाएँ रुद्धवेग हो पड़ती हैं, रूपक विगत-ऋद्धि हो उठते हैं। उस समय वह एक ही बात कहता है— 'बदन सुषमा सदन सोभित मदन मोहनि हारु ।' और यहीं आकर सारा कवित्व पर्यवसित हो जाता है। जिसका रूप एक बार

कवि को भाव-मदिर कर देता है उसे मदन कहा जा सकता है। मदन की यह विशेषता है कि उससे मोह का आवेश बढ़ता है, नई-नई कल्पनाएँ, नए-नए रूपक दर्शक को विह्वल कर देते हैं। कृष्ण के अतिरिक्त अन्य सांसारिकों के रूप में मदन का भाव है—वह मादक होता है, उससे जड़ता आती है। पर कृष्ण का रूप 'मदन मोहन' है, वह मादकता को भी मोहित कर देता है। उस मोह का रूप तमः प्राकृतिक नहीं है, वह सत्त्व प्राकृतिक है।[1] वैष्णव कवि की वाणी का सारा ऐश्वर्य इस 'मदन मोहनि हारु' छवि तक आकर हत-चेष्ट हो जाता है, साधक एक कदम और आगे बढ़ता है। यह बिना किसी कारण, बिना किसी लाभ के, बिना किसी उद्देश्य के, अपने को उस पर निछावर कर देता है, अपनी सत्ता उसी में विलीन कर देता है, यही उसका सुख है, यह उसकी चरम आराधना है— 'दास तुलसी निरखतहिं सुख लहत निरखनि हारु।' देखनेवाला देखने में ही सुख पाता है— केवल देखने में।

कविवर रवीन्द्रनाथ एक स्थान पर लिखते हैं—"जो लोग अनन्त की साधना करते हैं, जो सत्य की उपलब्धि करना चाहते हैं, उन्हें बार-बार यह बात सोचनी होती है कि जो कुछ देख और जान रहे हैं, वही चरम सत्य नहीं है, स्वतन्त्र नहीं है, किसी भी क्षण में वह अपने-आपको पूर्ण रूप से प्रकाशित नहीं कर सकता- यदि वे ऐसा करते होते तो सभी स्वयंभू, स्वप्रकाश होकर स्थित ही रहते। ये जो अन्तहीन स्थिति के द्वारा अन्तहीन गति का निर्देश करते हैं, वही हमारे चित्त का चरम आश्रय और चरम आनन्द है। अतएव आध्यात्मिक साधना कभी रूप की साधना नहीं हो सकती। वह सारे रूप के भीतर से चंचल रूप के बन्धन को अतिक्रम करके ध्रुव सत्य की ओर चलने की चेष्टा करती है। कोई भी इन्द्रिय-गोचर वस्तु अपने को ही चरम समझने का भान करती है, साधक उस भान के आवरण को भेदकर ही परम पदार्थ को देखना चाहता है। यदि यह नाम रूप का आवरण चिरन्तर होता तो वह भेद न कर सकता। यदि ये अविश्रान्त भाव से नित्य प्रवहमान होकर अपनी सीमा को आप ही न तोड़ते चलते तो इन्हें ही सत्य समझकर हम निश्चिन्त हो बैठे रहते, तब विज्ञान और तत्त्वज्ञान इन सारे और प्रत्यक्ष सत्यों की भीषण शृंखला में बँधकर मूक और मूर्च्छित हो रहते। इनके पीछे और कुछ भी न देख पाते। किन्तु ये सारे खण्ड वस्तु-समूह केवल चल ही रहे हैं, कतार बाँधकर खड़े नहीं हो गए। इसीलिए हम अखण्ड सत्य का, अक्षय पुरुष का, सन्धान पाते हैं..."

1. प्रीति सन्दर्भ 203-215.

इस लम्बे उद्धरण को उद्धृत करने का कारण यह है कि इसमें रूप के बन्धनात्मक स्वरूप से उतरकर बाधात्मक रूप का प्रकट होने की सुन्दर व्याख्या की गई है। रूप बन्धन है, पर यह बन्धन रूपातीत को समझाने में सहायक है, रूप चल है पर सनातन की ओर इशारा करता है, रूप सीमा है पर उसमें असीम की भाव-व्यञ्जना है। यही रूप जब आध्यात्मिक साधना का विषय हो जाता है तो बन्धन से भी नीचे उतरकर बाधा का रूप धारण करता है। फिर वह उस राजोद्यान के सिंहद्वार के समान गन्तव्य की ओर इशारा न कर अपने-आपको ही एक विषय-बाध के रूप में उपस्थित करता है। एक सुप्रसिद्ध कला-मर्मज्ञ ने कहा है कि कला जब देवी-देवताओं की उपासना में नियोजित होती है तो उसमें एक धृष्टता आ जाती है, उसमें प्रतिभा का स्थान नहीं रह जाता, क्योंकि प्रतिभा नित्य नूतन रूप चाहती है, देवी-देवताओं की मूर्त्तियों की एक ही कल्पना सदा के लिए स्थित हो जाती है। रवीन्द्रनाथ स्वयं कहते हैं—'कल्पना जब रुककर एक ही रूप में एकान्तभाव से देह धारण करती है, तब वह अपने उसी रूप को दिखाती है, रूप के अन्त सत्य को नहीं । इसीलिए विश्व-जगत् के विचित्र और चिर-प्रवाहित रूप में चिर परिवर्त्तनशील अन्तहीन प्रकाश में ही हम अनन्त के आनन्द को मूर्त्तिमान देखते हैं।'

वैष्णव कवि की रूपोपासना

वैष्णव कवि भी रूप के इस पहलू को समझता है। अन्तर यह है कि उसका रूप चरम रूप है जिसकी उपासना में वह अरूप की परवा नहीं करता। यह रूप कल्पना-प्रसूत नहीं है, बल्कि कल्पना से परे है। रवीन्द्रनाथ का तत्त्ववाद और उपलब्धि एक ही वस्तु है, इसलिए उनके निकट कल्पना और भक्ति में कहीं विरोध नहीं हो सकता है। वैष्णव कवि कल्पना और भक्ति को दो चीज समझता है। जहाँ उसकी कल्पना रुक जाती है—अर्थात् जब रूप 'मोहन' हो उठता है, जहाँ सारी चित्तवृत्ति मुग्ध हो जाती है—वहीं उसकी भक्ति शुरू होती है। कवि वैष्णव (बिहारी आदि) कल्पना के उस ऊँचे स्तर तक पहुँचकर रुक जाते हैं जहाँ वह हतचेष्टा हो जाती है, मुग्ध हो जाती है। भक्त-वैष्णव और आगे बढ़ता है और अपनी चरम उपासना—आत्म निवेदन—में अपना सर्वस्व आहुत कर देता है।

वैष्णव कवि के इस भाव को न समझकर वर्त्तमान युग के आलोचक उसे 'टाइप' या 'फार्मल' हो जाना कहने लगते हैं। हमें 'टाइप' या 'फार्मल' शब्द से कोई आपत्ति नहीं। मगर यूरोप के पण्डित कभी-कभी कहा करते हैं कि 'टाइप' में आकर आर्ट अवनत हो जाता है, अर्थात् वे इन शब्दों को कुछ अनादर के साथ व्यवहार करते हैं। इस सम्बन्ध में एक कला समीक्षक का कहना है—" 'फार्मल' कहकर शिल्प की अवज्ञा करना इस युग में हमें संयत करना होगा। जिस प्रकार काव्य में, उसी प्रकार चित्र और शिल्प कला में आर्ट (कला) को 'फार्मल' होना ही पड़ता है—किन्तु इसीलिए एकाएक भाव के लिए एक सम्पूर्ण 'फार्म' पा सकना जाति और कला के इतिहास में मामूली बात नहीं है।"

बात असल में यह है कि जिस जाति ने जिस रूप को निरन्तर मनन के द्वारा एक श्रेष्ठ रूप दिया, वह सौन्दर्य की सृष्टि को विशिष्ट होने से बचाता है। एक जगह हमने चीन की कला के सम्बन्ध में एक यूरोपियन समालोचक का एक उद्धरण पढ़ा था जिसका भाव यह है कि कला के रस को लगातार जारी रखने में चीनवालों ने संसार की अन्य किसी जाति से अधिक सफलता

पाई है, क्योंकि चीन की कला एक विशेष आकार में चार हजार वर्षों से बराबर चली आ रही है। कला के विषय में चीनवालों के बारे में जो बात कही गई है यही बात काव्य के विषय में वैष्णव कवियों के बारे में कही जा सकती है। पर जिसलिए एक विशेष आकार भंगी ग्रहण करने के कारण चीन की कला में रस का अभाव बताना धृष्टता है, उसी प्रकार वैष्णव कवियों की रूपोपासना को भी वैचित्र्य-विहीन कहना अनुचित है।

यह तो हुई टाइप और फार्म की बात। पर कुछ समालोचक इसके विपरीत विचार रखकर भी वैष्णव कवि की रूपोपासना को हेय समझते हैं। वे फार्म और टाइप को स्वीकार कर लेते हैं, पर इस 'फार्म' के साथ चित्तवृत्ति की मुक्ति को स्वीकार नहीं करते अर्थात् वे कृष्ण और राधा के विशेष रूप के सम्बन्ध में कोई आपत्ति नहीं करते। वे यह स्वीकार कर लेते हैं कि रूपातीत को एक कल्पनातीत रूप में बाँधना पड़ा है, पर साथ ही यह भी निश्चित कर देना चाहते हैं कि इस स्वीकृति 'फार्म' को अमुक-अमुक वित्तवृत्तियों के साथ बाँध देना चाहिए। देवी को अगर एक रूप दिया गया तो उस रूप की परितृप्ति के साधन भी निश्चित होने चाहिए। इसी श्रेणी में वे पण्डित भी आते हैं जो राधा और कृष्ण के संयोग शृंगार को त्याज्य समझते हैं। असल में रूप के साथ जब वृत्तियों को बाँध देते हैं तभी वह बन्धन से उतरकर बाधा के रूप में खड़ा हो जाता है। 'तारा' या 'त्रिपुर सुन्दरी' का रूप भी निश्चित है, और साधना-पद्धति भी। पर वैष्णव कवि का रूप तो निश्चित है, किन्तु साधना-पद्धति अनिश्चित! कृष्ण की उपासना पिता, स्वामी, पुत्र, सखा, माता और प्रेमी आदि नाना रूपों में हो सकती है वह बन्धन है, पर बाधा नहीं। तुलसीदास कहते हैं- -

मोंहि तोंहि नाते अनेक मानिये जो भावै,
ज्यों त्यों तुलसी कृपाल चरन सरन पावै।

यही वैष्णव कवियों की रूपोपासना है। रूप के अतीत अरूप सत्ता को वह भूल जाता है, पर इस बन्धन की स्वीकृति को सार्थक करता है चित्तवृत्ति की मुक्ति में। ठीक उसी प्रकार नदी अपने तटों की सार्थकता अपने स्रोत की मुक्ति में पाती है। इसीलिए वैष्णव कवि की ठोस रूपोपासना 'पेगन' की रूपोपासना से अलग है।

उन्नीसवीं शताब्दी के दार्शनिकों का विश्वास था कि मानव सभ्यता के प्रथम युग में मनुष्य ने भय और कौतूहलवश नाना अदृष्ट शक्तियों के नाना रूपों की कल्पना की थी। परन्तु वर्त्तमान शताब्दी में नृतत्त्वशास्त्र के

नए आविष्कारों ने इस विश्वास की जड़ हिला दी है। आज संसार की जिन जातियों को आदिम श्रेणी का समझा जाता है, उसमें बिना किसी अपवाद के इस बात का अभाव पाया जाता है। इसके अतिरिक्त ज्यों-ज्यों पुरानी जातियों के पुराने इतिहास का प्रकाशन होता जा रहा है, त्यों-त्यों यह बात प्रकट होने लगी है कि भयमूलक रूपों की कल्पना मध्यवर्त्ती स्थिति की उपज है, आदिम की नहीं। प्रागैतिहासिक युग के चित्रित दीवालों, गुफाओं और शास्त्र आदि के अध्ययन से नृतत्त्ववेत्ताओं ने निष्कर्ष निकाला है कि आदिमानव की रूप-सृष्टि के दो कारण थे। प्रथम यह कि आदिमानव का विश्वास था कि जिस चीज का चित्र बनाया जाता है, वह वस्तुत: बढ़ा करती है; अगर एक हरिण का चित्र बनाया गया, तो वन में अनेक हरिणों की वृद्धि होगी। एक बादल का अंकित करना आकाश में बादलों की वृद्धि का उपाय समझा जाता था। दूसरा कारण यह था कि आदिमानव चित्रों को वास्तविक वस्तु का प्रतिनिधि समझता था। अतएव उसके पास किसी चीज के चित्र रहने का मतलब यह था कि सचमुच उस वस्तु पर उसका अधिकार होगा। जब जे.जी. फ्रेजर ने पहले-पहल इस निष्कर्ष का प्रकाशन किया, तो सारे यूरोप में इसका बड़ा जबर्दस्त विरोध किया गया। कहा गया कि ये स्वप्नप्रसूत विचार हैं, कपोल-कल्पना है—असत्य है; पर सन् 1903 ई. में जब एस. रेनेक ने लगभग 1200 प्रागैतिहासिक चित्रणों को प्रकाशित किया, तो विरोध ठण्डा पड़ गया। देखा गया कि इन चित्रों में सब के सब दूध देनेवाले पशुओं, हरिणों, घोड़ों और बकरियों के थे। इसी श्रेणी की रूपसृष्टि को तान्त्रिक सृष्टि (मेजिकल क्रिएशन) कहते हैं।

यह देखा गया है कि मनुष्य जब हाथ से चित्र खींचने लगता है, उसके बहुत पहले से ही वह मन में उसकी कल्पना किए रहता है। इसीलिए तान्त्रिक सृष्टि ही मनुष्य की आदिमानस सृष्टि रही होगी। हिन्दुओं के वेद यद्यपि आदिमानव सभ्यता के प्रतिनिधि नहीं हैं, परन्तु वैदिक मन्त्रों में तान्त्रिक सृष्टि के मानव-रूप का आभास हम पाते हैं। जो हो, मनुष्य ने सभ्यता के शिखर पर चढ़ने के लिए जो दूसरी सीढ़ी बनाई वह तान्त्रिक सृष्टि के सर्वथा विपरीत थी। अब उसे धीरे-धीरे अनुभव होने लगा था कि हरिण का चित्र बनाने से ही हरिण नहीं बढ़ते, गाय के अंकित होते ही उसके घर दूध की नदी नहीं बहने लगती है—कोई शक्ति है जो इस तान्त्रिक नियम में बाधा पहुँचा रही है। यह शक्ति भयानक है। वह गायों का संहार कर सकती है, वह वन को नि:सत्त्व बना देती है, वह घर के बच्चों पर भी हमला कर सकती है। ज्यों-ज्यों मनुष्य

सभ्यता की दौड़ में आगे बढ़ने लगा, त्यों-त्यों वह इस शक्ति की विकरालता का अनुभव करने लगा। केवल विकरालता ही नहीं, उसने देखा कि यह शक्ति अनेकरूपा है—इसकी पूजा होनी चाहिए। यहीं से भयमूलक रूप की सृष्टि आरम्भ हुई।

मनुष्य का मन कुछ और आगे बढ़ा। उसने देखा, विकराल शक्ति की पूजा हो रही है, तो भी भयजनक अवस्था का अन्त नहीं होता। उसने अनुभव किया कि केवल विकराल शक्ति भर ही बस कुछ नहीं है, कुछ और है, जो इसकी पूजा के बिना भी संसार की रक्षा कर रहा है और पूजा होने पर संसार का नाश कर सकता है। वह अकेले ही पैदा कर सकता है, अकेले ही रक्षा कर सकता है, अकेले ही संहार भी कर सकता है। हवा उसी के इशारे पर नाच रही है, समुद्र उसी के इशारे पर मौन गम्भीर मुद्रा से आकाश की ओर ताक रहा है, सूर्य उसी के इंगित पर जल रहा है। वह महान् है, वह ब्रह्म है, वह व्यापक है।

ब्रह्म का रूप

और उसका रूप ? संसार में ऐसा क्या है, जो उसका रूप न हो? क्या है, जो ठीक-ठीक उसका रूप बता सके? वह यह भी नहीं, वह भी नहीं, ऐसा भी नहीं, वैसा भी नहीं, नेति, नेति, नेति । मगर मनुष्य के भीतर के कवि, उसके भीतर का कलाकार, उसमें का मनीषी इसकी सृष्टि करेगा ही, सीधे रास्ते न हो सकेगा, तो टेढ़े से चलकर, भौतिक रूप से काम न चलेगा, तो अभिनव कल्पना के बल पर। वह अनन्त है, पर मनुष्य उसकी अनन्तता को अभिव्यक्त कैसे करेगा। उसके पास क्या है, जो अनन्तत्व को रूप दे सके? है क्यों नहीं। वह जो शंख में एक आवर्त्त है, घुमाते जाओ, पर समाप्त होने का नाम नहीं लेता—न स्थान में और न काल में—उसी आवर्त्त मात्र को अनन्त का प्रतीक क्यों नहीं माना जा सकता? इस आवर्त्त को आधार करके स्वस्तिक और प्रणव की रचना हुई। ब्रह्म शान्त है; पर शान्ति को रूप कैसे दिया जाय ? मनुष्य ने उसकी भी कल्पना की। सारांश, उसने अरूप को रूप देने के नाना उपाय आविष्कार किए और यहीं से प्रतीकमूलक सृष्टि का सूत्रपात हुआ।

मनुष्य ने बह्मा को व्यापक समझा। परन्तु इस व्यापकता और सर्वशक्तिमत्ता की कल्पना के कारण मन सदा अपने को उस शक्ति के नीचे समझता रहा। धीरे-धीरे उसने ब्रह्मा को 'ईश्वर' नाम दिया- ईश्वर अर्थात् समर्थ, ऐश्वर्यमय। इस ऐश्वर्यबोध के कारण मनुष्य ने उसे अपने से अलग समझा, अपने से बड़ा समझा, अपना उद्धारकर्त्ता समझा। इस मनोवृत्ति को धार्मिक मनोवृत्ति कहते हैं। परन्तु साथ ही मनुष्य यह सदा समझता रहा कि वह ब्रह्म है, वह व्यापक है, वह हमसे अलग नहीं। इस मनोवृत्ति को दार्शनिक कहते हैं। ये दोनों बातें मनुष्य की सभ्यता के विकास में बहुत बड़ा हाथ रखती हैं। समय-समय पर इन दोनों वृत्तियों में कभी यह, कभी वह प्रबल होती रही। इसके फलस्वरूप संसार में नाना प्रकार के धर्म-मत और दार्शनिक मतवाद पैदा होते रहे। इन दोनों मनोवृत्तियों के फलस्वरूप मनुष्य-जाति ने

अनेक प्रकार के चित्र, मूर्त्ति, मन्दिर आदि निर्माण किए; अनेक गीति, कविता और नाटक लिखे; ललित कला की अभूतपूर्व समृद्धि सम्प्रदान की; पर सर्वत्र वह कभी धार्मिक और कभी दार्शनिक मनोवृत्ति का परिचय देता रहा।

अचानक मध्यकाल की भारतीय साधना में हम एक प्रकार के कवियों और चित्रकारों को एक अभिनव सृष्टि में तल्लीन देखते हैं। वे मानते हैं कि उस शक्ति में ऐश्वर्य है—इसीलिए निश्चय ही वह बड़ी है, अभेद्य है, अच्छेद्य है। साथ ही वे यह भी स्वीकार करते हैं कि वह ब्रह्म है, वह व्यापक है—काल में भी और स्थान में भी; अर्थात् वह अनादि है, अनन्त है, अखण्ड है, सनातन है, पर ये दोनों उसके एकांगी परिचय हैं। ऐश्वर्य भी उसका एक अंग है; ब्रह्मत्व भी उसका एक अंश है, इन दोनों को अतिक्रान्त करने की स्थिति है उसका माधुर्य। इसका साक्षात्कार होता है प्रेम में। जहाँ वह साधारण-से-साधारण आदमी का समानधर्मा है, वहीं इस प्रेम की प्यास में अपना सब कुछ भूल जाता है, वही अहीर की छोहरियों के सामने नाचता है, गाता है, कल्लोल करता है—

जाहि अनादि अनन्त अखण्ड अछेद अभेद सुवेद बतावैं।
ताहि अहीर की छोहरियाँ छछिया भरि छाछ पै नाच नचावैं।

जो उसे ज्ञानमय समझते हैं, ब्रह्म समझते हैं, वे उसके एक अंश को जानते हैं, पर जो उसे प्रेम समझते हैं, वे उसके सम्पूर्ण अंश को जानते हैं।[1] ये

1. श्रीमद्भागवत (1-2-11) में एक श्लोक आया है—
वदन्ति तत्तत्त्वविदंस्तत्त्वं यज्ज्ञानमद्वयम्।
ब्रह्मेति परमात्मेति भगवानिति शब्द्यते।।
इस श्लोक के आधार पर वैष्णव आचार्यों ने परम-पुरुष के तीन रूपों का वर्णन किया है—ब्रह्म, परमात्मा और भगवान् । ब्रह्म भगवान् के उस रूप का नाम है, जो विशुद्ध ज्ञानमय है, ज्ञानमार्ग के उपासक इस रूप की उपासना करते हैं। इसमें ज्ञाता और ज्ञेय का भेद नहीं रहता। जिस प्रकार चर्मचक्षु से सूर्य-मण्डल के नाना विजातीय पदार्थ, जिनमें सैकड़ों मील विस्तृत अन्धकारमय दरारें भी हैं एक ही ज्योति के रूप में दिखाई देते हैं, उसी प्रकार भगवान् का नाम—शक्तिमय और गुणमय रूप ज्ञानमय ही दिखाई देता है। (ब्रह्मसंहिता 5.46) परमात्मा योगियों का उपाय है। इसमें ज्ञाता और ज्ञेय में भेद रहता है। जिस प्रकार सूर्य बहुत दूरी पर रहकर नाना पदार्थों के नाना रूपों में प्रकाशित होता है उसी प्रकार श्रीकृष्ण अचिन्त्य शक्ति के द्वारा नाना पदार्थों में 'परमात्मा रूप' से प्रत्यक्ष होते हैं (श्रीमद्भागवत 1.9.42)। प्रेमियों के निकट भगवान् का पूर्ण रूप प्रकट होता है। इस रूप को 'भगवान्' कहते हैं। वैष्णव आचार्यों ने बताया है कि श्रीकृष्ण ही भगवान् हैं। (दे. जीवगोस्वामी का भागवतसन्दर्भ और भागवत के ऊपर उद्धृत श्लोक पर महाप्रभु वल्लभाचार्य श्री श्रीजीवगोस्वामिपाद और श्रीविश्वनाथ चक्रवर्त्ती की टीकाएँ।)

कवि और साधक ही प्रथम साहस के साथ कहते सुने जाते हैं कि मोक्ष परम पुरुषार्थ नहीं, प्रेम ही परम पुरुषार्थ है, 'प्रेम: पुमर्थो महान् ।'

इस मध्यकाल की साधना के समानान्तर चलनेवाली एक दूसरी प्रचण्ड प्रेम-धारा यूरोप में उसी काल में आविर्भूत हुई थी। वह थी ईसाई-साधना। प्राचीन यहूदियों के धर्म-ग्रन्थों के अनुसार यह संसार खुदा के हाथ से खिसककर गिरा हुआ यन्त्र है। इसीलिए यह पापमय है। इसमें पैदा होनेवाले मनुष्य स्वभावत: ही पापमय हैं। इनके और ईश्वर के बीच एक बड़ा भारी व्यवधान रह गया है। इसी व्यवधान के कारण मनुष्य-पापात्मा-भगवान् के पवित्र संसर्ग से वंचित होकर शैतान का शिकार बन गया है। मनुष्य की इस दुरवस्था से करुण-विगलित होकर प्रभु ईसा मसीह ने अवतार धारण करके इस व्यवधान को भर दिया। जिसके सिर पर उस करुणामूर्त्ति ने हाथ रख दिया, वही तर गया। पतितों पर इसकी विशेष दृष्टि है, दीनों की पुकार पर वह दौड़ पड़ता है आर्त्तों को वह शरण देता है—अद्‌भुत प्रेममय है वह पतित-पावन, वह दीन-दयालु, वह अशरण-शरण।

मध्यकाल की भारतीय साधना में भी श्रीकृष्ण या श्रीरामचन्द्र ठीक इसी प्रकार दिखाई देते हैं। कहीं हम उन्हें मांसाशी गीध-जटायु की 'धूरि जटान सों' झारते देखते हैं, कहीं अस्पृश्य शबरी के जूठे बेरों को प्रेम-सहित खाते देखते हैं, कहीं दीन सुदामा के पैरों को 'आँसुन के जल सों' धोते देखते हैं—ठीक उसी प्रकार का पतितपावन रूप, दीन-दयालु रूप, अशरण-शरण रूप। मगर वैष्णव कवि यहीं आकर नहीं रुकता। ईसाई साधक की विगलद्बाष्पा भावुकता ही उसकी नैया पार कर देती है, उसे आगे जाने की जरूरत नही, पर वैष्णव कवि नैया पार करने की चिन्ता में उतना समय नष्ट करना नहीं जानता। उसे अर्थ नहीं चाहिए, धर्म नहीं चाहिए, मोक्ष नहीं चाहिए, चाहिए भक्ति, चाहिए प्रेम—

अरथ न धरम न काम रति, गति न चहौं निरवान,
जनम जनम रघुपति भगति, यह वरदान निदान।

संसार के उपासना के इतिहास में रूपों की उपासना की कमी नहीं है। परन्तु कहाँ है वह साहस, वह प्रेम पर बलिदान कर सकने की अद्‌भुत क्षमता जो मध्यकाल के इन साधक कवियों ने ठोस रूप के प्रति प्रकट की है।

या लकुटी अरु कामरिया पर राज तिहूँ पुर को तजि डारौं,
आठहु सिद्धि नवौं निधि को सुख नन्द की धेनु चराय बिसारौं।।

यह उपास्य रूप ही चरम सृष्टि है, इसके आगे रूप की रचना असम्भव है। यहाँ आकर भगवान् मनुष्य के अपने हो जाते हैं, वह बड़े भी नहीं, छोटे भी नहीं, हमारे माता-पिता हैं; भाई-बहन हैं, सखा-सखी हैं, प्रेमी-प्रेमिका हैं, पुत्र-पुत्री हैं—हम जो चाहें वही हैं। वेदों और पुराणों ने जिसका कोई उपयुक्त पता नहीं बताया, इंजील और कुरान जिसकी व्याख्या करते थक गए, दर्शन और धर्म-ग्रन्थ जिसका कोई सन्धान न पा सके, वही कितना सहज है, कितना निकट! वह हमारा प्रेमी है ।

'ब्रह्म जो भाष्यौ पुराननि में
तेहि देख्यौ पलोटत राधिका पायन।'

सूफी साधकों की मधुर साधना

हमारे आलोच्यकाल में रूपोपासना की एक बहुत ही सुन्दर परिणति हुई। यह कान्तारति या मधुर भाव की उपासना कही जाती है। इस श्रेणी के भक्तों के अनुसार भगवान् के साथ जितने भी सम्बन्ध हो सकते हैं, उनमें मधुर भाव या कान्तारति का सम्बन्ध सर्वाधिक मनोरम है। तीन प्रकार के भक्तों में इस साधना ने तीन रूपों में अपने को प्रकट किया है। निर्गुणमार्गी भक्तों ने जब प्रेमावेश में आकर भगवान् के प्रति मधुर भाव के पद कहे हैं, तो उनकी साधना का प्रधान और प्रथम वक्तव्य यही नहीं है। कबीर, दादू आदि भक्तों ने और बातों के बीच इस मधुर प्रेम-सम्बन्ध की चर्चा की है। कबीर के दोहों में इस कान्तारति का बहुत ही सुन्दर परिपाक हुआ है, विशेष करके विरहावस्था की उक्तियों में-

यह तन जारौं मसि करौं, ज्यों धूआँ जाइ सरग्गि।
मति वै राम दया करैं, बरीस बुझावै अग्गि ।।
अंखडियाँ छाया पड्या, पंथ निहारि निहारि ।
जीहिड़ियाँ छाल्या पड्या, नाँव पुकारि पुकारि ।।
नैना भीतरि आव तूँ, ज्यों ही नैन झँपेउँ।
नाँ हम देखौं और कूँ, नाँ तुझ देखन देउँ।।

इसी प्रकार उनके पदों में भी प्रिय से मिलने की अपार व्याकुलता का पता चलता है। इन पदों में सर्वत्र उद्योग भक्त की ओर से ही होता है। भक्त रूपी प्रिया ही भगवान् रूपी प्रिय के पास जाती है, उसके पैर काँपते रहते हैं, शरीर से पसीना छूटता रहता है, उस देश की रीति की जानकारी का अभाव मन को उन्मथित करता रहता है, पिया की ऊँची अटरिया की कल्पना से साहस टूटता रहता है। इसीलिए कुछ विद्वानों ने इन वाणियों में सूफी प्रभाव बताया है। कहीं-कहीं तो यह प्रभाव बहुत स्पष्ट है, पर कहीं-कहीं खींचतान के द्वारा इसे सिद्ध करने का प्रयत्न किया जाता है।

देश में मुस्लिम शासन के सूत्रपात होने के पहले से ही सूफी साधक आने लगे थे। मुसलमान लोग एकेश्वरवादी हैं, इसीलिए बहुत लोग मुस्लिम सूफी साधकों को भी एकेश्वरवादी समझ लेते हैं। बहुत लोग हिन्दुओं के पुराने ग्रन्थों में आए हुए अद्वैतवाद से एकेश्वरवाद को अभिन्न मानते हैं। उन्नीसवीं शताब्दी में कई सुधारक आन्दोलन हुए हैं जिनमें उपनिषदों के अद्वैतवाद को मुसलमानों के एकेश्वरवाद से अभिन्न मान लिया गया है। परन्तु सूफी लोग ठीक एकेश्वरवादी नहीं हैं। उनका विश्वास बहुत कुछ इस देश के विशिष्टाद्वैतवादी दार्शनिकों की भाँति है। विशिष्टाद्वैतवादी दार्शनिकों का व्यावहारिक धर्म भी भक्ति ही है और इन साधकों का व्यावहारिक धर्म भी भक्ति ही है। निस्सन्देह इन साधकों की मधुर भक्ति-भावना ने हमारे देश के सन्तों को भी प्रभावित किया है और इन्होंने भी इस देश से बहुत कुछ ग्रहण किया है।

इन साधकों की भक्ति-भावना इनकी लिखी प्रेम-गाथाओं में अभिव्यक्त हुई है। इन प्रेम-गाथाओं में सर्वश्रेष्ठ है पद्मावत। यह मलिक मुहम्मद जायसी नामक प्रसिद्ध सन्त-भक्त की रचना है। इसमें कवि ने पद्मावती के जिस अपूर्व पारस रूप का वर्णन किया है वह अपना उपमान आप ही है। कवि जब पद्मावती के रूप का वर्णन करने लगता है तब उसका सम्पूर्ण अन्तर तरल होकर ढरक पड़ता है। पारस रूप वह रूप है जिसके स्पर्श से यह सारा संसार रूप ग्रहण कर रहा है। पद्मावती में वही पारस रूप है। पद्मावती के रूपवर्णन के बहाने भक्त कवि ने वस्तुतः भगवान् के प्रभाव का वर्णन किया है। पद्मावती ने मानसरोवर में स्नान करते समय जरा-सा हँस दिया और फिर

नयन जो देखा कँवल भा, निरमल नीर समीर ।
हँसत जो देखा हंस भा, दसन ज्योति नग हीर ।।

अलाउद्दीन जैसे अधम पात्र ने भी जरा-सा दर्पण में उस रूप का आभास पाया था, परन्तु 'होता है दरस परस भा लोना। धरती सरग भयउ दुइ सोना।' इस रहस्यमय पारस रूप का आभास देने के लिए जायसी ने अत्यन्त मार्मिक दृश्यों की योजना की है। वे सदा लौकिक दीप्ति और सौन्दर्य का उत्थापन करते हैं। परन्तु विशेषणों और क्रियाओं के प्रयोग-कौशल से अलौकिक दीप्ति की ओर मोड़ते रहते हैं। उन्होंने इस प्रकार एक अपूर्व काव्य की सृष्टि की है।

लौकिक जैसी दिखानेवाली कहानी का आश्रय लेकर सूफी कवियों ने आध्यात्मिक मधुर भाव की साधना का संकेत किया है। प्रियतम सबके हृदय

में व्याप्त है, पर मिल नहीं रहा है 'पिउ हिरदय महँ भेंट न होई। को रे मिलाय कहौ केहि रोई !' और फिर धरती और सरग-सीमा और असीम-तो सदा ही मिले हुए थे, न जाने किसने इन्हें अलग कर दिया है—'धरती सरग मिले हुते दोऊ। को रे नार कै दीन्ह बिछोऊ।' न जाने कब धरती और सरग का बिछोह हुआ, न जाने कैसे यह बिछोह हुआ। आज भी उस वियोग की व्याकुल वेदना से समूची प्रकृति विद्ध है। आज भी सूरज लाल होकर डूबता है, आज मजीठ और टेसू लाल दिखाई दे रहे हैं, आज भी गेहूँ का हिया फटा जा रहा है, आज भी नदी व्याकुल भाव से दौड़ रही है, यह प्रेम उद्दाम है।

जायसी ने पद्मावत में जिस उद्दाम प्रेम का वर्णन किया है वह आदर्श और ऐकान्तिक प्रेम है। उसमें लोक-मर्यादा का अतिक्रम दोष नहीं, गुण समझा जाता है। यह प्रेम सोद्देश्य भी है। लौकिक प्रेम के बहाने कवि सदा अलौकिक सत्ता की ओर इशारा करता रहता है। जहाँ दूसरे कवि पात्रों की अन्त:वृत्तियों के चित्रण द्वारा पात्र के विशिष्ट व्यक्तित्व को चमकाने का प्रयत्न करते, वहाँ भी जायसी अलौकिक पारमार्थिक सत्ता की व्यंजना करना अपना प्रधान लक्ष्य समझते हैं। उदाहरण के लिए, जहाँ पद्मावती सखियों के साथ हास-परिहास और जल-क्रीड़ा करती है वहाँ भी कवि उनके स्वभावगत वैशिष्ट्य और अन्त:वृत्ति निरूपण की ओर एकदम ध्यान न देकर पारलौकिक सत्ता की ओर इशारा करता है; उनकी जल-क्रीड़ा, हार खोजना आदि प्रत्येक अवसर को परमार्थ पक्ष में ले जाने को उत्सुक है। विरह से उत्पन्न मार्मिक प्रसंगों में कवि प्राय: पारमार्थिक सत्य की ओर ही अपने पाठक का ध्यान आकृष्ट करता है। इस प्रकार विधिबहिर्भूत ऐकान्तिक और सोद्देश्य प्रेम के चित्रण का फल यह हुआ है कि कवि विशिष्ट स्वभाव को प्रकट करनेवाली अन्त:वृत्तियों के निरूपण में उदासीन हो जाता है।

विरह

जायसी का विरह-वर्णन कहीं-कहीं अत्युक्तिपूर्ण होने पर भी गाम्भीर्य से रिक्त नहीं है। विरह की मात्रा का आधिक्य सूचित करने के लिए जायसी ने जिस ऊहात्मक या वस्तु व्यंजनात्मक शैली का आश्रय लिया है, वहाँ कहने के आधारभूत वस्तु के हेतु कल्पना की ओर ही उनकी अधिक प्रवृत्ति है। विरहताप के अतिरिक्त उसके अन्य अंगों का विन्यास भी जायसी ने अपनी उसी हृदयहारिणी और व्यापकत्व-विधायिनी पद्धति से किया है, जिसमें बाह्य

प्रकृति को मूल आभ्यन्तर जगत् के प्रतिबिम्ब के रूप में चित्रित किया गया है। प्रेमयोगी रतनसेन के विरह-व्यथित हृदय का भाव हम सूर्य, चन्द्र, पेड़, पक्षी आदि सबमें देखते हैं—(रोवँ रोवँ वे रात जो फटे) नागमती के आँसुओं से सारी सृष्टि ही खिंची-सी चित्रित की गई है, आचार्य शुक्ल के मतानुसार नागमती का विरह-वर्णन हिन्दी साहित्य में एक अद्धितीय वस्तु है। नागमती की विरहावस्था वह पवित्र पुण्यदान है जिसमें सभी जड़-चेतन अपने सगे-से दिखाई देते हैं। हृदय की इस उदार और व्यापक दशा का चित्रण कवियों ने प्रेम-विरह के प्रसंग में ही किया है, अन्य रसों के प्रसंग में नहीं। यह जड़-चेतना पशु-पक्षियों के प्रति सहानुभूति केवल एक पक्ष से सामंजस्य ही है, उन्माद नहीं है, दूसरे पक्ष से इसमें संवेदना और सहानुभूति प्राप्त होती है। पद्मावती से कहने के लिए नागमती ने जो सन्देश भेजा है उसमें मान, गर्व आदि का लेश भी नहीं, वह अत्यन्त नम्रशील और विशुद्ध प्रेम है।

सूफीमत

सूफीमत धर्म के क्षेत्र में ऐकान्तिक भगवत्प्रेम का प्रचारक है। उसकी तुलना बहुत-कुछ रागानुगा भक्ति से की जा सकती है। दोनों में इतना साम्य है कि किसी-किसी पण्डित ने रागानुगा कृष्ण-भक्ति को सूफीमत का प्रभाव तक कह दिया। इस मत के अनुसार मनुष्य के चार विभाग है—नफ्त अर्थात् विषय-भोगावृत्ति, रूह (आत्मा), क़ल्ब (हृदय) और अक्ल (बुद्धि)। क़ल्ब या हृदय एक भूतातीत पदार्थ है, उसी पर दृश्य वस्तु का प्रतिबिम्ब पड़ता है। दृश्य स्थूल वस्तु अनित्य है, पर उसको भावना नित्य है। क़ल्ब पर ही दृश्य वस्तुओं के प्रतिबिम्ब अंकित होते हैं। सूफी लोग स्वयं स्वीकार करते हैं कि उनको बहुत-कुछ भारतीय ज्ञानियों से प्राप्त हुआ है। ऐसा जान पड़ता है कि ये बातें भारतीय योगशास्त्र से मिलती-जुलतो हैं। जगत् चार प्रकार के बताए गए—आलमे नासूत (भौतिक जगत्), आलमे मलकूत (चित् जगत्), आलमे जबरूत (द्वन्द्वातीत आनन्द जगत्), और आलमे लाहूत (सत् या पारमार्थिक ब्रह्म जगत्) । नासूत मानवलोक है, मलकूत अदृश्य लोक है। अवरूत (उच्चतम लोक) है, लाहूत परलोक है। कुछ सूफी एक और जगत् या लोक की कल्पना करते हैं जिसे आलमे मिशाल या समलोक नाम दिया गया है। इसमें जो पारमार्थिक सत्ता है उसके ठीक-ठीक प्रतिबिम्ब के लिए क़ल्ब का स्वच्छ होना आवश्यक है। इसके लिए एक जिक्र (नामस्मरण) और मुरकाबत (ध्यान) आवश्यक है।

इस मत के अनुसार साधक की चार अवस्थाएँ हैं—शरीअत अर्थात् शास्त्रसम्मत वैधमार्ग, तरीकत अर्थात् बाह्य क्रिया-कलाप से मुक्त होकर केवल हृदय की शुद्धता द्वारा भगवद्ध्यान और हक़ीकत मारफ़त अर्थात् विधि-निषेध से परे की सिद्धावस्था।

समाधि की अवस्था का नाम हाल है। इसके दो पक्ष हैं। त्याग पक्ष में साधक क्रमश: अपने को जगत् के अन्य पदार्थों से भिन्न समझने का भाव त्याग देता है तथा धीरे-धीरे उसका अहंभाव नष्ट हो जाता है, और उसे प्रेम का नशा छा जाता है। फिर दूसरा पक्ष अर्थात् प्राप्ति का मार्ग आरम्भ होता है। प्रथम अवस्था बका होती है, जब वह परमात्मा में स्थित होता है; दूसरी वज्द या उल्लासमयी मत्तावस्था आती है और अन्त में पूर्ण शान्ति को प्राप्त करता है।

सूफी काव्यों में नायक का घर-बार छोड़कर निकल पड़ना और वियोग की दशा में अपने को समस्त जगत् से अभिन्न देखना प्रथम पक्ष की साधना है और प्रेम की उद्दामता, प्रिय की प्राप्त और उसके लिए आत्मविसर्जन अन्तिम अवस्था की ।

मधुररस की साधना

'मधुर' नामक भक्तिरस के विचार का उत्थापन करते समय श्री रूप-गोस्वामी ने 'भक्तिरसामृतसिन्धु' ग्रन्थ में लिखा है, 'आत्मोचित विभावादि द्वारा मधुरा रति जब सदाशय व्यक्तियों के हृदय में पुष्ट होती है, तब उसे मधुर नामक भक्तिरस कहते हैं। यह रस उन लोगों के किसी काम का नहीं जो निवृत्त हों (अर्थात् जैसा कि जीवगोस्वामी ने 'निवृत्त' शब्द का अर्थ किया है, प्राकृत शृंगाररस के साथ इसकी समानता देखकर इस भागवत रस से भी विरक्त हो गए हों), फिर यह रस दुरूह और रहस्यमय भी है इसलिए यद्यपि यह बहुत विशाल और विततांङ्ग है, तथापि संक्षेप में ही लिख रहा हूँ—

आत्मोचितविभावाद्यैः पुष्टिं नीता सतां हृदि।
मधुराख्यो भवेद् भक्तिरसोऽसौ मधुरा रतिः ।।
निवृत्तानुपयोगित्वाद् दुरूहत्वादयं रसः।
रहस्यत्वाच्च संक्षिप्य विततांङ्गोऽपि लिख्यते ।।

गोस्वामिपाद के इस कथन के बाद दुनियादारी की झंझटों में फँसे हुए किसी भी मादृश व्यक्ति का इस रस के सम्बन्ध में लिखने का संकल्प दुःसाहस है। फिर भी यह दुःसाहस किया जा रहा है, क्योंकि पहले गोस्वामिपाद ने यद्यपि बड़े कुशलपूर्वक इसकी दुरूहता की ओर ध्यान आकृष्ट कर दिया है, परन्तु कहीं भी ऐसा संकेत नहीं किया कि इस रस की चर्चा निषिद्ध है। दूसरे, भक्तिशास्त्रकारों और अनुरक्त भक्तजनों की चर्चा करते रहने से ऐसा विधान है कि पहले श्रद्धा, फिर भक्ति अनुक्रमित होती है—

सतां प्रसंगान्मम वीर्यसंविदो भवन्ति हृत्कर्णरसायनाः कथाः ।।
तज्जोषणादाश्वपवर्गवर्त्मनि श्रद्धा रतिर्भक्तिरनुक्रमिष्यति ।।

श्रीमद्भा. 3. 25. 25

तीसरे, गोस्वामिपाद ने इसे उन लोगों के लिए अनुपयोगी बताया है जो निवृत्त हों अर्थात् इस रस के साथ शृंगार का साम्य देखकर ही बिदक गए हों—उन लोगों के लिए नहीं जो शृंगाररस के साथ इसका साम्य देखकर ही

इधर आकृष्ट हुए हों। शास्त्रों और इतिहास में ऐसे अनेक भक्त प्रसिद्ध हो गए हैं, जो गलती से ही इस रास्ते में आ पड़े थे और फिर जीवन का चरम लाभ पा लेने में समर्थ हुए थे। कहते हैं, रसखान और घनानन्द इसी प्रकार इस रास्ते आ गए थे। सूरदास बिल्वमंगल गलती से ही इधर आ पड़े थे और बाद में वे क्या हो गए-यह जगविदित है।

इन पंक्तियों के लेखक के समान ही ऐसे बहुत-से लोग होंगे जो साहित्य चर्चा के प्रसंग में दिन-रात रत्यादिक स्थायी भावों तथा विभाव, अनुभाव, संचारीभाव और सात्त्विक भावों की चर्चा करते होंगे या कर चुके होंगे। उन लोगों को यह जान रखना चाहिए कि भक्ति में केवल एक ही स्थायी भाव है—भगवान् विषयक रति या लगन। अवश्य ही, भक्तों के स्वभाव के अनुसार यह लगन पाँच प्रकार की हो सकती है—शान्त-स्वभाव की, दास्य-स्वभाव की, सख्य-स्वभाव की, वात्सल्य-स्वीभाव की और मधुर-स्वभाव की। इन पाँचों स्वभावों के अनुसार रति भी पाँच प्रकार की होती है— शान्ता, प्रीता, प्रेयसी, अनुकम्पा और कान्ता। जहाँ तक जड़ जगत् का विषय है, इसमें शान्त रस सबसे श्रेष्ठ है और फिर बाकी क्रमश: नीचे पड़ती हुई अन्तिम रति कान्ता-विषयक होकर शृंगार ग्रहण करती है। जड़-विषयक होने से यह सबसे निकृष्ट होती है। परन्तु जड़ जगत् है क्या चीज? नन्ददास ने ठीक ही कहा है कि यह भगवान् की छाया है जो माया के दर्पण में प्रतिफलित हुई है—

या जग की परछाँह री माया दरपन बीच।

अब अगर दर्पण की परछाँह की जाँच की जाय तो स्पष्ट ही मालूम होगा कि इसमें छाया उलटी पड़ती है। जो चीज ऊपर होती है, वह नीचे पड़ जाती है और जो नीचे होती है, वह ऊपर दीखती है। ठीक यही अवस्था रति की हुई है। जड़ जगत् में जो सबसे नीचे है, वही भगवद्विषयक होने पर सबसे निकृष्ट है, वस्तुत: भगवद्विषयक शृंगार होने पर मधुररस हो जाता है, यद्यपि भक्तिशास्त्र की मर्यादा के अनुसार इसे शृंगार नहीं कहा जा सकता। केवल ब्रज-सुन्दरियों के लिए शृंगार और मधुर एक रस है क्योंकि उनके लिए काम और प्रेम में भेद नहीं है 'भक्तिरसामृतसिन्धु' में गोप-रमणियों का प्रेम ही काम कहा गया है—

प्रेमैवगोपरामाणं काम इत्यगमत् प्रथम।

कारण स्पष्ट-जड़विषयक अनुराग को 'काम' कहते हैं और भगवद्विषयक अनुराग को 'प्रेम'। ब्रज-सुन्दरियों की सारी कामना के विषय 'असमोर्ध्वसौन् दर्यलीलावैदग्ध्यसम्प्रदाम्' आश्रय-स्वरूप भगवान् श्रीकृष्ण थे और इसीलिए

उनके काम को जड़-विषयक कहा ही नहीं जा सकता। 'गीतगोविन्द' में कहा गया है कि 'हे सखि, जो अनुरंजन के द्वारा समस्त विश्व का आनन्द उत्पादन करते हैं, जो इन्दीवर-श्रेणी के समान कोमल श्यामल अंगों से अनंगोत्सव का विस्तार कर रहे हैं तथा ब्रज-सुन्दरियों द्वारा स्वच्छन्द भाव से जिनका प्रत्येक अंग आलिंगित हो रहा है, वही भगवान् मूर्त्तिमान श्रृंगार की भाँति मुग्ध वसन्त ऋतु में विहार कर रहे हैं।

विश्वेषामनुरंजनेन जनयन्नानन्दमिन्दीवरः
श्रेणीश्यामलकोमलरूपनयनोत्सवम् ।
स्वच्छन्दं ब्रजसुन्दरीभिरभितः प्रत्यङ्गमालिङ्गितः
शृङ्गारः सखि मूर्त्तिमानिव मधौ मुग्धो हरिः क्रीडति ।।

सो यही भगवान्, जो साक्षात् श्रृंगारस्वरूप हैं, मधुररस के प्रधान आलम्बन हैं। इनकी प्रेयसियाँ वे परम अद्‌भुत किशोरियाँ हैं, जो नव-नव उत्कृष्ट माधुरी की आधारस्वरूपा हैं, जिनके अंग-प्रत्यंग भगवान् की प्रणय-तरंग से करम्बित है और जो रमणरूप से भगवान् का भजन करती है—

नवनववरमाधुरीधुरीणाः प्रणयतरंगकरम्बितांगरंगाः ।
निजरमणतया हरि भजन्तीः प्रणमत ताः परमाद्‌भुताः किशोरीः ।

—भक्तिरसामृतसिन्धु

इन ब्रज-सुन्दरियों में भी राधारानी सर्वश्रेष्ठ हैं, जिनके लोचन मदमत्त चकोरी के लोचनों की चारुता को हरण करनेवाले हैं, जिनके परमाह्लादक वदनमण्डल ने पूर्णिमा के चन्द्र की कामनीय कीर्त्ति का भी दमन किया है, अविकल कलधौत-स्वर्ण के समान जिनकी अंगश्री सुशोभित है, जो मधुरिमा की साक्षात् मधुपात्री हैं—

मदचकुटचकोरीचारुताचोरदृष्टिर्वदनदमिताकारोहिणीकान्तकीर्तिः ।
अविकलकलधौतोद्धतिधौरेयकश्रीर्मधुरियमधुपात्री राजते पश्य राधा।।

जड़ादिविषयक श्रृंगारादि रस के साथ इस अनिर्वचनीय मधुररस का एक और मौलिक अन्तर है। अलंकारशास्त्रों में विवृत श्रृंगारादि रस केवल जड़ोन्मुख नहीं होते, उनके भाव की स्थिति भी जड़ में ही होती है। अलंकारशास्त्र में बताया गया है कि श्रृंगारादि रसों के रत्यादि स्थायी भाव संस्कार रूप में मन में स्थित रहते हैं। यह संस्कार या वासना पूर्वजन्मोपार्जित भी होती है और इस जन्म की अनुभूति भी हो सकती है। अब आत्मा तो निर्लेप है, उसके साथ पूर्वजन्म के संस्कार तो आ ही नहीं सकते; फिर स्थायी भाव के संस्कार आते कैसे हैं? इसका उत्तर शास्त्रों में इस प्रकार दिया गया है कि आत्मा के साथ सूक्ष्म या

लिंग-शरीर भी एक शरीर से दूसरे शरीर में संक्रमित होता है। इस सूक्ष्म शरीर में ही पाप-पुण्य आदि के संस्कार रहते हैं। बृहदारण्यक उपनिषद् में कहा गया है कि यह आत्मविज्ञान, मन, श्रोत्र, पृथ्वी, जल, वायु, आकाश, तेजस्, काम, अकाम, क्रोध-अक्रोध, धर्म और अधर्म इत्यादि सब लेकर निर्गत होता है। यह जैसा करता है, वैसा ही भोगता है—

स वा अयमात्मा ब्रह्म विज्ञानमयो मनोमय: प्राणमयश्चक्षुर्मय: श्रोत्रमय: पृथिवीमय आपोमयो वायुमय आकाशमयस्तेजोमजोऽतेजोमय: काममयोऽकाममय: क्रोधमयोऽक्रोधमयो धर्ममयोऽधर्ममय: सर्वमयस्तद्यदेतदिदंमयोऽदोमय इति यथाकारी यथाचारी तथा भवति साधुकारी साधुर्भवति पापकारी पापो भवति पुण्य: पुण्येन कर्मणा भवति पाप: पापेन।

—बृहदारण्यक 4।4।5

सांख्यकारिका में करीब-करीब इन सभी बातों को लिंग-शरीर कहा गया है। बताया गया है कि प्रकृति के तेईस तत्त्वों में से अन्तिम पाँच तो अत्यन्त स्थूल हैं, पर बाकी अठारहों तत्त्व मृत्यु के समय पुरुष के साथ-ही-साथ निकल जाते हैं; जब तक पुरुष ज्ञान प्राप्त किए बिना मरता है, तब तक ये तत्त्व उसके साथ लगे होते हैं (सं. का. 40)। अब यह स्पष्ट ही है कि प्रथम तेरह अर्थात् बुद्धि, अहंकार, मन और दसों इन्द्रिय प्रकृति के गुणमात्र अत: सूक्ष्म हैं। उनकी स्थिति के लिए किसी स्थूल आधार की जरूरत होगी। पंचतन्मात्र इसी स्थूल आधार का काम करते हैं। उपनिषदों में इसी बात को और तरह से कहा गया है। आत्मा का सबसे ऊपरी आवरण तो यह स्थूल देह है; इसे उपनिषदों में अन्नमय कोष कहा गया है। दूसरे आवरण क्रमश: अधिक सूक्ष्म हैं; उन्हें प्राणमय, ज्ञानमय और आनन्दमय कोष कहते हैं। इसका अर्थ यह हुआ कि स्थूल शरीर की अपेक्षा प्राण सूक्ष्म हैं; उनकी अपेक्षा मन, उसकी अपेक्षा बुद्धि और इन सबसे अधिक सूक्ष्म आत्मा है। भगवान् ने गीता में इसी बात को इस प्रकार कहा है—

इन्द्रियाणि पराण्याहुरिन्द्रियेभ्य: परं मन:।
मनसस्तु परा बुद्धिर्यो बुद्धे: परतस्तु स: ।।

वेदान्तशास्त्र में कई प्रकार से यह बात बताई गई है। कहीं इसके सत्रह अवयव बताए गए हैं—पाँच कर्मेन्द्रिय, पाँच ज्ञानेन्द्रिय, बुद्धि, मन और पाँच प्राण (वेदान्तसार 13); फिर आठ पुरियों का उल्लेख है (सुरेश्वराचार्य का पंचीकरणवार्त्तिक) जिनमें पाँच ज्ञानेन्द्रिय, पाँच कर्मेन्द्रिय, मन, बुद्धि, अहंकार, चित्त, पाँच भूत सूक्ष्म (तन्मात्र) अविद्या, काम और कर्म हैं। ऐसे ही

और भी कई विधान हैं। इनका शास्त्रकारों ने समन्वय भी किया है (वेदान्तसार 13 पर विद्वन्मनोरंजनी टीका)। यहाँ प्रकृत यह है कि स्थायी भावों के संस्कार इसी लिंग-शरीर में हो सकते हैं। वह चूँकि जड़ है, इसीलिए उसकी प्रवृत्ति जड़ोन्मुख होती है। अलंकारशास्त्रों में यह बार-बार समझाया गया है कि रस न तो कार्य है और न ज्ञाप्त क्योंकि कार्य होता तो विभावादि के नष्ट होने पर नष्ट नहीं हो जाता, कारण के नष्ट होने से कार्य का नष्ट होना नहीं देखा जाता-स च न कार्यः; विभावादि विनाशेऽपि तस्य सम्भवप्रसङ्गात् (काव्य-प्रकाश, चतुर्थ उल्लास), परन्तु मधुररस आत्मा का धर्म है, यह स्थूल जड़ जगत् की वस्तु नहीं है। उसके विभावादि का कभी विलय नहीं होता, इसलिए उसके लिए सम्भवासम्भव प्रसंग उठता ही नहीं।

रस कई प्रकार के हैं। सबसे स्थूल है अन्नमय कोष का आस्वाद्य रस। रसनादि इन्द्रियों से उपभोग्य रस अत्यन्त स्थूल और विकारप्रवण है। इससे भी अधिक सूक्ष्म है मानसिक रस अर्थात् जो रस मनन या चिन्तन से आस्वाद्य हैं। उससे भी सूक्ष्म है विज्ञानमय रस, जो बुद्धि द्वारा आस्वाद्य है पर यह भी जितना भी सूक्ष्म क्यों न हो, सूक्ष्मतम आनन्दमय रस के निकट अत्यन्त स्थूल है। आत्मा जिस रस का अनुभव करता है, वही सर्वश्रेष्ठ भक्तिरस है, जिसका नाना स्वभावों के भक्त नाना भाव से आस्वादन करते हैं। मधुररस उसी का सर्वश्रेष्ठ स्वरूप है। स्पष्ट ही है कि इसकी ठीक-ठीक धारणा इन्द्रियों से तो हो ही नहीं सकती, मन और बुद्धि से भी नहीं हो सकती। वह न तो चिन्तन का विषय है, न बोध का। वह अलौकिक है। इसीलिए भक्तिशास्त्र ने इसके अधिकारी होने के लिए बहुत ही कठोर साधन का उपदेश किया है। रूपगोस्वामी ने इसीलिए इसे दुरूह कहा है। श्री चैतन्य महाप्रभु कहते हैं—तृण से भी सुनीच होकर, वृक्ष की अपेक्षा भी सहनशील बनकर, मान त्यागकर, दूसरे को सम्मान देकर ही हरि की सेवा की जा सकती है—

तृणादपि सुनीचेन तरोरपि सहिष्णुना ।
अमानिना मानदेन सेवितव्यः सदा हरिः ।।

इन्द्रिय, मन और बुद्धि का सम्पूर्ण निग्रह और वशीकरण जब तक न हो जाय, तब तक इस सुकुमार भक्तिक्षेत्र में आने का अधिकार नहीं मिलता। लोक-परलोक के विविध भोगों की और मोक्ष सुख की कामना जब तक सर्वथा नहीं मिट जाती, तब तक इस मधुर प्रेमराज्य की सीमा के अन्दर प्रवेश ही नहीं हो सकता। इसी से यह सिद्धान्त बतलाया गया है—

भुक्तिमुक्तिस्पृहा यावत् पिशाची हृदि वर्तते ।
तावत् प्रेमसुखस्यात्र कथमभ्युदयो भवेत् ।।

जब तक रोग और मोक्ष की पिशाचिनी इच्छा हृदय में वर्त्तमान है, तब तक प्रेम-सुख का उदय कैसे हो सकता है?

श्रीमद्भागवत में कहा गया है—असत् शास्त्रों में आसक्ति, जीविकोपार्जन, तर्क वादपक्षाश्रयण, शिष्यानुबन्ध, बहुग्रन्थाभ्यास, व्याख्योपयोग, महान् आरम्भ, ये सब भक्ति चाहनेवाले के लिए वर्जित हैं—

नासच्छास्त्रेषु सज्जेत नोपजीवेत जीविकाम् ।
वादवादांस्त्यजेत्तर्कान्पिक्षं कं च न संश्रयेत्।
न शिष्याननुबध्नीत ग्रन्थान्नैवाभ्यसेद् बहून।
न व्याख्यामुपयुञ्जीत नारम्भानारभेत् क्वचित् ।।

श्रीमद्भागवत 7, 13, 7-8

इन बातों के लिए शास्त्रों ने बहुत-से उपाय बताए हैं, जो न तो इस क्षुद्र प्रबन्ध में बताए ही जा सकते हैं और न वे अनधिकारी लेखनी के साध्य के विषय ही हैं। इसीलिए इस चर्चा को और आगे नहीं बढ़ाया जा रहा है। जब सारा अभिमान और अहंकार दूर हो जायगा, ज्ञान और पाण्डित्य शान्त हो रहेंगे, तब वह परमाराध्य जिसकी नर्त्यमान भ्रू-लता कर्णाग्रभाग भ्रू-लता के कारण मुखश्री अत्यन्त मधुर हो उठी है, जिसका कर्णाग्रभाग अशोककलिका से विभूषित है, ऐसा कोई नवीन निकष-प्रस्तर के समान वेशवाला किशोर वंशीरव से मन और बुद्धि को बेबस कर डालेगा—

भ्रूवल्लिताण्डवकलामधुराननश्रीः कंकेलिकोरककरम्बितकर्णपूरः ।
कोऽयं नवीननिकषोपलतुल्यवेषो वंशीरवेण सखि मामवशीकरोति ।।

●●●